DR. ALOIS BECK / DER WEG ZU CHRISTUS

JA ZU GOTT
JA ZU CHRISTUS
JA ZUR KIRCHE

Religionsbücher der 3. – 8. Klasse an den allgemeinbildenden höheren Schulen Österreichs

3. Klasse:	Beck, *Der Weg zu Christus* Lebenswerte aus dem Alten Testament
4. Klasse:	Kath. Bibelanstalt Stuttgart, Einheitsübersetzung der Heiligen Schrift: *Das Neue Testament*
5. Klasse:	Parizek, *Glaube gefragt*
6. Klasse:	Hofer, *Christus gefragt*
5./6. Klasse:	Beck/Stadlhuber, *Kirchengeschichte des Altertums und des Mittelalters*
7. Klasse:	in Ausarbeitung
7./8. Klasse:	Stadlhuber, *Kirchengeschichte der Neuzeit*
8. Klasse:	Beck/Pichl, *Wir und die Welt* Das christliche Menschenbild – Nichtchristliche Menschenbilder

DER WEG ZU CHRISTUS

DIE OFFENBARUNGSGESCHICHTE DES ALTEN BUNDES IN LEHRSTÜCKEN

LEHR-, LESE- UND ARBEITSBUCH ZUM UNTERRICHT IN DER KATHOLISCHEN RELIGION FÜR DIE 3. KLASSE DER ALLGEMEINBILDENDEN HÖHEREN SCHULEN IN ÖSTERREICH

von
Professor
Msgr. Dr. Alois Beck

Herausgegeben vom Erzbischöflichen Ordinariat Wien
im Namen des Episkopats von Österreich

Schulbuch-Nr. 4020

TYROLIA-VERLAG · INNSBRUCK – WIEN
VERLAG HERDER – WIEN

Imprimatur. Mit Druckerlaubnis des Erzbischöfl. Ordinariates Wien vom 23. März 1973, Zahl 1189/73

ISBN 3-7022-1191-8

1977

 Satz, Druck und Buchbinderarbeit in der Verlagsanstalt Tyrolia Gesellschaft m. b. H., Innsbruck. Umschlagfoto und alle anderen Farbaufnahmen von Alois Beck

VORWORT

Das Alte Testament (AT) ist ein Weg *hin zu Christus.* Es berichtet uns von Gottes *Heilsgeschichte* mit dem Menschengeschlecht vom Paradies bis zum Kommen des Messias. Es erzählt von der großen Geduld und Barmherzigkeit Gottes mit uns Menschen, aber auch von Seinen Strafgerichten über die Unbußfertigen. Darum soll man das AT nicht wie ein Geschichtsbuch studieren, um Namen, Jahreszahlen und Ereignisse früherer Zeiten daraus zu erfahren. Jeder sollte sich vielmehr bemühen, aus dem betreffenden Abschnitt etwas *für sein eigenes Leben zu lernen.*

AT ist Heilsgeschichte

Das Alte Testament schildert die in der Bibel genannten Personen recht realistisch, d. h. mit all ihren guten und schlechten Charakterzügen. Diese in der Bibel enthaltenen Lebenswerte solltest du für deine Selbsterziehung beachten.

Ein zwölf- bis fünfzehnjähriger Mittelschüler kann schon begreifen, daß auch für *sein* persönliches Heil oder Verderben das Wort des AT gilt:

Lebenswert des AT

„Gott hat den Menschen von Anfang geschaffen und ihn im Besitz freier Willensentscheidung gelassen; Er hat ihm vorgelegt Feuer wie Wasser; vor dem Menschen liegen Tod und Leben; was er wünscht, wird ihm gegeben!“ (Jesus Sirach, 15, 14. 16 f.)

Der Bibeltext ist der Auswahlbibel von DDr. Karl Fr. *Krämer* entnommen (Gott unser Heil, AT, Herder-Bücherei 1960) und schon durch eine eigene Schrifttype leicht erkennbar.

Bei einem Buch, das vor 2500 bis 3000 Jahren in einem ganz anderen Kulturkreis geschrieben wurde, müssen wir uns bemühen, den mit manchen dort üblichen Bildworten bzw. Gleichnissen eigentlich gemeinten Sinn herauszufinden. Der nach dem Bibeltext angefügte Kommentar soll uns das erleichtern.

Zur weiteren Veranschaulichung können fünf vom Verfasser dieses Lehrbuches zusammengestellte Tonbilder jeweils *nach* der Durchnahme des entsprechenden Lehrstoffes verwendet werden, sie ermöglichen eine eindrucksvolle Wiederholung und enthalten:

Tonbilder „Auf den Spuren der Bibel"

Lfd. Nr.:	Inhalt:	dazu Musik:	vorzuführen nach dem Lehrstück:
1	Urgeschichte (bis zum Turmbau)	„Die Schöpfung" von J. Haydn	11
2	Von Abraham bis Mose	„Israel in Ägypten" von Händel	20
3	Auszug aus Ägypten, Zehn Gebote	„Israel in Ägypten" von Händel	25
4	Landnahme in Kanaan, Richter- und Königszeit, Reichsteilung	Psalm 22, vertont von Franz Schubert	34
5	Die Propheten künden einen Messias an — Vom babylonischen Exil bis zur Zeit Jesu Christi	„Magnificat" von J. Seb. Bach	46

Jedes der fünf Tonbilder umfaßt etwa 35 Farbdias, ein Tonband und einen gedruckten Kontrolltext. Diese Tonbilder wurden den staatlichen Allgemeinbildenden Höheren Schulen schon kostenlos zur Verfügung gestellt. Kirchliche AHS können diese Tonbilder zum Preis von je etwa S 250,— (Dias, Tonband, Text) bei der Bundesstaatlichen Hauptstelle für Lichtbild und Bildungsfilm (1010 Wien, Hanuschgasse 3) bekommen.

Ein Wort an die Benützer dieses Lehrbuchs

An die *Schülerinnen* und *Schüler* der 3. Klassen, die dieses Lehrbuch benützen werden, möchte ich am Schluß des Vorwortes nebst meinem Gruß ein besonderes Wort richten. Damit ihr genau unterscheiden könnt, was eigentlich *Lernstoff* und was interessante „Beigaben" zur allgemeinen Weiterbildung sind, habe ich an das Ende eines jeden Lehrstücks den Abschnitt FRAGEN gesetzt, die das beinhalten, was ihr bei der Prüfung wissen sollt. Ihr werdet euch, weil fast nichts auswendig zu lernen ist, bei der Beantwortung dieser Fragen zugleich im Denken und in der freien Rede üben können. Benützt zur leichteren Wiederholung die Randnotizen!

NB. Schon oft habe ich in „meinen" dritten Klassen den Schülerinnen und Schülern vorgeschlagen, die im Buch enthaltenen Landkarten-Skizzen unter Zuhilfenahme des Schulatlasses in den richtigen Farben mit Buntstiften zu bemalen, auch in Form eines Wettbewerbs. Probiert es einmal! Es wird euch Freude machen, und ihr werdet die Länder der Bibel besser kennenlernen.

Wichtiger aber als dieser „Lernstoff" sind die Anregungen zu eurer persönlichen Gewissenserforschung, die ihr im Abschnitt „FÜRS LEBEN" findet. Vielleicht greift ihr auch nach einer hoffentlich gut bestandenen 3. Klasse noch manchmal zu diesem Buch, weil wir die Bibel umso mehr begreifen und schätzen lernen, je älter wir werden.

Möge euer Weg durchs Leben zugleich ein *Weg hin zu Christus sein!*

Wien, am 15. Feber 1973

Msgr. Dr. Alois *Beck*

1. Lehrstück

WARUM STUDIUM DES ALTEN TESTAMENTS?

In den beiden ersten Klassen haben wir den Katechismus durchgearbeitet und gelernt, was wir glauben und tun müssen, um selig zu werden. **Katechismus, Bibel**

Neben der ständigen mündlichen Überlieferung ist die wichtigste Quelle der im Katechismus und in der Liturgie enthaltenen Glaubens-, Sitten- und Gnadenlehre der *Bibelunterricht:*

In der 3. Klasse lernen wir den „Weg zu Christus" (= Altes Testament) kennen, **AT**

in der 4. Klasse das Leben und Werk Jesu Christi (= Neues Testament). **NT**

Die Kirche schöpft ja die Kenntnis der Lehren des Katechismus aus der übernatürlichen *Offenbarung* (= Mitteilung Gottes über religiöse Dinge). Alle anderen Völker der Antike waren auf die Offenbarung in der Natur angewiesen (Ägypter, Griechen, Römer), nur dem israelitischen Volke offenbarte sich Gott im Wort. **Offenbarung**

Wie ist das zu verstehen? Wir unterscheiden die *Natürliche* Offenbarung: Der Sternenhimmel z. B. erzählt dem Menschen von Gottes Macht und Weisheit; das Gewissen offenbart uns die sittlichen Forderungen; und die *Übernatürliche* Offenbarung: Gott spricht unmittelbar zu bestimmten Menschen (Adam und Eva, Abraham, Mose usw.) oder durch beglaubigte Boten (die Propheten), schließlich durch Seinen Sohn Jesus Christus.

Wir studieren das AT,

1. weil Gott dem israelitischen Volk mitteilte: „Es gibt nur *einen Gott!*" (= Monotheismus). Die meisten anderen Völker waren vom ursprünglichen Eingottglauben abgefallen und verehrten viele Götter (= Polytheismus); **Eingottglaube**

2. weil das AT ein Wegweiser hin zu Christus ist; das Kommen eines Erlösers von der Sünde und Einzelheiten aus dem Leben und Werk des zukünftigen Messias werden im AT immer deutlicher vorherverkündet; **Wegweiser zu Christus**

Zehn Gebote gelten auch für uns

3. weil Christus ausdrücklich erklärte, er sei „nicht gekommen, um Gesetz und Propheten aufzuheben, sondern um sie zu erfüllen" (Matth 5, 17). Darum gelten die Zehn Gebote des AT unverändert auch im NT;

4. weil das AT viele sehr schöne Gebete enthält, die wir auch heute noch mit innerer Anteilnahme und mit Ergriffenheit beten können und sollen;

Sprichwörter

5. weil viel Lebensweisheit im AT überliefert wird und weil viele biblische Redewendungen aus dem AT in unseren Sprachschatz übergegangen sind; jeder kennt und verwendet sie, meist ohne zu wissen, daß sie aus dem AT übernommen sind, z. B.:

„Unrecht Gut gedeiht nicht!" (Sprüche 10, 2); **„Hochmut kommt vor dem Fall!"** (Sprüche 16, 18); **„Gewalt geht vor Recht!"** (Hábakuk 1, 3); **„Recht muß doch Recht bleiben!"** (Psalm 93, 15); **„Das Werk lobt den Meister"** (Sírach 9, 17 — vgl. Schiller im „Lied von der Glocke"); **„Seinen Mut an jemandem kühlen"** (Exodus 15, 9); **„Im dunkeln tappen"** (Exodus 28, 29); **„Sein Herz ausschütten"** (1 Samuel 1, 15); **„Auf keinen grünen Zweig kommen"** (Ijob 15, 32); **„Wider den Strom schwimmen"** (Sírach 4, 26); **„Auf die Goldwaage legen"** (Sírach 21, 25); **„Ein salomonisches Urteil"** (1 Könige 3, 16—28); **„Eine Hiobspost"** (Ijob 1, 14 ff.); **„Stein des Anstoßes"** (Jesaja 8, 14); **„Der Sündenbock sein"** (Exodus 28 f.).

FÜRS LEBEN

Diese Auswahl soll zeigen, wieviel Lebensweisheit im AT steckt; solche tiefe Erkenntnisse und mit bitterem Lehrgeld erworbene Erfahrungen früherer Generationen können euch helfen und vor Irrwegen bewahren. Wir lesen die Bibel ja nur *dann* richtig, wenn wir aus ihr Gottes Ruf *an uns* vernehmen, wenn wir uns überlegen, was der Bibeltext für uns persönlich bedeutet: „Herr, was willst Du, daß *ich tun soll?*" (Apostelgeschichte 9, 6).

Der Heilige Geist wird uns durch die Stimme unseres Gewissens erkennen lassen, was aus dem betreffenden Bibeltext gerade für *unsere* gegenwärtige Lage von Bedeutung ist; freilich ist dazu innere Ruhe und ein langsames, auf den Sinn der Bibelworte eingehendes Lesen oder Zuhören nötig. Dann gibt die Heilige Schrift nicht nur die richtige Antwort auf letzte und tiefste Fragen des jungen Menschen, sie spornt ihn auch an, den Weg durchs Leben entlang der Markierung der Zehn Gebote zu gehen.

FRAGEN

Warum sollen wir das AT studieren? — Nenne mindestens drei Sprichwörter, die aus dem AT stammen!

2. Lehrstück

DIE BÜCHER DES ALTEN TESTAMENTS

Das AT entstand im geschichtlichen und geistig-religiösen Raum des Volkes Israel, also in Mesopotamien und Ägypten, vor allem aber in Palästina, etwa zwischen 1200 und 200 vor Christus.

Wo entstand das AT?

Testament heißt hier nicht Erbverfügung, letztwillige Erklärung für den Todesfall; hier ist ein Vertrag unter Lebenden gemeint, ein Bund Gottes mit dem Volke Israel.

Bibel

Bibel nennt man AT und NT zusammen. Der Name kommt vom damaligen Schreibmaterial und dessen Umschlaghafen Býblos; vor der Einführung des Pergaments verwendete man Papyrus, aus Schilfrohrmark hergestellte Schriftrollen, die auf griechisch „bíbloi" genannt wurden; die an der palästinensischen Küste liegende Stadt Býblos (= heute Bíblos, 40 km nördlich von Beirut) war der bekannteste Umschlaghafen dieses aus Ägypten stammenden Schreibmaterials. So also erklärt sich der Name „Bibel": das auf den „bíbloi", auf den aus Býblos stammenden Schriftrollen, Geschriebene.

Heilige Schrift

Heilige Schrift (des Alten und des Neuen Bundes) ist der dritte bei uns gebräuchliche Name; „heilig" wird diese Schrift deswegen genannt, weil eigentlich *Gott ihr Verfasser* ist.

Wie entstand das AT?

Das *Werden der 45 Bücher* des AT können wir uns etwa so vorstellen: Am Anfang stand nicht das Geschriebene, sondern das Gesprochene — ein Anruf Gottes an seine Erwählten — eine Erzählung Abrahams an seinen Sohn Isaak — ein Bericht der elf nach Ägypten geschickten Söhne an ihren Vater Jakob; später, um 1200 vor Christus, Ansprachen des Mose an die von ihm aus Ägypten Herausgeführten, Preislieder auf das Heilswirken Gottes, Buß- und Gerichtspredigten der Propheten, Sprüche der Weisheitslehrer, zunächst also meist *mündlich* vorgetragen.

Mündliche Überlieferung später schriftlich fixiert

Dieses in mündlicher Überlieferung von Geschlecht zu Geschlecht weitergegebene religiöse Wissen wurde dann allmählich im Laufe der Jahrhunderte niedergeschrieben. Die Leute hatten damals ein gutes Gedächtnis: Sie wurden wenig abgelenkt. So hat z. B. *Mose* gewiß nicht alle fünf nach ihm benannten Bücher zur Gänze selbst niedergeschrieben, sondern nur die wichtigsten Teile. Die Heilige Schrift ist aber nicht bloß das Werk ihrer menschlichen Verfasser, sie kam vielmehr unter dem Einfluß des Heiligen Geistes zustande, d. h., Gott selbst ist der Urheber der ganzen Heiligen Schrift. *Er* hat die menschlichen Autoren durch übernatürliche Kraft angeregt, das aufzuzeichnen, was Er wollte, und sie haben unter Seinem Einfluß alles so geschrieben, *wie* Er es wollte. *Er bewahrte sie* bei der Niederschrift *vor jedem Irrtum, besonders in Glaubens- und Sittenlehren.*

Inspiration

Diese Tätigkeit des Heiligen Geistes nennen wir *Inspiration* (vom lat. „inspiráre" = einhauchen). Die Heilige Schrift will übernatürliche Wahrheiten überliefern; dafür hatten die *Schreiber* Beistand. Natürlich schrieben sie *in ihrem Stil,* und ebenso *verwendeten sie die damals gebräuchlichen Ausdrücke,* sonst wären sie ja gar nicht verstanden worden. In naturwissenschaftlichen Fragen ließ Gott sie als Kinder *ihrer* Zeit sprechen.

Hieroglyphen

Mose hatte in Ägypten die *höchste Kultur* der damaligen Zeit kennengelernt; die Bilderschrift der alten Ägypter, die Hieroglýphen, zeigen uns viele Pápyrustexte und z. B. auch die Tempelwände von Lúxor und Kárnak (etwa 700 km südlich vom heutigen Kairo, vgl. Bilder 2, 3, 10).

Keilschrift

Ebenso war man in der Heimat *Abrahams* schon lange *vor* seiner Zeit des Schreibens kundig; in Mesopotamien verwendete man Keilschriftzeichen, wie sie z. B. auf dem Vertragstext aus dem Mari-Palast erkennbar sind (aus etwa 1700 v. Chr., Bild 1).

Unter den mehr als 600 ägyptischen Hieroglyphen, die je eine Silbe bedeuten, gab es auch 24 Zeichen, die nur je einen Buchstaben ausdrückten. *Diese* 24 ägyptischen *Buchstabenzeichen* übernahm um 1500 v. Chr. ein findiger Semite am Sinai, indem er das bisherige Hieroglyphenzeichen nunmehr für den ersten Buchstaben der hebräischen Übersetzung des dargestellten Begriffes gelten ließ. Weil unser Alphabet auf diese *Sinaischrift* aus etwa 1500 v. Chr. zurückgeht, sollen einige Beispiele das Werden unserer heutigen Buchstaben veranschaulichen.

Zur Zeit Mose gab es im Vorderen Orient mehrere Schriftarten (Hieroglyphen, Sinaischrift, Keilschrift), die wir heute lesen können.

AT in hebräischer Sprache

Der größte Teil der 45 Bücher des AT ist in *hebräischer Sprache* abgefaßt, einige nachexilische Bücher (= nach 538 v. Chr.) verwenden im Urtext die aramäische bzw. griechische Sprache.

Betrachten wir nun nochmals das vorletzte ägyptische Hieroglyphenzeichen für *„Kopf":* Weil die hebräische Bezeichnung für „Kopf" als ersten Buchstaben ein „R" hat (rosch), wird das bisherige ägyptische Hiero-

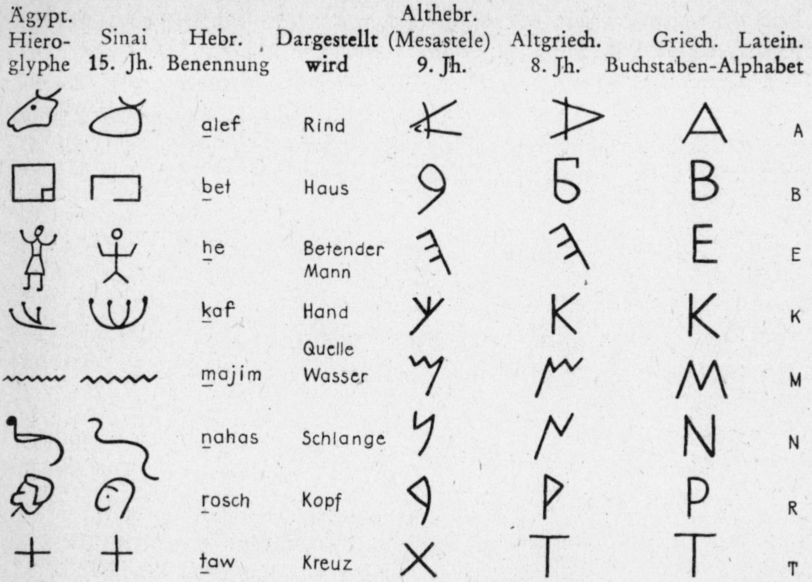

Skizze 1 Entwicklung des Alphabets

glyphenzeichen nun zum hebräischen Buchstaben „R“, freilich in der Zeichnung vereinfacht, da man in den Felswänden der Bergwerke von Maghára am Sinai Rundungen nur schwer einmeißeln konnte; vom Sinai kam dieses neue Buchstabenalphabet nach Phönizien (heute Libanon) und von dort wahrscheinlich über Rhódos nach Cúmae bei Neapel. Die Römer haben dem griechischen „Rho“, das wie unser großes „P“ aussieht, einen Knebelbart angefügt, womit unser heutiges „R“ geboren war.

Übersetzungen: griechische, lateinische, deutsche

Die älteste *Übersetzung* des AT *ins Griechische* ist die etwa um 200 v. Chr. in Alexandria angefertigte *Septuagínta,* die bekannteste Übersetzung des AT *ins Lateinische* ist die *Vulgáta.* Diese um 400 n. Chr. vom hl. Hierónymus fertiggestellte Vulgáta (= „die Gebräuchliche“) ist 1500 Jahre in Verwendung gewesen. Eine von den katholischen Bischöfen des deutschen Sprachraumes veranlaßte neue deutsche *Einheits*-Übersetzung des AT und NT wird 1973/74 zur Verfügung stehen.

Funde von Qumrán

Nach dem zweiten Weltkrieg fand als erster ein Hirtenknabe in Höhlen am Toten Meer (Qumrán, sprich: Kumrán) viele Handschriften aus der Zeit von etwa 100 vor bis 130 nach Christus, welche die *richtige Überlieferung* des AT-Textes trotz wiederholtem Abschreiben *beweisen.* Es gibt kein Werk der Antike, das so gut und in so vielen Handschriften bezeugt ist wie die Hl. Schrift des Alten und des Neuen Bundes.

Jesus unterscheidet beim AT „Gesetz, Propheten“ und andere Schriften und erwähnt, er sei nicht gekommen, sie aufzuheben, sondern sie zu vervollkommnen und zu erfüllen. Sie sind deshalb ebenso wie das NT Grundlage des christlichen Glaubens.

Das Verzeichnis der Bücher des AT:

Ökumenische Schreibweise!

1. Gesetzes-Bücher (= die sogenannten 5 Bücher von Mose = Torá = Pentatéúch = Génesis, Éxodus, Levítikus, Númeri, Deuteronómium).

2. Die Propheten, die früheren: Josua, Richter, 1. und 2. Samuel, 1. und 2. Könige;
die späteren: Jesája, Jeremía, Ezéchiel, und die zwölf kleinen Propheten: Hoséa, Jóel, Amos, Obádja, Jóna, Mícha, Náhum, Hábakuk, Zefánja, Häggai, Sachárja, Maleáchi.

3. Andere Schriften (Darstellung des Lebens heiliger Menschen): Ijob, Psalmen, Sprüche, Hoheslied, Rut, Klagelieder, Kohélet (Prediger, Ester, Dániel, Esra, Nehemía, 1. und 2. Chronik. Báruch, Tobías, Júdit, 1. und 2. Makkabäer, Weisheit, Sírach (= Ecclesiásticus).

Der Sinn ist wichtig, nicht die sprachliche Einkleidung

Nicht nur die richtige *Übersetzung* dieser 45 Bücher, auch ihr rechtes Verstehen ist schwierig; das AT führt uns ja in längst *vergangene Zeiten* und in einen uns *fremden Kulturkreis.* Der Orientale verwendet gerne *Gleichnisse, deren richtigen Sinn* wir herausfinden müssen.

Imprimátur

Darum enthält eine katholische Bibelübersetzung *Anmerkungen unter dem Text,* die uns in das rechte Verständnis der betreffenden Stelle einführen sollen. Man erkennt eine katholische Bibelübersetzung an dem Vermerk: „*Imprimátur*“ oder „Imprimi pótest“ (= kann, darf gedruckt werden); schau gleich auf Seite 4 dieses Lehrbuches nach! Bevor man eine Bibel kauft, soll man sich also davon überzeugen, ob sie den Vermerk „Druckerlaubnis“ oder „Imprimatur“ usw. enthält, sonst kann es einem leicht passieren, daß man eine Sektenbibel mit einer falschen Übersetzung erwirbt.

FÜRS LEBEN

Nimm die Heilige Schrift mit großer Ehrfurcht zur Hand und denke nach dem Lesen eines nicht zu langen Abschnittes über den Sinn, den geistigen Inhalt nach, wobei du dich fragen sollst: Was hat das *mir* zu sagen? Vor der Schriftlesung sage dir also: Jetzt *spricht Gott zu mir,* und bitte um rechtes Verstehen:

„Komm, Heiliger Geist, erleuchte mir Herz, Gemüt und Verstand, daß ich beim Lesen der Bibel die ewige Wahrheit recht erkenne, damit ich Gott inniger lieben und Ihm treu dienen lerne. Amen."

FRAGEN

In welchen Ländern ist das AT entstanden? — Wann etwa? — Wie ist es entstanden? — Was sollen wir aus den Erzählungen des AT herausfinden, wenn wir sie richtig verstehen wollen? — Woran erkennt man eine katholische Bibelausgabe? — Was weißt du über die Entstehung unseres Alphabets?

3. Lehrstück

DIE ERSCHAFFUNG DER WELT

GEBET Das erfuhr ich unter den Menschen als der Wunder größtes,
daß die Erde nicht war noch der Himmel darüber,
noch irgendein Baum noch Berg war, noch die Sonne schien,
noch der Mond leuchtete, noch das weite Meer:
Als da nirgends irgendein Ende oder eine Grenze war,
da *war* der *eine,* allmächtige *Gott.*

(Wessobrunner Gebet, aufgeschrieben im Kloster Wessobrunn in Oberbayern im 8. Jahrhundert)

Genesis 1—11

Das AT beginnt mit den fünf Büchern des Mose. Die ersten elf Kapitel der Génesis (= 1. Buch des Mose) erzählen, *daß Gott* die Welt *schuf* und daß er den Menschen *übernatürliches Heil* schenkte. Aber die ersten Menschen verscherzten es durch Ungehorsam und Hochmut. Das Gute schwand immer mehr in der Menschheit, während das Böse sich trotz aller Strafgerichte Gottes stark ausbreitete. Am Ende dieser elf Kapitel, die auch „*Urgeschichte*" genannt werden, steht die Erzählung vom Turmbau in Babel.

Wir beginnen mit dem Schöpfungsbericht der Bibel:

Gen 1, 1 bis 2, 4

„Im Anfang erschuf Gott Himmel und Erde. Aber die Erde war wüst und leer. Finsternis lag über dem Abgrund, der Geist Gottes aber schwebte über den Wassern. — Gott sprach: ‚Es werde Licht!' Und es ward Licht. Gott sah, daß das Licht gut war. Er schied es von der Finsternis und nannte das Licht Tag, die Finsternis Nacht. Es ward Abend, es ward Morgen: ein Tag. —

Gott sprach: ‚Es werde ein Gewölbe mitten durch das Wasser und bilde eine Scheidewand zwischen den Wassern!' Und so geschah es. Das Gewölbe nannte er Himmel. Es ward Abend und Morgen: der zweite Tag. —

Gott sprach: ‚Das Wasser unter dem Himmel sammle sich an einem Ort und das Trockene erscheine!‘ So geschah es. Gott nannte das Trockene Erde, das gesammelte Wasser nannte er Meer. Gott sah, daß es gut war. Dann sprach er: ‚Die Erde bringe grüne Kräuter hervor, die Samen in sich tragen, und Bäume, die Früchte bringen!‘ So geschah es. Es ward Abend und Morgen: der dritte Tag. —

Gott sprach: ‚Lichter seien am Gewölbe des Himmels, zwischen dem Tag und der Nacht zu scheiden und die Dauer der Tage und Jahre zu bestimmen!‘ So geschah es. Gott schuf die beiden großen Lichter, die Sonne für den Tag, den Mond für die Nacht, dazu die Sterne, und setzte sie an das Himmelsgewölbe, damit sie herableuchten auf die Erde. Gott sah, daß es gut war. Es ward Abend und Morgen: der vierte Tag. —

Gott sprach: ‚Das Wasser wimmle von lebenden Wesen, unter dem Himmelsgewölbe sollen Vögel fliegen über die Erde!‘ So schuf Gott nach ihren Arten die großen Meeresungeheuer und alle lebenden Wesen, von denen das Wasser wimmelt, dazu alle Vögel. Gott sah, daß es gut war, und er segnete sie und sprach: ‚Seid fruchtbar und mehret euch! Füllet das Wasser des Meeres. Auch die Vögel sollen sich mehren auf Erden!‘ Es ward Abend und Morgen: der fünfte Tag. —

Gott sprach: ‚Die Erde bringe lebende Wesen aller Art hervor, Vieh, Gewürm und Wild des Feldes, jedes nach seiner Art!‘ So geschah es. Und Gott sah, daß es gut war. Gott sprach: ‚Lasset Uns den Menschen machen als Unser Bild und Gleichnis!‘ Und Gott schuf den Menschen nach Seinem Bild; nach dem Bilde Gottes schuf Er ihn, als Mann und Weib schuf Er sie. Gott segnete sie und sprach: ‚Seid fruchtbar und mehret euch, füllet die Erde und macht sie euch untertan! Herrschet über die Fische des Meeres, die Vögel des Himmels und die Tiere der Erde!‘ Weiter sprach Gott zu den Menschen: ‚Seht, euch gebe Ich zur Nahrung alles samentragende Kraut auf der ganzen Erde und alle Bäume, die samenbergende Früchte tragen, dem Wild des Feldes aber, allen Himmelsvögeln und allen Kriechtieren die grünen Kräuter alle.‘ Gott sah alles, was Er gemacht hatte, es war sehr gut. Es ward Abend, es ward Morgen: der sechste Tag. So wurden vollendet Himmel und Erde mit all ihrer Zier. —

Am siebenten Tag ruhte Gott. Er segnete den siebenten Tag und heiligte ihn, weil Er an ihm ruhte — vom Werk, das Er geschaffen.“

Schöpfung aus dem Nichts

Das hebräische Wort „bará“ bedeutet ein „wunderbares Schaffen“; dieses Hervorbringen der Schöpfungswerke allein durch den göttlichen Willen, also ohne äußere Mittel, unterscheidet sich von dem, was wir Menschen meinen, wenn wir den Ausdruck „etwas schaffen“ verwenden. Wir gestalten dabei irgendeinen Rohstoff zu etwas Wertvollerem. *Gott* hingegen *hat auch den Stoff selbst,* das Urelement, durch seinen allmächtigen Willen *ins Dasein* gerufen.

Keine „ewige Materie"

Schon der erste Satz der Bibel wendet sich scharf gegen die Irrlehre des Materialismus, der meint, es habe seit Ewigkeit die Materie (= Rohstoff) gegeben, aus der sich mit der Zeit „durch die in der Materie liegenden Kräfte und durch Zufall" alles entwickelt hätte.

Unser Glaubensbekenntnis

Wir hingegen bekennen uns zum Schöpfer alles Seins (also auch der Materie) gleich mit dem ersten Satz unseres Glaubensbekenntnisses:

„Ich glaube an Gott, den Vater, den Allmächtigen, Schöpfer des Himmels und der Erde . . ."

Auch die heutige Naturwissenschaft ist der Ansicht, daß unsere Welt einen Anfang hatte, wobei man etwa 5—20 Milliarden Jahre als ungefähren Zeitpunkt für das angibt, was die Bibel im ersten Satz ausspricht: **„Im Anfang schuf Gott Himmel und Erde . . ."**

GOTT:

←——————————————————————→

ohne Anfang und ohne Ende = *ewig*

WELT:

|——————————————————————|

hat einen Anfang, etwa vor 5—20 Milliarden Jahren; wird einmal ein Ende haben = *endlich*

MENSCH:

|——————————————————————→

hat einen Anfang; der Körper hat ein Ende (Tod); die jedem Menschen einerschaffene Seele hingegen = *unsterblich*

Sechstagewerk

Das sogenannte **„Sechstagewerk"** ist natürlich **kein Augenzeugenbericht,** denn unser Planet Erde existiert seit etwa viereinhalb Milliarden Jahren, die ersten Menschen sind hingegen erst vor mindestens 600.000 Jahren aufgetreten. Die Entstehung der Urgeschichte kann man sich so vorstellen, daß die Verfasser der Hl. Schrift nachgedacht haben, wie sich die Erdgeschichte abgespielt haben könnte, besonders das Auftreten von Pflanzen, Tieren und Menschen.

Durch den Aufenthalt im Zweistromland (heute Irak) und in Ägypten waren den Nachkommen Abrahams die Urmythen (= religiöse Erzählungen antiker Völker, die von Weltschöpfung, Leben, Tod usw. handeln) und die Sagen anderer Kulturen bekannt. Die Verfasser der Urgeschichte haben jedoch diese Berichte nicht einfach abgeschrieben, sondern stets *einen* **Leitgedanken** klar herausgestellt: Es gibt nur einen einzigen Gott und dieser ist Schöpfer von allem.

Sein Sinn: 1. Gott schuf alles

Deswegen werden im „Sechstagewerk" gerade jene Dinge als Schöpfungswerke Gottes hervorgehoben, die sonst im Nilland und auch anderswo als eigene Gottheiten verehrt wurden, z. B. Sonne, Mond, Sterne und verschiedene Tiere.

Die Bibel verwendet **Bilder und Gleichnisse,** um damit einen bestimmten Gedanken auszudrücken. Wir dürfen **nicht bei** einem **wortwörtlichen Verständnis der Bibel steckenbleiben;** wir sollen uns **stets bemühen, den** mit solchen Bildern **eigentlich gemeinten Sinn herauszufinden!**

2. Jeden 7. Tag Feiertag halten!

Neben der grundlegenden Glaubenswahrheit, daß alles von Gott stammt, wollte das „Sechstagewerk" noch das **Wirken Gottes** als **Vorbild für die menschliche Arbeitswoche** darstellen, d. h.: Die Einteilung in sechs Tage bedeutet nicht, daß die Erschaffung der Welt in sechsmal vierundzwanzig Stunden erfolgte oder in sechs Zeiträumen, sondern: Der Mensch soll nach dem Vorbild Gottes jeweils sechs Tage arbeiten, am siebenten Tag jedoch sich ausruhen und Feiertag halten, um den Schöpfer von allem anzuerkennen und ihn zu verehren. So verkündete die Bibel schon vor 3000 Jahren indirekt das erste Sozialgesetz der Menschheit, denn auch der Sohn, die Tochter, die Frau, der Diener, die Dienerin usw. durften am siebenten Tag nicht arbeiten.

Damalige Vorstellung von der Welt

Die Genesis beschreibt die Erschaffung und Ausschmückung der Welt so, wie man sich das entsprechend dem damaligen Weltbild vorstellte. Man meinte, die *Erde sei der Mittelpunkt* der Welt. Man dachte, unsere Erde würde wie eine Scheibe auf dem Wasser schwimmen, und über der Erde befinde sich ein festes Gewölbe, das Firmament. An diesem Firmament waren nach damaliger Auffassung Sonne, Mond und Sterne befestigt (angehängt). Über dem Firmament dachte man sich Wasser, das gelegentlich durch Schleusen (= Öffnungen im Firmament) in Form von Regen auf die Erde falle.

Sinn des Schöpfungsberichtes

Dem biblischen Schöpfungsbericht liegt das oben skizzierte und damals im Orient allgemein verbreitete Weltbild zugrunde. In naturwissenschaftlichen Fragen sprechen die Verfasser, wie wir schon hörten, als Kinder ihrer Zeit. Schließlich verwenden auch wir heutzutage unbedenklich Ausdrücke wie „*Sonnenaufgang*" oder „Sonnenuntergang", obwohl wir wissen, daß die Sonne, genau genommen, nicht auf- oder untergeht. Ebenso selbst-

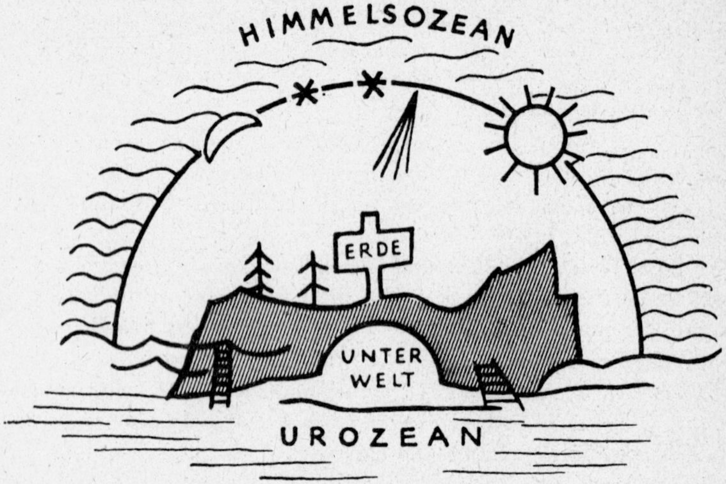

Skizze 2 Das Weltbild der Bibel

verständlich benützen die biblischen Schriftsteller die damals gebräuchlichen Ausdrücke und ebenso legten sie darum ihrer Schilderung von der Erschaffung der Welt das damals gebräuchliche Weltbild zugrunde. Es war aber nicht Gottes Absicht, uns in der Bibel naturwissenschaftliche Belehrungen zu geben; Zweck der Bibel ist die Mitteilung von Glaubens- und Sittenlehren.

Dieses damalige Weltbild ist ebenso als sprachliche Einkleidung zu verstehen wie die Gliederung in sechs Tage und die Reihenfolge der Schöpfungswerke. Es kommt auf den im Bericht enthaltenen *Sinn* an.

FÜRS LEBEN

Als siebenter Tag wurde von den Israeliten der Samstag (= Sabbat) gefeiert; die Kirche hat den Sonntag als „Tag des Herrn" festgesetzt, weil Christus an einem Sonntag vom Tod erstand (Ostern) und weil der Heilige Geist an einem Sonntag auf die Apostel herabkam (Pfingsten). Der Sonntag ist als Ruhetag eine Wohltat für den Leib; Gott zeigt uns mit diesem ältesten Sozialgesetz, daß er uns liebt.

Es wäre auch gegen den Sinn des Sonntags, am Wochenende möglichst viele Kilometer durch die Gegend zu fahren, statt dem Körper in einem Spaziergang in frischer Luft Erholung zu gönnen. Der eigentliche Sinn des Feiertages ist es, Gott als Herrn und Schöpfer zu ehren und an das Heil unserer unsterblichen Seele zu denken:

3. Gebot Gottes: **„Du sollst den Tag des Herrn heiligen!“**

2. Gebot der Kirche: **„Du sollst an Sonn- und Feiertagen die hl. Messe andächtig mitfeiern!“**

Wie dein Sonntag, so dein Sterbetag!

FRAGEN

Wie ist das Sechstagewerk zu verstehen? — Wie unterscheiden sich Gott / Mensch / Welt voneinander? — Wie stellte man sich in der Antike die Welt vor? — Welcher österreichische Komponist hat den Bericht des AT über die Schöpfung vertont?

4. Lehrstück

DIE ERSCHAFFUNG DES MENSCHEN

Das Sechstagewerk schließt mit dem Bericht über die Erschaffung der ersten Menschen. Die Genesis unterrichtet uns im 2. Kapitel noch ausführlicher darüber:

„Gott bildete den Menschen aus dem Staube der Erde und hauchte ihm den Odem des Lebens ein. So wurde der Mensch zu einem lebenden Wesen.

Gott der Herr pflanzte gegen Osten einen Garten in Eden. Er ließ dort allerlei Bäume wachsen, lieblich zum Anschauen, mit köstlichen Früchten zur Nahrung, mitten im Garten aber den Baum des Lebens und den Baum der Erkenntnis von Gut und Böse. — Ein Strom entsprang in Eden zur Bewässerung des Gartens und teilte sich von da in vier Arme. Diesen Garten gab Gott dem Menschen zur Wohnstatt, damit er ihn bebaue und hüte. Er gebot ihm: ‚Von allen Bäumen des Gartens darfst du essen, nur von dem Baume der Erkenntnis von Gut und Böse darfst du nicht essen; sobald du davon issest, mußt du sterben.'

Dann sprach Gott: ‚Es ist nicht gut für den Menschen, daß er allein sei. Ich will ihm eine Gehilfin erschaffen, die seinesgleichen ist!'

Gott brachte alle Tiere und alle Vögel des Himmels, die er aus der Erde gebildet hatte, vor Adam, damit er sie benenne. Adam gab jedem seinen Namen. Aber es fand sich kein Wesen seinesgleichen.

Da ließ Gott einen tiefen Schlaf über Adam kommen, nahm eine von seinen Rippen, bildete daraus ein Weib und führte es zu Adam. Adam sprach: ‚Das ist Bein von meinem Bein, Fleisch von meinem Fleische ... Darum wird der Mann Vater und Mutter verlassen und seinem Weibe anhangen, und sie werden ein Fleisch.' Beide, Adam und sein Weib, waren nackt; doch sie schämten sich nicht voreinander."

Zwei Berichte über die Schöpfung: Die biblische Urgeschichte enthält *zwei* Schöpfungserzählungen: der eben gehörte ältere Bericht war viele Jahrhunderte hindurch mündlich überliefert und etwa zur Zeit von König Salomo (um 950 v. Chr.) schriftlich festgehalten worden. Weil in diesem aus dem 10. vorchristlichen Jahrhundert stammenden Bericht Gott von allem Anfang an mit dem

Namen „Jahwe“ bezeichnet wird, nennt man ihn auch den *„jahwistischen Bericht“* (Jahwe könnte bedeuten: „Ich bin, der da ist!“).

ein älterer aus dem 10. Jh. v. Chr., ein jüngerer aus dem 5. Jh.

Die jüngere, *priesterschriftliche* Beschreibung der Anfänge wurde ungefähr um 500 vor Chr. aufgezeichnet, also fast ein halbes Jahrtausend später. Beiden Berichten gemeinsam ist natürlich die Feststellung, daß die Welt im ganzen und im einzelnen Gottes Schöpfung ist.

Der ältere Bericht bringt eine ziemlich vermenschlichte Schilderung der Taten Gottes und erzählt, wie jedes einzelne Ding durch Gottes Schöpfermacht ins Dasein gerufen wurde.

Der jüngere Bericht ist ein Ergebnis vielen Nachdenkens über das Problem, wie es am Anfang gewesen sein könnte, als noch kein Mensch existierte; seine wichtigste Botschaft ist die Ordnung und Ausgestaltung der Schöpfung.

Erschaffung des ersten Menschen

Wenn der ältere jahwistische Bericht davon spricht, Gott habe den *ersten Menschen* aus Lehm gemacht, so handelt es sich dabei offenbar um eine alte Vorstellung aus dem Mythenkreis der umliegenden Völker, die der Verfasser des ersten Buches der Bibel jedoch seinem Gottesbild angepaßt hat. Um diese etwa 3000 Jahre alten Texte richtig zu verstehen, müssen wir uns bemühen, aus der damaligen bildhaften Einkleidung den Kern herauszuschälen, d. h. den damals gemeinten Sinn herauszufinden.

Auf den Sinn kommt es an!

Wir dürfen uns z. B. Gott nicht wie einen Töpfer vorstellen, der den ersten Menschen aus Lehm herausmodelliert hat. Diese bildhafte Darstellung will uns sagen: Der Körper des Menschen ist aus den Stoffen, aus dem Material unserer Erde genommen; wir können dabei auch an einen belebten „Stoff“ denken, d. h. an eine Tierform, die sich nach dem Plan Gottes bis zum Menschen hin entwickelt hat (obwohl diese Frage der Entwicklung dem biblischen Autor selbst damals ganz unbekannt war). In menschlichen Worten ausgedrückt macht der Schöpfer nicht alles zwei- oder dreimal, d. h.: Gott hat sich als höchste Weisheit von Anfang an überlegt, welche Gesetze er in seine Schöpfung hineinlegen muß, damit entsprechend seinem Plan durch eine ständige Höherentwicklung schließlich jene Vorfahren des Menschen entstehen konnten, die von der heutigen Wissenschaft „Hominiden“ genannt werden, eine Tierform, aus der sich nach dem Willen des Schöpfers der Körper des Menschen entwickelt hat. — Nach dem heutigen Stand der Forschung haben die ersten Menschen vor 600.000 Jahren am Rand der Serengeti-Steppe in Tansania (Ostafrika) gelebt. Es ist aber durchaus denkbar, daß man einmal irgendwo noch frühere Spuren menschlicher Wesen entdecken wird, z. B. selbst hergestellte Werkzeuge aus Stein oder auch Knochenüberreste.

Der Körper hat sich entwickelt

„Ebenbild Gottes" = Geistige Kräfte

Der Mensch ist nicht nur ein körperliches Wesen, er hat auch *geistige Anlagen.* Das ist mit dem Bibelwort gemeint, das in dem um 500 v. Chr. aufgezeichneten priesterschriftlichen Schöpfungsbericht überliefert wird: „Laßt uns den Menschen machen als unser *Ebenbild,* uns ähnlich!" (Gen 1, 26). Der Mensch steht dank seiner geistigen Kräfte, d. h. durch seinen *Verstand* sowie durch die Möglichkeit zu einer *freien Willensentscheidung* weit über dem Tier; er besitzt überdies höhere *geistige Gefühle,* wie Wahrheitsliebe, Gerechtigkeitssinn, Glückssehnsucht usw., lauter Dinge, die ein Tier nicht kennt. Die Geistseele wurde jedem von Gott einerschaffen. — Der Mensch ist der *Herr der Tiere.* Das drückt die Bibel auf orientalische Art aus: Adam gibt jedem Tier seinen Namen; wer einem anderen Wesen einen Namen gibt, übt damit nach orientalischer Auffassung ein Herrschaftsrecht aus.

Der Mensch steht weit über dem Tier

Die Frau ist mit dem Mann gleichberechtigt

Wenn die Erschaffung der *Frau* aus der „Seite" bzw. aus einer „Rippe" geschildert wird, handelt es sich dabei wieder um eine recht vermenschlichte Darstellung von Gottes Wirken, um ein Bild, dessen Sinn wir richtig erfassen müssen.

Der Ausdruck „aus der Seite Adams" bedeutet: Adam und Eva haben die gleiche menschliche Natur, die Frau ist daher mit dem Mann gleichwertig und mit ihm gleichberechtigt. Das bringt ganz klar die Begrüßung der Gattin durch Adam zum Ausdruck: „Ja, diese ist Bein von meinem Bein und Fleisch von meinem Fleisch, deshalb soll sie (weiblicher) Mensch heißen, denn vom (männlichen) Menschen ist sie genommen." Adam heißt auf deutsch „Mensch" bzw. Menschheit (darauf deutet die dazugehörige Verbalform hin, die im Plural steht). — In der Praxis des heutigen Alltags ist die Frau im Orient mit dem Mann noch nicht gleichberechtigt. Die Bibel ist in dieser Hinsicht den heutigen Bemühungen um eine Gleichstellung der Frau (= Frauenemanzipation) um etwa drei Jahrtausende zuvorgekommen.

„isch" — „ischa" Mann — „Männin"

Paradies = Oase mit Wasser bzw. Prachtgarten

Die Israeliten waren früher Halbnomaden gewesen und sind erst zwischen 1200 bis 1000 v. Chr. seßhaft geworden. Sie schätzten ihre neuen Wohnsitze besonders deshalb, weil sie nun ständig das kostbare Wasser zur Verfügung hatten — im Gegensatz zur Zeit ihrer Wanderung durch trockene Wüsten und Steppen. Nach dem älteren jahwistischen Bericht war die Welt ursprünglich eine lebensfeindliche Wüste, in der Gott in einer großen Oase das Paradies anlegte: „Gott der Herr pflanzte gegen Osten einen Garten in Eden" (Gen 2, 8), der dem Menschen als Wohnstatt dienen soll.

Kein geographischer Ort

Das Wort *„Paradies"* stammt aus dem Altpersischen und bedeutet soviel wie „umfriedeter Park, abgegrenzter Prachtgarten". Die Großkönige des Orients ließen sich solche Prachtgärten anlegen, z. B. Semiramis ihre „Hängenden Gärten" in Babylon, Kyros einen Park in Pasargadä, der Schah von Persien (Iran) den Golestan in Teheran; darin durften sich natürlich nur jene Personen aufhalten, die in des Königs Gnade standen. Wenn Adam von Gott in dieses Paradies hineingeführt wurde, sollte ihm damit klargemacht werden, daß *Gott dem Menschen gutgesinnt* ist, obwohl die ersten Menschen keinen Anspruch auf dieses Paradieses-Glück hatten.

Sinn: Gott ist dem Menschen gutgesinnt

Die Bibel berichtet dann noch von einer *Bewährungsprobe* der ersten Menschen und erwähnt dabei einen „Baum der Erkenntnis des Guten und des Bösen"; gemeint ist damit: Erkenntnis von allem. Im hebräischen Text steht kein Wort von einem „Apfelbaum". Diesen Gedanken haben erst die mittelalterlichen Maler verbreitet, als sie die lateinische Übersetzung „arbor mali" nicht als „Baum des Bösen" (mali = Genitiv von malum, das Böse), sondern als „Baum des Apfels" (mali kann auch Genitiv von malus = der Apfelbaum sein) verstanden. Auf den Glasfenstern der Kathedralen ließ sich ein Apfelbaum leichter darstellen als ein „Baum der Erkenntnis des Bösen". Die Ursünde bestand also nicht darin, daß Eva sich unerlaubterweise einen Apfel angeeignet hat. Nach den Worten der Bibel war es die Überheblichkeit, selbst entscheiden zu wollen, was gut und was böse ist.

Ursünde war kein Apfeldiebstahl

Überheblichkeit

FÜRS LEBEN:

„Und Gott sah alles, was er gemacht hatte, es war sehr gut!" (Gen 1, 27). Wenn Gott alles am Menschen sehr gut findet, entspricht es sicher nicht seinem Willen, irgend etwas am Menschen als an und für sich schlecht zu bezeichnen.

So wie ein Chirurg mit der Hand eine Blinddarmoperation durchführen und dadurch ein Menschenleben retten kann, so kann ein anderer mit seiner Hand einen Mitmenschen töten. Jedes Organ ist zu einem bestimmten Zweck gegeben, z. B. die geschlechtliche Anlage. Der Mensch kann mit seinem freien Willen jedes Organ zum Guten oder zum Bösen verwenden; es gibt also am menschlichen Körper nichts, was unkeusch wäre. Nach Gottes Plan ist der Mensch sein Mitarbeiter bei der Weitergabe des Lebens. In diesem großen Zusammenhang sollten wir den Sinn der Geschlechtskraft sehen.

FRAGEN

Was muß man grundsätzlich beachten, wenn man das Alte Testament richtig verstehen will? — Was ist der eigentliche Sinn des „Sechstagewerkes"? — Was meint die Bibel mit der Erzählung, die Frau sei aus der „Seite des Mannes" genommen? — Bestand die Paradieses-Sünde im Diebstahl eines Apfels? — Was bedeutet der Ausdruck, der Mensch sei ein „Ebenbild Gottes"? — Was sagt die Bibel über den menschlichen Körper?

5. Lehrstück

DER SÜNDENFALL

Schon bei den bisherigen Texten der Urgeschichte haben wir gehört, daß wir das „Sechstagewerk“, die Berichte über die Erschaffung des ersten Menschen und der Frau, und ebenso die Paradieseserzählung nicht wie einen Augenzeugenbericht wortwörtlich verstehen dürfen, sondern bemüht sein sollen, den vom biblischen Verfasser eigentlich gemeinten *Sinn* herauszufinden. Das gilt in ähnlicher Weise auch vom Sündenfallbericht; es handelt sich dabei nicht um die Schilderung eines geschichtlichen Ereignisses, dessen genauer Ablauf in Form eines Dialoges überliefert wurde; der Verfasser der Genesis versucht vielmehr, eine Antwort auf die bedrückende Frage zu finden, *wie das Böse in die Welt hineingekommen* ist und warum wir manchmal viel lieber das Verbotene tun als den Willen Gottes zu erfüllen, obwohl unser Gewissen uns unbestechlich sagt, was wir eigentlich tun oder lassen müßten.

Woher kommt das Böse?

Aus späteren Berichten der Heiligen Schrift ist zu entnehmen, daß *Gott auch eine unsichtbare Welt schuf*, eine Welt der *reinen Geister*, die auch Engel genannt werden (vom lateinischen „angelus“ = Bote). Es sind Wesen mit Verstand und freiem Willen, doch haben sie keinen Leib. Sie waren mit der heiligmachenden Gnade und mit vielen Vollkommenheiten ausgestattet. Wie uns die Offenbarungsquellen des Neuen Bundes berichten, empörte sich ein Teil der Engel gegen Gott und wollte Ihm gleich sein. Die Erwähnung von Engeln in der Bibel bedeutet, daß Gott bei dem betreffenden Geschehen in besonderer Weise wirksam ist.

Gute und gefallene Engel

Ihr Anführer wird mit verschiedenen Namen bezeichnet: Teufel, Satan, Luzifer (= „Lichtträger“). Als Führer der treuen Engel, die gegen Luzifer stehen, wird der Erzengel *Michael* (= „Wer ist wie Gott?!“) genannt.

Jedem einzelnen von uns gab Gott einen *Schutzengel*, als wir in die Welt traten. Durch die Stimme unseres Gewissens macht er sich uns bemerkbar.

Vom schlimmen Einfluß des Teufels auf die ersten Menschen berichtet das 3. Kapitel der Genesis:

„Eine bestimmte Schlange war listiger als alle Tiere des Feldes, die Gott der Herr gemacht hatte.“ Gen 3, 1—24

Der Teufel ist schlau

Die Bibel nennt den Teufel an anderen Stellen „Schlange“; damit soll die Verschlagenheit und Falschheit des Teufels gekennzeichnet werden: Er schleicht und windet sich wie eine Schlange an den Menschen heran; wenn dieser Mensch sich nicht gleich gegen den Versucher wehrt oder vor ihm flüchtet, indem er sich ablenkt und mit etwas anderem beschäftigt, dann hat der Teufel sein Spiel meist schon gewonnen. Meisterhaft schildert die nun folgende Erzählung, wie schlau der Teufel vorgeht:

„**Sie** (d. h. die Schlange) **sprach zum Weibe: ‚Nicht wahr, Gott hat euch doch geboten, von keinem Baume des Gartens zu essen?‘ “**

Die Unterhaltung beginnt mit einer anscheinend ganz harmlosen Frage, die aber bei näherem Zusehen doch die ganze Falschheit und Verschlagenheit des Teufels offenbart; Gott hatte ja den Auftrag gegeben:

er übertreibt

„Von einem Baume dürft ihr nicht essen!“ Der *Teufel übertreibt die Schwierigkeit* des Verbots und fragt scheinheilig:

„Nicht wahr, Gott hat euch doch geboten, von *keinem* Baume des Gartens zu essen?!“ Der Versucher ist *sehr raffiniert:* Damit die Frau sich mit ihm überhaupt ins Gespräch einläßt, gibt er ihr zunächst einmal die Gelegenheit, sich für Gott einzusetzen und gegen die Verdrehung des Teufels recht zu behalten:

Eva läßt sich mit dem Teufel ins Gespräch ein

„Da sprach das Weib zur Schlange: ‚Von den Früchten der Bäume des Gartens dürfen wir essen. Nur von der Frucht des Baumes, der in der Mitte des Gartens steht, hat Gott gesagt: Davon dürft ihr nicht essen, ja sie nicht einmal anrühren, sonst müßt ihr sterben!‘ “

Eva läßt sich also zu einem Gespräch mit dem Versucher einfangen, ja sie fügt in ihrem Eifer noch eine Verschärfung des Verbots hinzu, die Gott gar nicht gegeben hatte: Wir dürfen den Baum nicht einmal berühren!

Der Versucher kann nun seine Maske fallenlassen; er fragt nicht mehr teilnehmend, sondern er behauptet und lügt ganz frech:

Der Teufel lügt

„Die Schlange antwortete: ‚Keineswegs werdet ihr sterben. Gott weiß, sobald ihr davon esset, werden euch die Augen aufgehen, und ihr werdet sein wie Gott, indem ihr Gut und Böse erkennt.‘ “ (Gut und Böse = alles!)

Das ist der Frontalangriff: Die Schlange *verdächtigt Gottes Güte* und Wahrhaftigkeit. Nicht aus Güte, wie der Mensch bis dahin geglaubt, sondern aus Mißgunst und Neid habe Gott das Gebot erlassen und deshalb den Menschen angelogen. Durch den Genuß der verbotenen Frucht werden ihnen „die Augen aufgehen“, und sie „werden sein wie Gott“, erhaben

Sünde beginnt mit der Zustimmung des Willens

über Gut und Böse, d. h., unabhängig von Gott könnten sie dann tun, was *sie* wollen.

„Da sah das Weib den Baum: köstlich zu essen seine Frucht, lieblich sein Anblick, Begehren weckend nach der Erkenntnis. Es nahm von seiner Frucht, aß und gab auch seinem Manne, und auch er aß."

Es ist eine wortlose Szene, wie die Frau, schwankend und überlegend, vor dem Baume steht, um dann die *verhängnisvolle Entscheidung* zu treffen. Sie zweifelt an Gottes Wahrhaftigkeit und Güte, die Selbstherrlichkeit gefällt ihr mehr als der Gehorsam.

Die Versuchung dringt durch das Tor unserer Sinnesorgane (Auge, Ohr usw.) in das Innere des Menschen ein; die dreifache Begierlichkeit des Menschen klingt an:

Die Sinne als Eingangstor der Sünde

1. Fleischeslust: Essen des Verbotenen;
2. Augenlust: Anschauen des Verbotenen;
3. Hochmut: Sich gescheiter vorkommen als Gott.

Die Lehren aus dem Sündenfall für uns

Die *eigentliche Sünde geschieht durch die Zustimmung des Willens.* Eine Versuchung hingegen ist noch keine Sünde. Eva bleibt eine *stete Mahnung, die Sinne zu beherrschen* und den *Versucher sofort* und bestimmt *abzuweisen.* Wer sich mit ihm einläßt, ist verloren! — Adam ist inzwischen auch herangetreten: Die *Sünde wirkt ansteckend!* Die Frau sucht bei ihm Hilfe und Deckung, indem sie ihn ebenfalls ins Böse mit hineinzieht.

Aber kaum war die Sünde begangen — da verlor sie rasch den verlokkenden Reiz, und statt dessen überkam Adam und Eva eine beängstigende Ernüchterung:

Sünde verspricht Glück und bringt Ernüchterung

„Da gingen beider Augen auf, und sie erkannten, daß sie nackt waren. Sie flochten Feigenblätter zusammen und machten sich Schürzen."

Nun war ihnen klar, daß der Teufel sie belogen hatte. Beiden Stammeltern gingen, wie die Schlange es gesagt hatte, wirklich die Augen auf, aber auf eine ganz andere Art, als sie es erwartet hatten: Gottgleichheit hatten sie angestrebt, und jetzt standen sie einander beschämt gegenüber als entweihte Geschöpfe.

„Da vernahmen sie die Schritte Gottes und versteckten sich unter den Bäumen des Gartens. Gott aber rief Adam an und sprach zu ihm: Wo bist du? Er antwortete: Ich hörte Dich kommen, da fürchtete ich mich — ich bin ja nackt — und habe mich deshalb versteckt. Gott sprach: Wer hat dir kundgetan, daß du nackt bist? Hast du etwa von dem verbotenen Baume gegessen? Adam erwiderte: Das Weib, das Du mir zugesellt hast,

gab mir davon, und ich aß. Da fragte Gott das Weib: Warum hast du das getan? Das Weib antwortete: Die Schlange hat mich verführt, und ich aß.“

Der Sinn der Erzählung

Die Erzählung ist eine sehr anschauliche Darstellung von der List des Bösen in uns, wie es jeder von uns oft erlebt, ebenso von unserem Versagen und den bösen Folgen. Nach dem Bericht begann die Sünde mit dem Mißtrauen Gott gegenüber; Eva glaubte dem Versucher, daß Gott eigensüchtige Herrschafts-Ansprüche habe und den Menschen etwas vorenthalten wolle. Ungehorsam und *Hochmut* waren die weiteren Folgen.

Gott will keine Ausreden, sondern ein demütiges Bekenntnis und Reue

Als nun die Sünde geschehen war, fand Adam nicht den Mut zu einem demütigen Bekenntnis seiner Schuld; er konnte die Sünde zwar nicht leugnen, er schob aber die größere Schuld auf seine Frau:

„Das Weib, das Du mir zugesellt hast, gab mir davon, und ich aß.“

Eine gemeinsam begangene Sünde verbindet die Partner nicht miteinander, sie wird vielmehr oft Anlaß zu einer schmutzigen Anklage gegen den Mittäter: Der Mann verrät seine Frau.

Und auch Eva suchte sich zu entschuldigen und wälzte die Schuld auf die Schlange, den Teufel, ab.

VORBILD

EVA:	MARIA:
Eva hat durch Mißachtung des göttlichen Willens gesündigt und als „Mutter aller Lebenden“ ihre Kinder mit in die Schuld hineingezogen.	Maria hat durch Befolgung des göttlichen Willens an der Erlösung von der Sünde mitgewirkt. Als „neue Eva“ bringt sie ihren Kindern durch ihren Sohn das neue Leben der Gnade („Mutter der Gnaden“).

FÜRS LEBEN

Der hl. Augustinus vergleicht den Teufel in einem sehr anschaulichen Bild mit einem *Kettenhund*. Ein Hund, der an einer Kette liegt, kann zwar jeden anbellen und ärgern, aber beißen kann er nur *den*, der zu ihm hingeht, der sich in den Bereich seiner Kette begibt. Die „Kette“, an die der Teufel gehängt ist, reicht gerade so weit, daß er uns über unsere *Sinneseindrücke* (Auge, Ohr usw.) und über unsere Vorstellungskraft (Phantasie) *reizen*, in Versuchung führen kann; seine Kette reicht *nicht* so weit, daß er uns *zur Sünde zwingen* könnte, denn Verstand und freier Wille liegen außerhalb des Machtbereiches des Teufels.

FRAGEN

Was meint die Bibel, wenn bei einem Bericht von einem Engel die Rede ist? — Wie zeigt sich in der Versuchungsgeschichte List und Schlauheit des Teufels? — Womit beginnt eigentlich erst eine Sünde?

6. Lehrstück

STRAFURTEIL UND ERSTE VERHEISSUNG

Die letzte Ernüchterung vom Wahn: „**Ihr werdet sein wie Gott!**“ bringt das Strafurteil Gottes:

Gen 3, 14—15

„Gott, der Herr, sprach zur Schlange: Weil du dies getan hast, sollst du verflucht sein unter allem Vieh und allen Tieren des Feldes. Auf deinem Bauche sollst du kriechen, Staub fressen alle Tage deines Lebens. Feindschaft will Ich setzen zwischen dir und dem Weibe, zwischen deinen Nachkommen und ihren Nachkommen; ER wird dir den Kopf zertreten, und du wirst ihrer Ferse nachstellen.“ (Hieronymus denkt an Maria und übersetzt „ipsa“ = „SIE“).

„Auf dem Bauch kriechen“

„Auf dem Bauche kriechen“ und „Staub fressen“ bedeutet die völlige Niederwerfung, den endgültigen Sieg über die Schlange, den Teufel (vgl. dazu unser Bild Nr. 23, das den König Jéhu vom Nordreich Israel zeigt, wie er sich vor dem Assyrerkönig Salmanássar III. auf den Boden hinwerfen muß; der Unterlegene durfte vor dem Sieger nur auf den Boden hingestreckt erscheinen).

„Staub fressen“

Staub war nach orientalischer Auffassung die Nahrung der Toten in der Unterwelt; wer „Staub frißt“, ist also tot, ausgelöscht.

„In die Ferse beißen“

Die Schlange versucht, hinterrücks in die *„Ferse zu beißen“*, d. h., der Versucher ist mit aller List darauf aus, den Menschen zum Bösen zu verführen. Eine Auswirkung der Sünde Adams wird es also sein, daß der Teufel noch viele Menschen zum Sündigen verleiten wird. Aber schließlich kommt einmal der von Gott vorausgesagte Besieger der teuflischen Schlange, der Messias; an seinem Kampf und Sieg wird auch seine Mutter (Maria) beteiligt sein. Wir nennen diese trostvolle Verheißung, die Adam und Eva vor Verzweiflung bewahrte, die „erste frohe Botschaft“, auf griechisch: *„Protoevangelium“*.

1. Verheißung

Gen 3, 16—20

„Zum Weibe sprach Gott: Schmerzvolle Mutterschaft will Ich dir bereiten, und doch gehe nach dem Manne dein Verlangen, der über dich herrschen soll. Zu Adam sprach Gott: Weil du der Stimme deines Weibes gehorcht und von dem Baume gegessen hast, von dem zu essen Ich dir

verboten hatte, darum sei verflucht der Erdboden um deinetwillen. Dornen und Disteln soll er dir tragen. Im Schweiße deines Angesichtes sollst du dein Brot essen, bis du zum Erdboden zurückkehrst. Von ihm bist du ja genommen. Denn Staub bist du und zum Staube sollst du zurückkehren."

Die Strafe für die Frau

Eine dreifache Strafe wird über die Frau verhängt:

1. Als *Frau:* Fortan liegt eine schwere Arbeitslast auf ihr; besonders im Orient ist die Frau geradezu Sklavin der Arbeit;
2. als *Mutter:* Sie wird empfangen und Kinder gebären, die ihr Schmerzen bereiten;
3. als *Gattin:* Sie wird dem Mann als Gattin untergeordnet sein; das israelitische Weib spricht von ihrem Mann als von ihrem „Herrn".

Die Strafe für den Mann und die Folgen der Ursünde für die Stammeltern

Der Urteilsspruch über den *Mann* beginnt unheildrohend mit der Erinnerung an die begangene schwere Sünde:

1. Die Erde wird verflucht; sie wird nun vom Menschen mühselige, *harte Arbeit* fordern: Nur im Schweiße seines Angesichtes wird er künftig sein Brot essen können. Es gibt keine so leichte und spielende Arbeit mehr wie im Paradies.
2. „Zum Staub sollst du zurückkehren": Der Leib des Menschen muß nun *Krankheiten* und Schmerzen ertragen und jeder muß einmal *sterben.*
3. *Verloren* ging die Herrlichkeit des *Paradieses* und damit die Freundschaft Gottes (Heiligmachende Gnade).

Im Augenblick der Empörung verlor also Adam die ursprüngliche Heiligkeit und Gerechtigkeit, er verfiel zur Strafe dem Tode und der Knechtschaft Satans, er verlor die außernatürlichen Gaben (= Punkte 1—3).

Folgen der Ursünde für alle Menschen

Adam ist als Stammvater der *Stellvertreter der ganzen Menschheit:* Was er tat, war für das ganze Menschengeschlecht entscheidend; seine Sünde stürzte daher das ganze Menschengeschlecht ins Elend. Nicht bloß die oben erwähnten bösen Folgen der Sünde Adams sind auf alle Menschen übergegangen, sondern *auch die Sündenschuld Adams* selbst. Dies erfahren wir durch spätere Berichte der Heiligen Schrift, in denen gesagt wird, daß Christus uns die Gnade verdient hat, die durch die Ursünde verlorengegangen ist:

„Es ergibt sich nun: wie durch einen einzigen Menschen die Sünde in die Welt kam und durch die Sünde der Tod, und auf diese Weise der Tod

zu allen Menschen gelangte, weil alle sündigten“ (Paulus im Römerbrief 5, 12).

Die Folgen der Ursünde, von denen der Völkerapostel Paulus spricht, nannte die Kirche später *Erbsünde* bzw. Erbschuld bzw. heutzutage „*Sündenverflochtenheit*“. Es handelt sich dabei nicht um eine persönliche Sünde, sondern um das Fehlen eines besonderen göttlichen Geschenks, das den ersten Menschen gegeben war, um das Leben in der Freundschaft Gottes (= „Zustand der heiligmachenden Gnade“). Sie ist durch die Ursünde verlorengegangen und wird dem Menschen seit dem Erlösungswerk Jesu Christi in der Taufe geschenkt.

Keine persönliche Sünde

Ungerecht?

Wer meint, es sei doch ungerecht, für etwas büßen zu müssen, wofür man gar nichts kann, möge folgendes überlegen: Wenn z. B. ein reicher Gutsbesitzer oder ein Geschäftsmann zu viel trinkt und dadurch um seinen Besitz kommt, werden auch seine Kinder in mehrfacher Weise geschädigt. Sie haben z. B. nicht mehr die gleichen Möglichkeiten der Erziehung und des Studiums; das kann sich auf ihren gesamten Lebensverlauf sehr ungünstig auswirken.

„Sünde der Welt“

Zu dieser Schädigung unserer eigenen menschlichen Natur durch die Vorfahren kommt noch die schlechte Beeinflussung durch das Milieu, in dem wir leben müssen (z. B. Filme, Illustrierte); deshalb spricht man heute eher von einer „Sündenverflochtenheit“, weil die „Sünde der Welt“ auf uns einwirkt und uns verführen kann.

LITURGIE

Im Verlaufe des Kirchenjahres spricht die Kirche in ihrer Liturgie wiederholt von der Ursünde und von ihren Folgen, so z. B.

1. In der Präfation vom Heiligen Kreuz:
   „Dein Wille war es, daß vom Kreuzesholz das Heil des Menschengeschlechtes ausgehe: Von einem Baume kam der Tod, von einem Baume sollte das Leben erstehen; der am Holze siegte, sollte auch am Holze besiegt werden: durch Christus, unsern Herrn.“
2. Am Aschermittwoch erinnert uns die Kirche:
   „Gedenke, Mensch, daß du Staub bist und zu Staub zurückkehrst!“
3. Am Karsamstag jubeln wir im Exultet:
   „O glückliche Schuld, die uns einen so großen und erhabenen Erlöser gebracht! Denn Er hat für uns dem ewigen Vater Adams Schuld bezahlt und den Schuldbrief der alten Sünde mit Seinem Blute voll gelöscht!“
4. Am 8. Dezember bzw. am jeweils darauffolgenden Sonntag feiert die Kirche das Fest der ohne Erbsünde empfangenen Jungfrau und Gottes-

mutter Maria; sie blieb um der Verdienste Jesu willen von der Erbsünde frei.

Außerbiblische Überlieferungen

Auch außerhalb der Bibel begegnet uns die *Erinnerung an eine glückliche Urzeit*, an ein „goldenes Zeitalter", in dem die Menschen ohne Leid und ohne Krankheit im vertrauten Umgang mit der Gottheit lebten (Brahmanen, Perser, Ägypter, Griechen, Römer, Naturvölker).

Ein eindrucksvolles Sinnbild der un-erlösten, mit der Erbschuld bestraften Menschheit ist die im griechischen Kulturkreis auf Rhodos etwa um 300 v. Chr. entstandene *Laókoon-Gruppe*, die jetzt im Vatikanischen Museum steht. Sie zeigt den trojanischen Priester Laókoon und seine beiden Söhne im Würgegriff der Schlangen, dem Schicksal ausgeliefert; vergebens streckt einer der Jünglinge seine Hand in die Höhe — einen Halt suchend. Eine erschütternde, heidnische Darstellung für das, was wir Erbschuld nennen.

FÜRS LEBEN

Allein kommt keiner aus der Sünde heraus, das zeigt uns die Laókoongruppe; aber seit Christus gilt allen von der Erbschuld Niedergedrückten seine Einladung: **„Kommet alle zu mir, die ihr mühselig und beladen seid, Ich will euch erquicken!"** (Mt 11, 28.)

FRAGEN

Gibt es auch außerhalb der Bibel Erinnerungen an den Sündenfall und seine Folgen? — Mit welchem neuen Namen will man zum Ausdruck bringen, daß die Erbsünde auch weiterwirkt durch ungünstige Beeinflussungen seitens anderer Menschen? — Kennst du Stellen aus der Liturgie der Kirche, die von den Auswirkungen der Erbsünde sprechen? — Ist eine Erbsünde nicht ungerecht?

7. Lehrstück

KAIN UND ABEL

Die weitere religiöse Entwicklung der Menschen

Die heutige Wissenschaft nimmt das Alter der Menschheit mit mindestens 600.000 Jahren an. Selbstverständlich finden wir in der Bibel keine erschöpfende Darstellung der gesamten menschlichen Urgeschichte; es werden vielmehr einige *Ereignisse angeführt*, welche für die *religiöse Entwicklung von Bedeutung* sind.

Mit der Ursünde war das Böse in die Welt gekommen; es war nun wie bei einem stillen Bergsee, in den man einen Stein hineinwirft. Die Einwurfstelle schließt sich ja bald, aber immer weiter ausgreifende Wellen treiben an die Ufer. So breitete sich auch das Böse rasch aus; denn jede Tat, sei es eine gute oder eine böse, zieht ihre Kreise und wirkt weiter.

Gen 4, 1—16

„Gott schenkte Adam und Eva zwei Söhne: Kain und Abel. Einst brachten beide dem Herrn ein Opfer dar. Kain, der Ackersmann, opferte von den Früchten des Feldes, Abel, der Schafhirte, von den Erstlingen seiner Herde. Gott, der Herr, schaute auf Abel und seine Opfergabe. Auf Kain und sein Opfer achtete Er nicht. Darüber wurde Kain sehr zornig und blickte finster zur Erde.

Der Herr sprach zu Kain: ‚Warum bist du zornig und warum blickst du so finster zur Erde? Ist es nicht so: Handelst du gut, dann kannst du deinen Blick frei erheben? Handelst du nicht gut, so lauert die Sünde auf dich und verlangt nach dir; du aber sollst über sie herrschen!'

Eines Tages, draußen auf dem Felde, fiel Kain über seinen Bruder Abel her und schlug ihn tot. Da sprach der Herr zu Kain: ‚Wo ist dein Bruder Abel?' Kain antwortete: ‚Ich weiß es nicht. Bin ich denn der Hüter meines Bruders?' Gott erwiderte: ‚Was hast du getan? Das Blut deines Bruders schreit von der Erde herauf zu Mir. Verflucht seist du, verbannt vom Acker, der das Blut deines Bruders getrunken. Wenn du ihn wieder bebaust, soll er dir seinen Ertrag versagen. Unstet und flüchtig sollst du sein auf Erden.' "

Wenn Kain als Ackersmann und Abel als Hirte geschildert werden, so versetzt der Verfasser die Kulturverhältnisse *seiner* Zeit in die früheste

/ertragstext
ıus dem
Mári-Palast
Keilschrift,
etwa 1700
. Chr.,
ouvre, Paris)

2 Semitische Karawane mit Gewürzen und Weihrauch auf dem Weg nach Ägypten (Grab des Chnum-hotèp bei Beni-Hassan, um 1700 v. Chr.)

3 Israel-Stele des Pharao Menéphta (Museum Kairo)

4 Papyrusfragment aus Qumram (Rockefeller-Museum Jerusalem)

Menschheitsgeschichte zurück; denn die Menschen der Urstufe waren Jäger und Sammler von wildwachsenden Feldfrüchten. Es ist eben nicht Aufgabe und Ziel der Bibel, uns die kulturelle Lage der ersten Menschen zu zeichnen, sondern zu schildern, wie rasch die Ursünde sich im Brudermord fortsetzte.

Die beiden Brüder waren einander sehr unähnlich: Abel war fromm, *Kain kümmerte sich nicht viel um Gott;* wenn er ein Opfer darbrachte, so nahm er keine besonders wertvolle Gabe — er wollte ja nur den Schein wahren... Wenn Gott das *Opfer Kains ablehnt*, so liegt das an der *schlechten Gesinnung des Kain:* Gott schaut jedem ins Herz, vor Ihm kann man nicht Theater spielen. Das Erschrecken Gottes über die reuelose Bosheit des Kain wird in vermenschlichender Weise geschildert: **„Was hast du getan?“**

Mord: „himmelschreiende Sünde“

Nach alttestamentlicher Anschauung ist das *Blut der Sitz des Lebens;* Blut und *Leben* gehören aber Gott; so vergriff sich der Mörder an *Gottes Eigentum* und darum erhob gleichsam das Blut des Erschlagenen seine anklagende Stimme vor Gott. Auch heutzutage läßt das Gewissen einen Mörder innerlich nie zur Ruhe kommen, soviel er sich auch ablenken mag.

Scheidung der Menschheit in 2 Lager

An Stelle des ermordeten Abel schenkte Gott den ersten Menschen einen weiteren Sohn namens *Set*; sicherlich haben Adam und Eva noch viele andere Nachkommen gehabt, die Bibel erwähnt aber nur jene, welche für die Heilsgeschichte von Bedeutung sind. Es wird also keine Familiengeschichte geboten, die wenigen namentlich genannten Nachkommen sind vielmehr *bestimmte Typen von Menschen,* und mit diesen beispielhaften Skizzen soll die *heilsgeschichtliche Entwicklung* der Menschheit aufgezeigt werden. Darum nennt die Bibel die Gott gehorsamen Menschen „Gottessöhne“, die ihren Leidenschaften nachgebenden „Menschenkinder“.

Sets Nachkommen überliefern die Heilsgeschichte

Die von *Set* abstammenden *Nachkommen bleiben Gott* zunächst noch *treu.* Aus ihrer Geschlechterfolge werden bis auf Noach insgesamt zehn Stammväter mit Namen angeführt, weil sie in der Heilsgeschichte irgendeine Bedeutung hatten. Natürlich gab es dazwischen noch weitere, nicht namentlich genannte Generationen. Sie überlieferten die Kunde vom Glück im verlorengegangenen Paradies, von der Ursünde und von der ersten Verheißung.

erliegen aber auch dem Bösen

Der Bericht über die Nachkommen des Set soll aber klarmachen: Wenn einzelne Menschen auch über 100 Jahre alt werden, einmal müssen sie dann doch sterben, und zwar als Auswirkung der Paradiesessünde. Je mehr die Menschen sich vermehrten, umso mehr nahm auch die Verführung zum

Bösen zu; schließlich erlagen auch die Nachkommen des Set fast alle dem Einfluß des Bösen; nur *Noach* fand Gnade in den Augen des Herrn.

VOR-BILD

ABEL:	CHRISTUS:
Abel opferte das Beste in rechter Gesinnung.	Christus brachte sich selbst als Opfergabe dar, um uns zu erlösen.
Abel wurde unschuldig von Kain aus Haß getötet.	Christus wurde unschuldig vom Hohen Rat zum Tod verurteilt.

FÜRS LEBEN

Kain hatte sich *zuwenig um Selbstbeherrschung bemüht. Ein Weg*, zu besserer Selbstbeherrschung zu kommen, ist die Erziehung zur *Opferbereitschaft*. Ein Opfer besteht darin, daß wir *auf etwas verzichten können*, was wir sehr gerne haben.

Darum dein Vorsatz: *Täglich ein Opfer!*

FRAGEN

Warum lehnte Gott das Opfer Kains ab? — Was hat Kain nach seiner Sünde falsch gemacht? — Warum wird der Mord eine „himmelschreiende Sünde" genannt? — Wie kann und soll sich jeder zu besserer Selbstbeherrschung erziehen? — Inwiefern ist Abel ein Vorbild Christi?

DIE SINTFLUT

„Sint“ kommt vom Althochdeutschen und heißt soviel wie *„ehemals“;* „Sintflut“ ist also die ehemalige, allgemeine Flut. Erst im 16. Jahrhundert wurde daraus das volkstümliche *„Sündflut“:* Sie war durch die Sünden der Menschen herbeigezwungen worden. **Was heißt Sintflut?**

Wegen der allgemeinen Sittenverderbnis beschloß Gott, die sündigen Menschen durch eine gewaltige Flut zu vernichten. Nur Noach und seine Familie sollten vor dem allgemeinen Untergang bewahrt bleiben. „Noach“ heißt, wörtlich übersetzt: „der Tröster“, „der Befrieder“, also ein gerechter Mensch inmitten der verfluchten Erde. Wir lesen darüber in der Bibel: Noach

„Zu den wenigen Frommen gehörte Noach. Er wandelte mitten unter den gottlosen Zeitgenossen, gerecht und vollkommen vor Gott. Gott sprach zu ihm: ‚Baue dir eine Arche aus Holz und mache sie innen und außen dicht mit Pech, denn Ich will eine Wasserflut über die Erde kommen lassen. Alles, was auf Erden lebt, soll umkommen. Mit dir jedoch will Ich einen Bund schließen. Du sollst in die Arche gehen, du, deine Söhne, dein Weib und die Frauen deiner Söhne. Noch sieben Tage, dann lasse Ich über die Erde regnen vierzig Tage und vierzig Nächte. So will Ich alle lebendigen Wesen, die Ich erschaffen habe, von der Erde vertilgen.‘ Noach tat genauso, wie der Herr ihm befohlen hatte. Dann zog er in die Arche mit seinen Söhnen, seinem Weibe und den Frauen seiner Söhne, dazu die Tiere, wie es der Herr angeordnet hatte. Gott schloß hinter ihm zu. Gen 6, 9—8, 19

Nach sieben Tagen ergoß sich die Flut vierzig Tage lang über die Erde. Die Wasser stiegen und hoben die Arche über die Erde empor. Sie deckten alle hohen Berge, fünfzehn Ellen hoch überstieg sie die Arche. Da wurde alles vertilgt, was auf Erden lebte: die Menschen, das Vieh, die Vögel des Himmels und das Gewürm, alles, was Lebensodem in sich hatte und auf dem Trockenen lebte. Nur Noach blieb am Leben und alles, was bei ihm in der Arche war. Die Wasser stiegen noch 150 Tage lang weiter auf der Erde.“

Wann war die Sintflut?

Nach dem Bericht der Bibel war die *Arche* ein langes, flaches Gebilde, *eine Art Kasten,* wobei die Größenangaben malerische Ausschmückung des Schriftstellers sein können. Jedenfalls war dieser Kasten schwimmfähig, denn seine Fugen waren *mit Asphalt abgedichtet* worden, wie man dies im Altertum ganz allgemein bei Schiffen machte. Der Bau eines so großen Gebildes setzt die *Kultur der jüngeren Steinzeit* voraus. Deswegen kann man die Sintflut nicht zu weit in die Vorzeit zurückverlegen. Andererseits kann die biblische Sintflut nicht identisch sein mit der Flut von Kisch um 2900 v. Chr. oder mit der Flut von Ur um 3500 v. Chr., weil die Bibel die Nachkommen Noachs als Stammväter vieler uns bekannter Völker nennt.

Vielleicht war sie etwa im 6. Jahrtausend v. Chr.; auf ein höheres Alter der Sintflut würde die Tatsache hinweisen, daß es *außerhalb der Bibel 68* verwandte *Flutberichte* gibt.

Wo ereignete sie sich?

Die Sintflut war *geographisch begrenzt;* unter „ganzer Erde“ und „alle lebenden Wesen“ versteht der Verfasser das ihm bekannte Land mit allen dortigen Bewohnern. Was mit der Menschheit außerhalb der überschwemmten Zone geschah, darüber berichtet die Bibel nichts. Daß die

Ararat?

Arche nach dem Abfließen der Wasser auf dem *Ararat* (ein 5198 Meter hoher Berg an der türkisch-persisch-russischen Grenze) gelandet sei, ist nicht anzunehmen, denn für eine 5000 Meter hohe Überschwemmung gäbe es auf der ganzen Erde nicht genügend Wasser. Immerhin könnte mit dem Wort „Ararat“ ein Hinweis auf die Gegend gegeben sein; wie wir schon hörten, hat es ja im Zweistromland wiederholt Überschwemmungskatastrophen gegeben. Abraham kam aus Ur und wußte wohl auch etwas von früheren Überschwemmungen durch mündliche Berichte seiner Ahnen. So könnte also eine in der Patriarchenfamilie weiterlebende Erinnerung an eine Überschwemmung in Mesopotamien das äußere Kleid abgegeben haben für die biblische Sintflut, von der wir aber nicht genau sagen können, wann und wo sie sich ereignet hat.

Wie kommt es zu so gewaltigen Überschwemmungen?

Schon lange andauernde Regenfälle können furchtbare Überschwemmungen auslösen, wie z. B. oft in der Poebene, in Indien und in China. Wir können uns auch vorstellen, daß *Seebeben* oder *Vulkanausbrüche im Meer* (z. B. Ausbruch des Krakataú 1883 in der Sundastraße, vulkanische Beben bei Agadir und in Chile 1959) eine gewaltige Wasserwelle in ein flaches Land hineintreiben können. Manchmal bewirken dies aber auch schon *schwere Stürme* (Holland 1953, Hamburg 1962). *Gott kann sich der Naturkräfte bedienen,* um seine Ziele zu erreichen, doch läßt sich die Sintflut mit natürlichen Ursachen allein nicht erklären.

Die bekannteste Parallele zum biblischen Sintflutbericht ist das aus Mesopotamien stammende *Gilgamesch-Epos,* in dem es heißt: **Außerbiblische Flutberichte**

„Selbst die Götter gerieten in Angst vor der Flut, sie duckten sich nieder wie Hunde ... Die Vergangenheit ist zu Lehm geworden; es weinen die Götter mit ihr ...“

Wer nur *diese* beiden Sätze aus dem Gilgamesch-Epos überdenkt, dem muß trotz mancher Ähnlichkeit als grundlegender Unterschied gegenüber der Bibel auffallen: **Gilgamesch-Epos**

Unterschiede gegenüber der Bibel

GILGAMESCH-EPOS:	BIBEL:
Es berichtet von mehreren Göttern (= Polytheismus), die *Götter sind uneins und streiten* miteinander; es gibt *keinerlei Sinn* für die furchtbare Flut, die zum Schrecken der Götter Land und Leute vernichtet.	In der Bibel hingegen straft *ein Gott* die sündige Menschheit, verschont aber in seiner *Barmherzigkeit* den unschuldigen Noach mitsamt seinen Angehörigen.

Die babylonische Fluterzählung, das Gilgamesch-Epos, ist also ein indirekter Beweis für die biblische Flut, doch hat die Bibel nicht von Babel abgeschrieben, dafür sind die Unterschiede in beiden Berichten viel zu groß:

Bei dem unheimlichen Anschwellen des Wassers stellt der biblische Erzähler mit Erleichterung fest: Die Wasser hoben die *Arche* empor, und ruhig schwamm sie auf der Wasserfläche dahin, ein *Bild des Friedens* inmitten des Aufruhrs der Elemente, ein Vorbild für die Kirche. **Arche**

VORBILD

ARCHE:	KIRCHE:
Gott ließ nur *eine* Arche bauen.	Christus hat nur *eine* Kirche gestiftet.
Ohne die Arche gab es keine Rettung im Flutgebiet.	Ohne die Kirche gibt es kein Heil.
Die Arche ging nicht unter bei der Sintflut.	Die Kirche geht nicht unter bei den Verfolgungen.

Die Sintflut ist ein bleibendes Mahnzeichen für die Menschheit: Gottes Langmut mit den Sündern ist nicht Schwäche! Die meisten leben dahin, als ob es keinen Gott gäbe. Wir wollen daher Gott Sühne leisten! **FÜRS LEBEN**

Was ist beim Sintflutbericht reale Basis, was spätere religiöse Deutung? — Worin liegt der Unterschied zwischen dem Flutbericht im Gilgamesch-Epos und dem biblischen Bericht von der Sintflut? **FRAGEN**

9. Lehrstück

NOACHS DANKOPFER UND BUND MIT GOTT

Die Bibel berichtet ausführlich von dem Dankopfer, das Noach nach der Errettung vor der Flut Gott darbrachte:

Gen 8, 20—9, 17

„Dann baute Noach einen Altar und brachte dem Herrn Brandopfer dar. Der Herr hatte Wohlgefallen daran und beschloß bei sich: Nie mehr will Ich die Erde verfluchen um der Menschen willen. Zwar sind Sinn und Gedanken des Menschen zum Bösen geneigt von Jugend auf. Doch will Ich nicht mehr alle Lebewesen vertilgen, wie Ich es getan habe. Solange die Erde besteht, sollen nimmer aufhören Saat und Ernte, Frost und Hitze, Sommer und Winter, Tag und Nacht.

Hierauf segnete Gott Noach und seine Söhne mit den Worten: ‚Wachset und mehret euch und füllt die Erde!' Gott sprach dann zu Noach und seinen Söhnen: ‚Siehe, Ich errichte Meinen Bund mit euch und mit euren Nachkommen und mit allen lebenden Wesen, die in der Arche waren. Meinen Bogen setze Ich in die Wolken. Er sei das Zeichen des Bundes zwischen Mir und der Erde.' "

Segen über Noach

Wie Gott einst das erste Menschenpaar gesegnet und ihm Fruchtbarkeit verheißen hatte, so wiederholt der Herr nun fast mit denselben Worten den Segen über Noach und seine drei Söhne. Nur die vier geretteten Männer treten jetzt in den Vordergrund, denn feierliche Abmachungen sind nach alttestamentlichem Glauben Männersache.

Der *Regenbogen,* gebildet durch die Strahlenbrechung der Sonne in den Regentropfen der Wolken, erinnert an den gewaltigen Kriegsbogen eines Pfeilschützen. Der „Bogen Gottes" soll Noach und seinen Nachkommen anzeigen, daß das Strafgericht endgültig vorbei ist und daß die Sonne des Friedens durch die schwarzen Gewitterwolken scheint. Denn die Gefahr eines Gewitters ist vorbei, wenn dieses Zeichen am Himmel sichtbar wird. Der Regenbogen ist bis heute das *Zeichen* des Friedens und der *Versöhnung,* die Gott dem Menschen anbietet.

NOACHS SÖHNE

Die Söhne Noachs, die mit ihm aus der Arche kamen, heißen Sem, Ham, und Jáfet. Einmal handelte *Ham* sehr *ehrfurchtslos* an seinem Vater. Noach sprach darum über Kánaan, den Sohn Hams, den *Fluch* aus:

„Verflucht sei Kánaan, ein Knecht der Knechte sei er den Brüdern!" **Gen 9, 25**
Sem und Jáfet aber segnete er und sprach:

„Gepriesen sei der Herr, der Gott des Sem. Kánaan soll sein Knecht sein. Viel Raum gebe Gott dem Jáfet. Er wohne in den Zelten Sems."

Ham sündigte durch mangelnde Ehrfurcht gegenüber seinem Vater Noach

Die ehrfurchtslose Gesinnung Hams, gegen die sich die Bibel so scharf wendet, setzte sich fort in den Nachkommen Hams, den *Kanaaníten* (Hams Sohn hieß, wie wir schon hörten, Kánaan).

Das Volk Israel traf nach Mose bei der Landnahme mit diesen Kanaaníten zusammen; damals wurden die Israeliten gewarnt, sie mögen keinerlei Gemeinschaft mit den (heidnischen) Kanaanítern eingehen, weil auf diesen noch immer der Fluch Noachs laste.

DIE VÖLKERTAFEL

Alle Völker eine Familie vor Gott

Die sogenannte „Völkertafel" (Gen 10, 1—32) stellt alle *Nachkommen der Söhne Noachs* zusammen und die Völker, die aus ihnen hervorgingen; sie sind gegliedert in *Jáfetiten, Hámiten* und *Semiten.* Damit soll die gesamte, im 2. Jahrtausend v. Chr. bekannte *Menschheit* noch einmal als *eine einzige Heilsfamilie vor Gott* und als Völkerfamilie dargestellt werden.

Skizze 3 Völkertafel

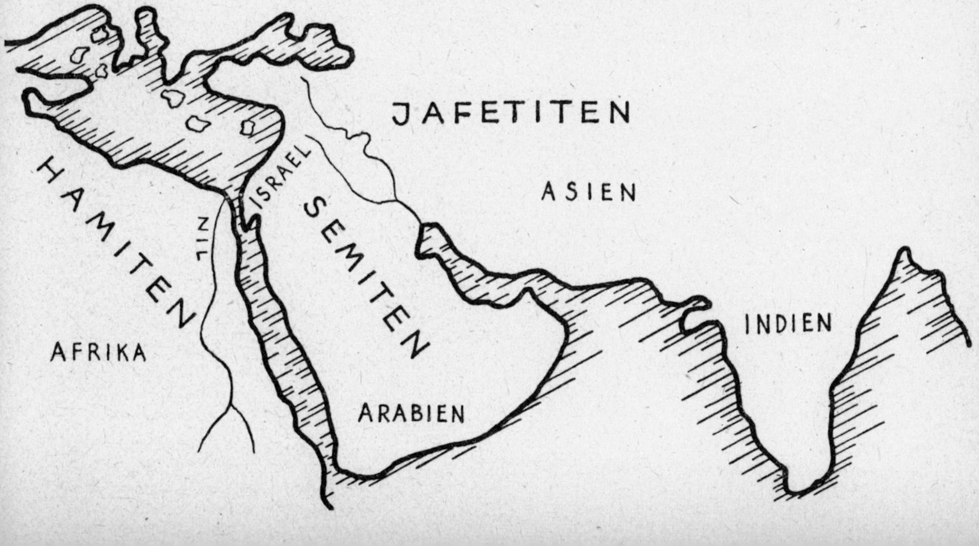

Später wendet sich das Alte Testament ganz den Semiten zu und dann dem Volke Israel innerhalb der Semiten, weil in ihm, dem auserwählten Volke, das Heil vorbereitet werden sollte. Durch den Messias, der für *alle Völker* am Kreuze starb, sollte das Heil und die Gnade Gottes wieder der gesamten Völkerfamilie zuströmen.

Gottes weise Vorsehung wählte sich zum Träger der messianischen Verheißung *ein Volk* gerade *in der Mitte der damaligen Menschheit* aus: die Israeliten, die *auf der Landbrücke zwischen Afrika und Asien* siedelten, von wo man leicht nach Europa und ebenso nach Indien kommen kann.

FÜRS LEBEN Bedenke: Gottes *Langmut* ist zwar groß, aber einmal ist Seine Geduld zu Ende; und furchtbar ist dann Sein Gericht über die Unbußfertigen! Darum: Vergiß an keinem Abend die *vollkommene Reue!*

FRAGEN *Wie heißen die drei Söhne des Noach? — In welchen Ländern bzw. Kontinenten befinden sich die von ihnen abstammenden Völker? — Warum machte Gott ein Volk auf der Landbrücke zwischen Asien und Afrika zum Träger Seiner Verheißungen? — Welche Glaubens- und Sittenlehren enthält der Bericht über die Sintflut? — Was empfiehlt uns die Kirche außer der abendlichen Gewissenserforschung?*

DER TURMBAU ZU BABEL

Ham hatte durch *Ehrfurchtslosigkeit* gegenüber seinem Vater gesündigt, die *Nachkommen Sems* erzürnten Gott durch *Stolz* und Eitelkeit. Semitische Stämme, die ins Zweistromland eingewandert waren (in der Bibel heißt es „Land Schinar") wollten Gott durch einen *riesigen Turm* trotzen. Gemeint ist einer jener drei-, fünf- oder siebenstufigen Tempeltürme, von denen man bisher 18 wieder freigelegt hat; sie waren meist zur Gänze unter einer Sanddüne begraben gewesen. Unsere Bilder 5 und 6 zeigen das heutige Aussehen solcher Zikkurate. Der Turm des Márduktempels in Bábel (= Bábylon) hieß Etemenánki (= Haus des Grundsteins von Himmel und Erde). Die Bibel berichtet darüber: **Zikkuráte als Sinnbilder des Stolzes**

„Alle Welt hatte nur eine Sprache und dieselben Laute. Als sie nun von Osten her weiterzogen, stießen sie auf eine Ebene im Lande Schinar und ließen sich dort nieder. Sie sprachen zueinander: ‚Wohlan, wir wollen Ziegel streichen und sie hart brennen.' — Der Ziegel diente ihnen als Baustein, das Erdpech als Mörtel (vgl. Bild 6). **Gen 11, 1—9**

‚Dann wollen wir eine Stadt bauen mit einem Turm, dessen Spitze in den Himmel ragt. So wollen wir uns einen Namen machen, damit wir uns nicht über die ganze Erde hin zerstreuen!'

Der Herr aber fuhr herab auf die Stadt, um den Turm anzuschauen, den die Menschenkinder bauten, wobei er sprach: ‚Ein Volk sind sie und alle haben die gleiche Sprache. Und was sie tun, ist bloß der Anfang. Auf! Laßt Uns herniederfahren und dort ihre Sprache verwirren, daß keiner mehr die Rede des anderen verstehe!' So zerstreute sie der Herr von dort über die ganze Erde. Sie mußten aufhören zu bauen."

Am besten erhielten sich bis in unsere Tage die Stufentürme von Ágar Kuf und von Ur (vgl. Bild 6); ihr Innenkern besteht aus Lehmziegeln, die vorher nur an der Sonne getrocknet waren, zur Außenverkleidung hingegen verwendete man im Feuer gehärtete Ziegel. Da es in Mesopotamien keine Steine und deshalb auch keinen Kalk gibt, klebte man die einzelnen Schichten mit „Erdpech", d. h. mit Asphalt, aufeinander, wie man heute **Noch erhaltene Zikkuráte** **3—7 Plattformen** noch sehen kann (vgl. Bild 6). Mehrere Treppen führten auf die einzelnen Plattformen, damit sich im Notfall möglichst viele Leute bei einer neuerlichen Überschwemmung retten könnten. Auf der obersten Plattform war ein heidnischer Tempel.

Turm von Babel

Der *Turm von Babel* (vgl. Bild Nr. 5) ist heutzutage nur noch ein *Trümmerhaufen*, immerhin aber 25 Meter hoch und 90 Meter an jeder Seite. Während des babylonischen Exils (597—538 v. Chr.), also unter dem neubabylonischen König Nebukadnèzzar II. machte er den Eindruck, unvollendet zu sein; dann verfiel er immer mehr, so daß Alexander der Große seine Wiederherstellung anordnen mußte. Er ließ zuerst den Lehmkern freilegen, um den Turm wieder auf die ursprüngliche Höhe von etwa 90 Meter aufzuführen; *während* dieses gigantischen *Bauunternehmens starb* aber *Alexander* 323 v. Chr. in Babylon; so blieb nur mehr der Lehmkern übrig, der durch sein gewaltiges Gewicht immer mehr absinkt. Darum hat der Etemenánki heutzutage kein imponierendes Aussehen mehr. Die Araber verkaufen in den Ruinen Bábylons, etwa 135 km südöstlich von Bagdád, Überreste der gebrannten Ziegel des Turms von Babel an die Touristen.

nur mehr der Lehmkern vorhanden

Nach dem Bericht der Bibel wurde der Turmbau eingestellt, weil eine *„Sprachverwirrung"* eintrat. Wir dürfen uns darunter *nicht die Entstehung der einzelnen Sprachen* vorstellen, sondern ein Nicht-mehr-verstehen-Wollen der Befehle der Aufseher; vielleicht nutzten die Zwangsarbeiter einen feindlichen Einfall oder innerpolitische Schwierigkeiten aus, um rasch und weit von der Baustelle wegzukommen. Erbaut wurden die bisher bekannten 18 Stufentürme im dritten bzw. im zweiten Jahrtausend vor Christus.

Warum verurteilt die Bibel den Turmbau?

Warum ist die *Bibel* eigentlich *gegen diese Turmbauten?* Wir hören vom immer weiter fortschreitenden Abfall der nachsintflutlichen Menschen vom Eingottglauben hin zur *Vielgötterei,* wobei man besonders die Gestirne als Gottheiten anbetet. Der Tempel auf der obersten Plattform der Stufentürme war dem *Mondkult* geweiht, also *Schauplatz des Götzendienstes.* Zugleich ist dieser Zikkurat von Babel für den biblischen Schriftsteller die *Verkörperung des menschlichen Hochmuts:* **„Dann wollen wir eine Stadt bauen mit einem Turm, dessen Spitze in den Himmel ragt. So wollen wir uns einen Namen machen . . ."**

Mondkult

Hochmut

„Babylonische Türme" von heute

Heutzutage versuchen manche Völker, sich mit Raketen, Atombomben und Weltraumfahrten einen Namen zu machen, aber alle diese teuren Dinge baut man nicht, um Gott zu ehren und schon gar nicht aus Nächstenliebe, sondern um seine Macht zu zeigen, letztlich also, um andere zu unterjochen.

Das stolze Babylon war samt seinem Stufenturm bald verfallen, ein eindrucksvolles Beispiel dafür, wohin menschlicher Hochmut und eine Zivilisation ohne Gott führen: zur Sprachenverwirrung, das heißt, zur Auflehnung gegen die Machthaber, zum Zerfall des Reiches und seiner Großbauten.

Fehldeutungen

Die Geschichte vom *Turmbau sagt nichts*
1. über die Entstehung der Sprachen;
2. vom „Neid" Gottes auf die Kulturleistungen der Menschen;
3. über den Wert menschlichen Kulturschaffens.

Pfingsten: das Gegenbild

Das Gegenbild zur Sprachenverwirrung von Babel ist das erste Pfingstfest, der Gründungstag der Kirche: Der Fluch der Sprachenverwirrung ist überwunden, die Gnade des Heiligen Geistes bewirkt, daß Parther, Meder, Elamiter und andere Fremde die Predigt des heiligen Petrus verstehen und durch die Taufe zu einer neuen geistigen Gemeinschaft werden. Was sie hören, ist nicht mehr die Botschaft von Menschen, die sich groß machen und ein Bollwerk gegen Gott aufrichten wollen. Am Pfingsttag bekennen alle einmütig: **„Wir hören sie in unseren Sprachen Gottes große Taten verkünden!"** (Apg 2, 11).

FÜRS LEBEN

Hochmut und Machtpolitik, Raketen und Atombomben sind falsche Wege, um die Probleme der Menschen zu lösen. Nur eine im Alltag verwirklichte christliche Nächstenliebe kann zum guten Miteinanderauskommen der Schüler einer Klasse und im großen Bereich zum Frieden der Völker und zur Überwindung aller Rassengegensätze führen.

Vor Gott, *an der Kommunionbank, gibt es keine Unterschiede* mehr zwischen arm und reich, hoch und niedrig, jung und alt, Neger oder Weißen. Freue dich, daß du schon von Kindheit an der katholischen *Kirche,* dieser *größten Gemeinschaft* auf Erden, angehörst, und hab keine Angst vor einem totalitären Staat (Diktatur), der uns erspart bleiben möge, von dem aber für alle Zukunft das Wort gilt: **„Wo Gott nicht Baumeister ist, mühen sich die Bauleute umsonst!"** (Psalm 126, 1).

FRAGEN

Was ist beim Bericht über den Turmbau reale Basis, was ist spätere religiöse Deutung? — Warum verurteilt die Bibel den Turmbau? — Was ist das Gegenbild zur Sprachenverwirrung im NT?

11. Lehrstück

WIEDERHOLUNG DER URGESCHICHTE

Die wichtigsten Glaubenslehren:

1. Vor allem anderen existiert ein persönlicher *Gott,* der die Welt durch Seinen allmächtigen Willen geschaffen hat (gegen Materialismus und Pantheismus).

Keine „böse" Materie

2. *Alle geschaffenen Werke* werden vom Schöpfer als *gut* bezeichnet, es gibt also keine „böse Materie", kein doppeltes Prinzip des Guten (Geist) und des Bösen (Materie); der Teufel ist ein gefallener Engel, also ein Geschöpf (gegen den Dualismus).

Die Frau ist gleichwertig

3. Der *Mensch ist die Krone der Schöpfung; Mann und Frau* sind von Gott geschaffen, und zwar als *gleichwertige* und vollwertige Menschen. Gott setzt im Paradies die *Einehe* ein (Mónogamíe).

Körper

4. Der menschliche *Körper* hat sich nach der Auffassung der heutigen Naturwissenschaft aus einer Tierform entwickelt; in Übereinstimmung damit können wir den Bericht der Bibel so verstehen, daß Gott den Leib des Menschen aus einer schon *belebten* Materie entstehen ließ, d. h. aus einer nach Gottes Plan auf den Menschen hin sich entwikkelnden Tierform.

Geistseele

5. Der Mensch ist jedoch mehr als ein Tier, er ist „Ebenbild" Gottes; die *Geistseele,* der Träger von Verstand, freiem Willen und höheren geistigen Gefühlen wird jedem Menschen von Gott einerschaffen. Der ganze Mensch ist Ebenbild Gottes.

Gemeinsame Wurzel

6. Das Menschengeschlecht hat einen *gemeinsamen Ursprung;* der Übergang vom Tierreich erfolgte nicht von verschiedenen Tierarten aus. Darauf deutet die Tatsache hin, daß alle Menschenrassen miteinander kreuzungsfähig sind.

7. Die ersten Menschen haben eine Erprobung ihres Glaubens und Gehorsams nicht bestanden; sie verloren die Freundschaft Gottes

(Heiligmachende Gnade) und sind durch die Erbsünde (Sündenverflochtenheit) belastet. **Erbsünde**

8. Die Erde durch *Arbeit* in unseren Dienst zu stellen und für alle wohnlicher zu machen, ist ausdrücklich Auftrag Gottes (Ja zu Erfindungen, zur Technik). **Arbeit**

9. Das geschichtliche Ereignis einer gewaltigen Überschwemmung erhielt von der Bibel eine religiöse Deutung: Strafe für sündige Menschen, die auf Gottes Warnungen nicht hören wollten. Barmherzigkeit und Rettung für Noach und seine Familie. **Sintflut**

10. Der *Turmbau* ist ein vergeblicher Versuch, sich mit irdischen Werken gegen Gott zu „sichern" (= Hochmut). **Turmbau**

ZUSAMMENFASSUNG:

Die Erzählungen über die Erschaffung der Welt und der Menschen, über den Sündenfall, die Vertreibung aus dem Paradies usw. sind keine Augenzeugenberichte von geschichtlichen Ereignissen, sondern spätere Überlegungen („Reflexionen") der vom Hl. Geist erleuchteten Verfasser der Hl. Schrift, wie es am Anfang gewesen sein könnte. Sie versuchten zu erklären, wie und warum es zur jetzigen moralischen Verwahrlosung gekommen sein könnte.

Den Berichten über die Sintflut und den Turmbau liegen hingegen tatsächliche geschichtliche Ereignisse zugrunde, denen eine bestimmte religiöse Deutung gegeben wurde.

FÜRS LEBEN

Die *Völkergeschichte* ist *zugleich Gottes Gericht* über die Völker. Nicht ein „Ablauf von Naturgesetzen" und nicht „der Zufall" regieren das Geschehen, sondern letztlich steckt hinter allem Gottes Plan, Gottes weise Vorsehung! Sogar die Bösen müssen *Seinen* Zielen dienen: „Gott kann auch auf krummen Zeilen schreiben", d. h., Gott vermag sogar das Böse der Menschen zur Verwirklichung Seiner Heilsgeschichte wirken zu lassen. Besonders deutlich spüren wir beim Studium des AT, daß Er der Herr der Zeiten ist: In der Geschichte des israelitischen Volkes verwirklicht sich im Laufe von Jahrhunderten, aber sehr zielstrebig *Sein Heilsplan mit der zu erlösenden Menschheit,* das AT ist also Gottes Heilsgeschichte mit uns Menschen.

TONBILD

Nun könnte zwecks anschaulicher Wiederholung der erste Teil der Tonbilder „Auf den Spuren der Bibel: Urgeschichte bis zum Turmbau" in einer Religionsstunde gebracht werden (vgl. dazu Vorwort, Seite 6, oben).

12. Lehrstück

DAS LAND KANAAN DAMALS UND HEUTE

Der Schauplatz der Offenbarungsgeschichte ist vorwiegend das nach dem Sohne Chams benannte Land *Kanaan,* das seit der Einwanderung der Philister um 1200 v. Chr. *Palästina* (= Philisterland) heißt.

Palästina

Außer diesem „Heiligen Land" haben nur noch Mesopotamien (Abraham kam aus Ur; die Juden waren von 597 bis 538 v. Chr. in Babylon im Exil) und Ägypten (nach dem ägyptischen Josef waren etwa vier Generationen bis zum Auszug unter Mose, etwa um 1250 v. Chr., in Ägypten) einige Bedeutung für das AT. Aber weitaus die meisten Ereignisse der Heilsgeschichte spielen sich im „verheißenen, *gelobten* Land" ab; es wird deshalb so genannt, weil es Abraham verheißen, gelobt worden war.

Wie groß ist es?

Das zwischen der Mittelmeerküste und dem Jordan gelegene *Palästina* ist etwa so groß wie Nieder- und Oberösterreich nördlich der Donau, es hat also keine besonders große Fläche (etwa 20.000 km²). Doch liegt die Bedeutung Palästinas, abgesehen davon, daß es Schauplatz der Erlösung war, darin, daß es die *einzige Landbrücke* zwischen Asien und Afrika bildet: Gottes Botschaft konnte von dieser in der Mitte zwischen drei Kontinenten gelegenen Landbrücke aus leicht nach dem übrigen Asien, nach Afrika und nach Europa kommen.

Ein fruchtbares Land?

Die *Fruchtbarkeit* des Landes ist sehr verschieden: im Osten weite Steppen-, ja Wüstengebiete, am Mittelmeer heutzutage herrliche Orangenplantagen. Die Bibel nennt es das *„Land, in dem Milch und Honig fließt"*. Unter „Honig" ist der eingedickte Saft der Weintrauben zu verstehen. Recht fruchtbar ist auch die Gegend um Jéricho, das Jórdantal und die westlich vom See Gennesaret gelegene Jésreel-Ebene (vgl. Bild Nr. 8).

Jordan in Palästina unter dem Wasserspiegel des

Der Hauptfluß Palästinas, der *Jordan,* entspringt am schneebedeckten Hermon (vgl. Bild Nr. 7) und fließt 225 km bis zu seiner Einmündung ins Tote Meer. Aber schon im See Gennesaret verläuft er 212 m *unter dem Spiegel der Weltmeere,* während das Tote Meer die tiefste Depression der Erde mit — 392 m unter dem normalen Meeresspiegel ist. Darum ist eine Bewässerung der meist 600 bis 1000 m über dem Meeresspiegel liegenden

Gebiete Judäas und Galiläas vom Jordan aus erst in neuester Zeit möglich geworden. **Mittelmeeres**

Das Tote Meer — 392 m!

Das Wasser des *Toten Meeres* kann natürlich nicht abfließen, sondern nur verdunsten. Das Tote Meer ist 75 km lang und 15 km breit, und auf seiner weiten Oberfläche verdunsten täglich etwa 6000 Millionen Liter Wasser, die der Jordan und einige kleinere Bäche heranführen. Das Wasser des Toten Meeres hat etwa 25 Prozent Salzgehalt, so daß man nicht untergehen kann. Es gibt keinerlei Lebewesen in dieser auch im Winter recht warmen Salzbrühe, darum „Totes Meer".

Jerusalem, die Hauptstadt seit 1000 vor Christus

Seit Davids Zeiten, also seit 1000 v. Chr., ist *Jerusalem* Hauptstadt des Landes, die in einer wechselvollen Geschichte oft zerstört und wieder aufgebaut wurde. Bis zum Sechstagekrieg (1967) war Jerusalem auf zwei Staaten aufgeteilt (wie Berlin). Die im Osten liegende Altstadt gehörte zum arabischen Jordanien, die westliche Neustadt zum Judenstaat Israel; nur Touristen durften einmal von einem Staatsgebiet ins andere, Einheimische nicht. Seit 1967 wird ganz Jerusalem von Israel verwaltet.

Jerusalem liegt auf einem mächtigen Felsplateau in etwa *800 m Seehöhe;* da nach drei Seiten hin tiefeingeschnittene Täler abfallen, war es bis zum Mittelalter eine ausgezeichnete *natürliche Festung.* 7 km südlich von Jerusalem liegt Betlehem, 40 km südlich die alte (= vordavidische) Hauptstadt Hébron, noch weiter südlich, schon an der Grenze der Wüste, das brunnenreiche Beérscheba.

Zionismus

Derzeit ist Palästina, wie schon erwähnt, in zwei Staaten aufgeteilt: das arabische Jordanien und das jüdische Israel. Für dessen Gründung setzte sich der Wiener Jude Theodor Herzl ein, der um 1909 eine Bewegung zur Rückkehr der Juden nach Palästina begründete (Zionismus). 1948 garantierte die UNO den Judenstaat Israel mit damals über 600.000 Einwohnern, die sich bis 1973 durch ständige Neueinwanderer auf über 3,000.000 vermehrten (mehr als zur Zeit Jesu). Im Judenstaat Israel wohnen etwa 170.000 Araber in der Gegend von Nazaret, ein unwiderlegbarer Beweis dafür, daß beide Völker miteinander auskommen könnten.

Das „Heilige Land"

Für die etwa 1.300,000.000 Christen, Juden und Mohammedaner auf Erden ist die Landbrücke zwischen Asien und Afrika das „Heilige Land", weil sich dort viele Ereignisse der Heilsgeschichte Gottes mit den Menschen abgespielt haben, besonders die Erlösung der Menschheit durch den Kreuzestod Jesu Christi auf Golgota.

FÜRS LEBEN

Schau dir einmal einen guten Film über das Heilige Land an oder besuche einen Farbbildvortrag über Palästina! Vielleicht kannst du später einmal das Heilige Land als Pilger selbst kennenlernen! — Nimm deinen Atlas zur Hand und vergleiche die heutigen Orte mit den in den Skizzen dieses Buches genannten biblischen Gedenkstätten; du wirst dann bald einen Überblick über die Lage der in den kommenden Kapiteln genannten Orte haben. — *Bemale die Landkartenskizze* dieses Buches *mit Buntstiften* in der richtigen Farbe! Du bekommst dadurch einen besseren Überblick.

FRAGEN *Erkläre die verschiedenen Namen für die Landbrücke zwischen Asien und Afrika: Kanaan — Palästina — Heiliges Land. Was weißt du vom Jordan und vom Toten Meer? — Warum wohl wählte sich Gott gerade diese Landbrücke als Schauplatz Seiner Erlösung?*

5 Turm von Babel (= Etemenánki) im heutigen Zustand

6 Zikkurat von Ur: Nahaufnahme der gebrannten Ziegel und des Asphalts (Bindemittel)

7 Das „Gelobte Land“: Hirte und Schafherde, dahinter der Berg Hermon

8 Das „Gelobte Land“: Landschaft am See Genesareth

13. Lehrstück

DIE PATRIARCHENGESCHICHTE: ABRAHAM

Gott will das verheißene Heil trotz allem Versagen der Menschen *verwirklichen;* in geradezu erfinderischer Liebe sucht Er immer wieder nach neuen Wegen.

Gott beruft nun einen einzelnen Menschen namens Abram (später Abraham genannt) zum Träger der Heilshoffnung; er dürfte etwa um 1750 v. Chr. gelebt haben, als Zeitgenosse des babylonischen Königs Hammurábi (1728—1686 v. Chr.). Theologische Fachleute sind der Auffassung, daß es sich bei den Patriarchen tatsächlich um einzelne Persönlichkeiten handelt, die wirklich gelebt haben. Die in der Patriarchengeschichte erwähnten Namen und Gebräuche stimmen mit dem überein, was die weltliche Geschichtsforschung über das 2. Jahrtausend v. Chr. über die Ereignisse in Mesopotamien herausfinden konnte; diese *Milieuechtheit* kann natürlich nicht jedes Detail der Patriarchenerzählungen „beweisen", aber die durch viele Jahrhunderte nur mündlich überlieferten Berichte müssen aus einer Zeit stammen, in der die in der Patriarchengeschichte beschriebenen Sitten bzw. Namen von Personen und Orten noch vorkamen. Aufgezeichnet wurden diese Erzählungen ja erst um 950 v. Chr., noch dazu in einem anderen Land, als es sowohl in Palästina als auch im Zweistromland längst ganz andere Sitten bzw. Namen von Personen und Orten in der betreffenden Gegend gab.

Geschichtlichkeit

Abram war ein Nachkomme Sems und lebte vermutlich im halbnomadischen Stamm der Aramäer; in hohem Alter zog er aus seiner Heimat Ur in Südmesopotamien nach Kanaan, um einem ausdrücklichen Auftrag Gottes zu entsprechen:

Abram: Semite aus Ur

„Gott sprach eines Tages zu Abram: ‚Zieh weg aus deinem Lande, deiner Verwandtschaft, aus dem Haus deines Vaters, in das Land, das Ich dir zeigen werde. Ich mach dich zu einem großen Volke. Dich segne Ich, und deinen Namen mache Ich groß. In dir sollen gesegnet werden alle Geschlechter der Erde.' Abram, schon 75 Jahre alt, folgte diesem Rufe und kam mit seinem Weib Sarai, seinem Neffen Lot, seinen Knechten,

Gen 11, 27—12, 9

Drei Verheißungen

Mägden und Herden nach Kanaan. Er durchzog das Land bis zur heiligen Eiche beim Orte Sichem. In dem Lande wohnten damals die Kanaanäer. Hier erschien der Herr dem Abram und sprach zu ihm: ‚Dieses Land gebe Ich deinen Nachkommen!' An der Stätte der Erscheinung erbaute Abram einen Altar. Dann zog er weiter und gelangte in die Gegend von Bet-El. Auch hier errichtete er einen Altar zu Ehren des wahren Gottes."

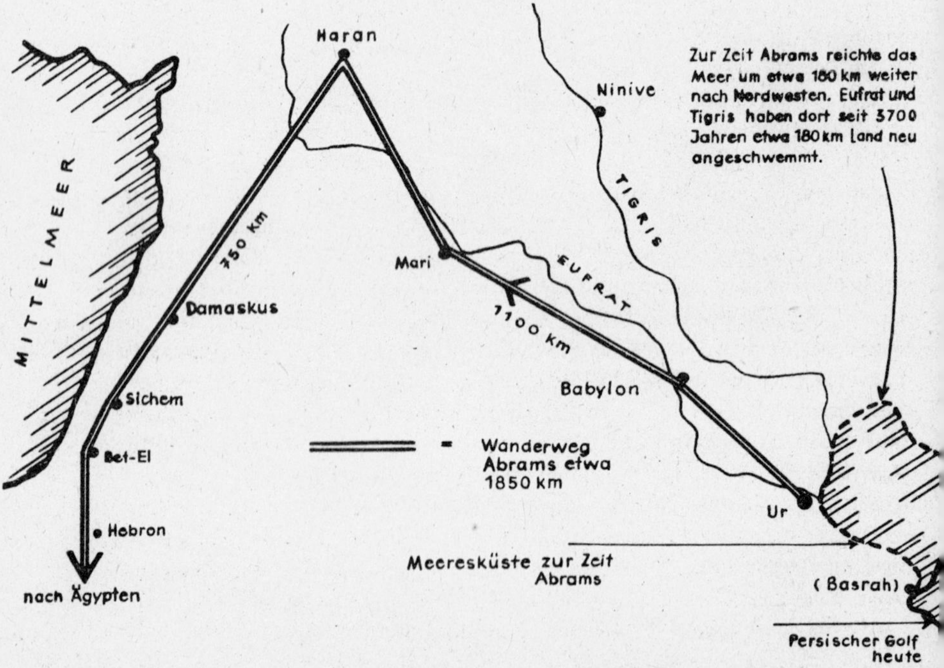

Skizze 4 Die Wanderungen *Abrams*

Hohe Kultur des Zweistromlandes

Sowohl die ursprüngliche Heimat Abrams, das damals am Meer gelegene *Ur,* als auch dessen Handelspartner im Westen, die Stadt *Harán,* hatten zur Zeit der Patriarchen eine *beachtliche kulturelle Höhe* erreicht, wie uns die Ausgrabungen beweisen. Abram mußte also, um dem Ruf Gottes zu folgen, Abschied nehmen nicht nur von seiner Heimat und seiner Sippe, sondern auch von einem für damalige Verhältnisse recht beachtlichen Lebensstandard. Dafür tauschte er eine ungewisse Zukunft in einem fremden Land ein, von dem er nur den Namen kannte. Geistiges und religiöses Zentrum seiner bisherigen Heimat Mesopotamien war damals die Stadt *Bábylon* (135 km südöstlich vom heutigen *Bagdád)*, wo zur Abrahamszeit der durch seinen Gesetzeskodex berühmte König *Hammurábi* (1728—1686 v. Chr.) regierte. Im Leben Abrams läßt sich nachweisen, daß er sich an dieses Hammurabi-Gesetz hielt.

Hammurábikodex

Trotz einer sehr *hohen weltlichen Kultur* war die *Religion* des Zweistromlandes *primitive Vielgötterei.* Man verehrte besonders die Gestirne, und auch die Familie Abrams tat mit. Manche „kluge Zeitgenossen" meinten wohl (wie auch ihre geistigen Nachfahren in späteren Zeiten), der eine, wahre Gott, an den sie im Prinzip schon noch glaubten, hätte in Seiner Großzügigkeit nichts dagegen, wenn man „so rein äußerlich" am glanzvollen Kult des Mondgottes mit den herrlichen Prozessionen teilnehme . . .

Vielgötterei

Der heilige Paulus gibt uns im Römerbrief die Antwort, warum *Abram* diesen Ausweg der Schwachen nicht wählte:

„Gegen alle Hoffnung hat er voll Hoffnung geglaubt, daß er der Vater vieler Völker werde, im Vertrauen auf das Wort: ‚So zahlreich werden deine Nachkommen sein'. Ohne im Glauben schwach zu werden, zweifelte er nicht an der Verheißung Gottes und war fest davon überzeugt, daß Gott die Macht hat, zu tun, was er verheißen hat" (Römerbrief des Apostels Paulus 4, 18 f)

Abrams unerschütterlicher Glaube

Wie wir vorhin hörten, war *Abram verheißen* worden: **„Ich mache dich zu einem großen Volke"**, d. h., es wurde ihm zahlreiche Nachkommenschaft angekündigt; rein menschlich gesehen, konnte Abram an die tatsächliche Erfüllung dieses höchsten Wunsches, besonders eines Mannes im Orient, nicht mehr glauben: Er war ja schon 75 Jahre alt und hatte noch keinen Sohn. Er schlägt aber alle Bedenken nieder mit dem Wort: Ich glaube dem Herrn!

Die Patriarchenzeit ist eine *Epoche von Verheißungen Gottes,* welcher erst Jahrhunderte später durch die Landnahme in Kanaan und die Gründung eines Staates seitens der Nachkommen Abrahams die Erfüllung folgte (in der Zeit der Könige Saul, David, Salomo, also etwa von 1012 bis 926 v. Chr.).

Zeit der Verheißungen

Abram zog von Ur etwa 1850 km bis nach Sichem in Kanaan (vgl. die Skizze des Wanderweges auf Seite 50!). Landesgrenzen gab es damals für die Nomaden nicht; nur die Ägypter kontrollierten die in ihr Land hineinziehenden Fremden (vgl. Bild Nr. 2). In Kanaan hingegen gab es nur Stadtstaaten, und das *Gebiet zwischen* diesen *Ansiedlungen war Niemands-*

zirka 1850 km Wanderweg

Stadtstaaten, keine Landesgrenzen

land, durch das die Nomaden frei hindurchziehen konnten. Als Abram an seinem ersten Ziel im verheißenen Land, in Síchem, dem heutigen Nablús, angekommen war, brachte er Gott ein *Dankopfer* dar. Er denkt also zuerst an Gott und erst nach dem Opfer daran, sich für einige Zeit stabilere Zelte zu errichten.

Heil für alle Völker

Zum Lohn dafür verheißt ihm Gott: **„In dir sollen gesegnet werden alle Völker der Erde!“** (= 3. Messianische Verheißung). Die erste geschah durch Gott selbst beim Strafurteil über den Satan (= Prótoevangélium): **„Feindschaft will ich setzen ...“**; die zweite Verheißung sprach Noach aus beim Segen über Sem und Jafet (Gottes Segen möge auf ihren Nachkommen sein); die dritte Verheißung Gottes an Abram dehnt den Segen auf alle

Universale Erlösung

Völker aus; diese *universale*, für alle Völker verheißene Erlösung ging durch Christus in Erfüllung: **„Geht hinaus in die ganze Welt ... Wer glaubt und sich taufen läßt, wird gerettet, wer aber nicht glaubt, wird verurteilt werden!“** (Mk 16, 15 f).

ABRAM UND SEIN NEFFE LOT

Abram holt Getreide aus Ägypten

Abram zog wegen einer Hungersnot für einige Zeit nach Ägypten. Die Einwanderung einer semitischen Handelskarawane wird im Grabgemälde des Chnum-hotép in Bení Hassá in Mittelägypten dargestellt (vgl. Bild 2).

Die Semiten brachten meist Weihrauch, Schminke und Gewürze und tauschten sich dafür Getreide ein, wie uns auch die Hieroglyphen auf dem Bild berichten.

Nach seiner Rückkehr ins verheißene Land siedelte sich Abram bei *Bet-El* an und errichtete dort zu Ehren des einen, wahren Gottes einen *Altar*.

Trennung von Lot

Sein Neffe *Lot* hatte inzwischen viele Herden erworben; doch reichten die wenigen Weideplätze für die Herden von Lot *und* von Abram nicht aus, und darum gerieten die Hirten von beiden immer wieder in Streit miteinander. Abram wollte Frieden, auch um den Preis, dem jüngeren Lot nachzugeben, obwohl Abram als Oberhaupt der Sippe einfach hätte befehlen können. Die Bibel schildert uns eindrucksvoll Abrams *Friedensliebe*.

Gen 13, 8—18

„Abram sprach zu Lot: ‚Kein Streit darf sein zwischen mir und dir, zwischen meinen und deinen Hirten. Wir sind ja Brüder! Steht dir nicht das ganze Land offen? Trenne dich von mir! Gehst du zur Linken, so gehe ich zur Rechten, gehst du zur Rechten, so gehe ich zur Linken!‘ Lot wählte

die ganze Au am Jordan, wohlbewässert wie ein Garten Gottes, wie das Land Ägypten. Abram blieb im Lande Kanaan. Lot zeltete bis nach Sodom hin. Die Leute von Sodom waren überaus böse Sünder vor dem Herrn. Danach sprach der Herr zu Abram: ‚Erhebe deine Augen! Das ganze Land, das du siehst, will Ich für alle Zeit dir und deinen Nachkommen schenken. Deine Nachkommen will Ich zahlreich machen wie den Staub der Erde.'

Abram zog mit Zelten umher und ließ sich dann nieder bei den Eichen von Mámre in der Nähe von Hébron. Auch dort baute er dem Herrn einen Altar."

Die *fruchtbare Gegend* am Jordan und bei Sodom war *auch bei anderen begehrt.* Eines Tages fielen *vier fremde Könige aus dem Osten* in diese Gegend ein. Die fünf einheimischen Könige, darunter die von Sodom und Gomorra, unterlagen in der Schlacht. Die siegreichen Feinde nahmen alles Hab und Gut weg und *führten auch Lot* und dessen ganze Habe aus Sodom *mit sich fort.* **Lot wird gefangen**

Ein Flüchtling überbrachte *Abram* die Unglücksbotschaft. Dieser bot sofort seine waffengeübten Leute, insgesamt *318 Mann,* auf und jagte dem Feinde nach; in einem überraschenden *nächtlichen Angriff* auf das Lager der den Sieg feiernden vier Ostkönige konnte Abram nicht nur alle Gefangenen befreien, sondern auch einen großen Teil der aus Sodom weggeschleppten Beute wieder nach Kanaan zurückbringen. **Abram befreit seinen Neffen Lot**

„Der König von Sodom zog dem siegreichen Abram entgegen. Melchisedek, der König von Salem, brachte Brot und Wein heraus; er war ein Priester des höchsten Gottes. Er segnete Abram mit den Worten: ‚Gesegnet sei Abram von dem höchsten Gott, dem Schöpfer des Himmels und der Erde! Gepriesen sei der höchste Gott, der die Feinde in deine Hand gegeben!' Abram gab ihm den Zehnten von allem." Gen 14, 17—20

Abrams *Uneigennützigkeit* und Hilfsbereitschaft zeigte sich sehr deutlich in der Lot-Erzählung: Lot hatte seine Herden durch Arbeit bei Abram verdient, blieb aber dennoch abhängig vom Oberhaupt der Sippe; Abram ist nicht nur friedfertig und entgegenkommend, sondern auch hilfsbereit. Statt Lot, der sich die besseren Weidegründe ausgesucht hatte, schadenfroh seinem Schicksal zu überlassen, geht Abram ein sehr großes Risiko ein, um seinen Neffen aus der Gefangenschaft befreien zu können; von der großen Beute wollte Abram nichts behalten, obwohl der König von Sodom nur seine Leute zurück erbat: **„Gib mir nur die Leute wieder! Die Habe behalte für dich!"** **Abram ist hilfsbereit** **Abram will keine Beute**

Doch Abram antwortete dem König von Sodom: **„Keinen Faden, keinen Schuhriemen, nichts von allem, was dir gehört, nehme ich an!"** Gen 14, 21—24

Abram will sich an der Beute nicht bereichern.

Einer der vier Ostkönige, *Ámrafel,* ist vielleicht mit einem *Feldherrn* des Hammurábi namens *Amúrpiel* identisch.

Abram durch Tributleistung unter dem Schutz Melchísedeks

Nach der Befreiung seines Neffen Lot traf Abram den Priesterkönig *Melchísedek* (= König der Gerechtigkeit) von Salem (später Ursálim = Jerusalem genannt). Melchísedek brachte *Brot und Wein zum Opfer* dar, denn er war zugleich Priester des Allerhöchsten. Durch dieses Opfer wurde er ein Vorbild Christi. Melchísedek segnete Abram und pries Gott, der Abram diesen herrlichen Sieg mit so wenigen Kämpfern erringen ließ. Abram wieder ehrte den Diener des Allerhöchsten, indem er ihm den zehnten Teil der Beute übergab und sich damit zugleich unter den Schutz des Priesterkönigs von Salem stellte.

VORBILD

MELCHISEDEK	CHRISTUS
1. M. ist König eines irdischen Reiches.	1. Christus ist König eines geistigen Reiches.
2. M. opferte Brot und Wein, um Gott für den Sieg Abrams zu danken.	2. Christus opfert sich in der heiligen Messe unter den Gestalten von Brot und Wein.
3. M. war Priester und König in einer Person; sein Priesteramt übt er durch Darbringung eines Opfers aus.	3. Christus ist der ewige Hohepriester im Kreuzesopfer und bei dessen unblutiger Erneuerung in der heiligen Messe.

FÜRS LEBEN

Wir können von Abram vieles lernen, z. B. seine

a) *Friedfertigkeit:* Wir verfeinden uns manchmal wegen ganz nebensächlicher Dinge, Geschwister streiten beim Spiel, Mitschüler sind unfreundlich und grob zueinander.

b) *Uneigennützigkeit: Kannst du* gelegentlich auf etwas *verzichten,* um einem anderen eine Freude zu machen?

c) *Gottvertrauen:* Vor jeder wichtigen Entscheidung solltest du *Gott um seine Hilfe bitten.* Abrams Gottvertrauen wurde belohnt — von seinen Nachkommen leben noch jetzt über 10 Millionen Juden.

d) *Frömmigkeit:* Heutzutage treten manche aus der Kirche aus, damit sie sich die Zahlung der Kirchenbeiträge ersparen, die nicht zehn Prozent, sondern etwa zwei Prozent vom Gehalt ausmachen und bei Familienvätern noch weniger.

FRAGEN

Warum hat Abram das Zweistromland und seine Sippe in Ur verlassen? — Wie alt war Abram beim Eintreffen in Kanaan, und was hatte Gott ihm mehrfach verheißen? — Was weißt du von den Charaktereigenschaften des Abram bzw. des Lot? — Inwiefern ist Melchisedek ein Vorbild Christi? — In welcher Zeit etwa lebte Abram (nenne einen Zeitgenossen)?

14. Lehrstück

GOTTES BUND MIT ABRAHAM

Die Gefangennahme Lots zeigte Abram, wie unsicher seine Lage im fremden Land war. Da erschien ihm Gott und sprach:

„‚Fürchte dich nicht, Abram! Ich bin dein Schutz! Dein Lohn ist überaus groß.' Abram sprach: ‚Mein Herr, was willst Du mir geben? Ich bin ja kinderlos. Eliéser, mein Knecht, wird mein Erbe sein.' Der Herr sprach: ‚Nicht dieser, sondern dein leiblicher Sohn wird dein Erbe sein.' Und Er führte ihn ins Freie und sprach: ‚Schaue hinauf zum Himmel und zähle die Sterne, wenn du kannst. So zahlreich werden deine Nachkommen sein!' Abram glaubte Gott, und dieser rechnete es ihm an als Gerechtigkeit. Und Gott sprach: ‚Dein Stamm wird Fremdling sein im Lande, das dir nicht zu eigen. Dann front er ihm und wird bedrückt. Jedoch sie ziehen aus mit reicher Habe.'

Gen 15, 1—21, 17, 1—27

Als Abram 99 Jahre alt war, erschien ihm Gott wieder und sprach: ‚Ich bin Gott, der Allmächtige. Wandle vor Mir und sei vollkommen.' Da warf sich Abram auf sein Angesicht nieder, und Gott verkündete ihm: ‚Mein Bund mit dir ist geschlossen. Du wirst Stammvater einer Menge von Völkern. Darum sollst du fortan nicht mehr Abram heißen, Abraham sei dein Name. Denn zum Vater gar vieler Völker bestimme Ich dich. Meinen Bund begründe Ich zwischen Mir und dir sowie deinen Nachkommen als ewigen Bund. Dein Gott will Ich sein und der Gott deiner Nachkommen. Halte aber auch du samt deinen Nachkommen Meinen Bund.

Bundesschluß

Namensänderung

Das sei das Bundeszeichen zwischen Mir und euch: Im Alter von acht Tagen soll jedes Knäblein die Beschneidung erhalten.' Weiter sprach Gott zu Abraham: ‚Sarai, dein Weib, nenne von nun an Sara. Ich segne sie und schenke ihr einen Sohn, den sollst du Isaak nennen. Mit ihm und seinen Nachkommen richte Ich auf einen ewigen Bund.' "

Beschneidung als Bundeszeichen

Gott hat Abraham und seinen Nachkommen sehr viel verheißen: Sie werden

Verheißungen an Abraham

1. ein großes Volk sein;
2. im Lande Kanaan wohnen;
3. zahlreich sein wie der Staub der Erde;
4. zahlreich sein wie die Sterne des Himmels;
5. zuerst in einem fremden Lande dienen (= Ägypten);
6. dann in einem großen Reiche herrschen;
7. viele Völker sein, davon eines das Bundesvolk;
8. der Stammvater des Bundesvolkes soll Isaak sein, der Sohn Abrahams und seiner Frau Sara.

Im AT: Beschneidung

Gott schloß einen *Bund mit Abraham,* so wie Mann und Frau einen Ehebund schließen. Das Bundeszeichen sollte die *Beschneidung* sein, die seither an israelitischen Knaben vorgenommen wird; ein uralter Brauch, bei dem ein Stück Haut weggeschnitten und etwas Blut vergossen wird. Diese paar Blutstropfen sollten das Sinnbild für ein Opfer an den Schöpfer sein. Im Neuen Bund, der durch das Blut des Erlösers am Kreuz geschlossen wurde, verlor die Vorschrift der Beschneidung ihre verpflichtende Kraft.

Im NT: Taufe

An ihre Stelle trat die hl. *Taufe,* welche die *Erbsünde tilgt* und uns zu Christen macht, zu Angehörigen des *Neuen Bundes* mit Gott.

Abraham — Freund Gottes

Abraham war durch den Bund zum *Freund Gottes* geworden; mit einem Freund spricht man über zukünftige Pläne und Absichten. Gott will seinem Freund Abraham verständlich machen, warum *Sodom und Gomorra vernichtet* werden sollen. Der Herr erscheint Abraham mit zwei Männern (= Engeln). Abraham nimmt die drei ihm fremden Männer in echt orientalischer Gastfreundlichkeit auf. Erst, als sie ihm die Geburt eines Sohnes ankündigen, erkennt er damit die Anwesenheit Gottes:

Gen 18, 16—19, 29

Abrahams Nächstenliebe

„Die drei Männer brachen gegen Sodom auf, und Abraham gab ihnen das Geleit. Da sprach der Herr: ‚Die Klage über Sodom und Gomorra ist gar groß geworden und ihre Sünde überaus schwer.‘ Die beiden anderen Männer schritten weiter. Abraham aber blieb vor dem Herrn stehen. Er trat näher und sprach: ‚Willst Du wirklich den Gerechten mit dem Frevler hinwegraffen? Vielleicht gibt es fünfzig Gerechte in der Stadt. Wirst Du sie wirklich mit vertilgen?‘ Der Herr erwiderte: ‚Wenn Ich zu Sodom fünfzig Gerechte finde, will Ich um ihretwillen dem ganzen Orte vergeben.‘ Abraham fuhr fort: ‚Ich habe nun einmal angefangen, zum Herrn zu reden, obwohl ich nur Staub und Asche bin. Wie, wenn an den fünfzig Gerechten fünf fehlten, würdest Du alsdann wegen dieser fünf die ganze Stadt vertilgen?‘ . . .“

Sechsmal wiederholte nun Abraham seine Bitte und setzte sich immer wieder für die sündige Stadt ein. Die Darstellung dieses Gesprächs Abrahams mit Gott entspricht der Gepflogenheit von oftmaliger Rede und Gegenrede im orientalischen Kulturkreis. Der *Grundgedanke*, der Sinn des Berichts, ist:

1. daß wir uns der Sünder annehmen sollen, und
2. wie wir richtig beten sollen.

Unser Gebet sei:

So ist z. B. Abrahams wiederholtes Bitten sicher ein Vorbild für ein *beharrliches Gebet*. Abraham war überzeugt, daß Gott seine Bitte erhören würde, es war also auch ein *vertrauensvolles* Bitten. Abraham ließ sich durch keinen anderen Gedanken ablenken, sein Sinnen und Trachten war auf das Ziel seines Bittens gerichtet, mit Herz und Verstand bemühte er sich um die Rettung Sodoms: ein Vorbild für ein innerliches, *andächtiges* Beten. Dabei war er sich dessen bewußt, nur „Staub und Asche" zu sein: Es war ein demütiges Bitten. Diese vier Eigenschaften sollte auch unser Gebet haben.

beharrlich, vertrauensvoll,

andächtig, demütig

FÜRS LEBEN

So wie damals ist Gott immer „unterwegs" zu den Menschen. So macht Er uns z. B. manchmal *durch die Stimme unseres Gewissens* aufmerksam, wie und wann wir einem anderen helfen oder Unheil von ihm abwenden können.

Betest du regelmäßig für deine Eltern, für deine Klassenkameraden, besonders für die Gefährdeten? Kümmerst du dich um Menschen, die fern von Gott sind, indem du für sie betest und gut bist zu ihnen? **„Einer trage des anderen Last! — Tragt Sorge füreinander!"** (Gal 6, 2.) Gott will, daß Sünder durch Sünder gerettet werden.

FRAGEN

Was hat Gott Abraham verheißen? — Die Bundeszeichen im AT und im NT — Wie zeigte sich Abrahams Nächstenliebe? — Welche auch für unser Beten vorbildliche Eigenschaften hatte das Bitten Abrahams bei Gott?

DER UNTERGANG VON SODOM UND GOMORRA

Als *Abraham* heimgekehrt war, überdachte er das Gespräch mit Gott und *fand* die ganze Nacht *keinen Schlaf*, weil er immer wieder an das *drohende Strafgericht* über die Bewohner der beiden Städte *denken* mußte. Inzwischen waren die zwei Begleiter (= Engel) des Herrn bei Lot eingekehrt, um ihn zu warnen. Sie wurden von ihm ebenso freundlich aufgenommen wie vorher bei Abraham. Hingegen versuchten die Bewohner Sodoms, die beiden Fremden zum Bösen, zur Unkeuschheit, zu verführen.

Gen 19, 15—19

„Beim Morgengrauen drängten die Boten Lot und sprachen: ‚Auf! Nimm dein Weib und deine beiden Töchter, damit nicht auch du umkommst wegen der Sündenschuld der Stadt.‘ Da er noch zögerte, nahmen die beiden Männer ihn und die Seinigen an der Hand und führten sie hinaus. Sie sprachen: ‚Rette dich, schau dich nicht um, bleibe nirgends stehen, fliehe ins Gebirge!‘

Strafgericht Gottes über die beiden Städte

Alsbald ließ der Herr über Sodom und Gomorra Schwefel und Feuer regnen und vernichtete die Städte mit all ihren Bewohnern. Lots Weib aber schaute sich um und erstarrte zu einer Salzsäule.

Frühmorgens begab sich Abraham zu der Stätte, wo er vor dem Herrn gestanden; er hielt Ausschau nach Sodom und Gomorra und der ganzen Gegend und sah: Rauch stand hoch über dem Land wie der Rauch aus einem Schmelzofen.“

Erdbeben, Asphaltlager brennen, ein Unwetter bricht los

Über Sodom und *Gomorra* vollzog sich ein *furchtbares Strafgericht:* Der Donner eines gewaltigen *Erdbebens* erschütterte die Luft — Erdstöße sind am Toten Meer sehr häufig —, ein *Unwetter* brach los, Blitze zuckten aus den schwarzen Wolken nieder und entzündeten die Gebäude. Die *Blitze entzündeten* aber auch die leicht *brennbaren Gase,* die aus den nahen Erdölquellen aufstiegen, und bald brannten auch die Asphaltlager bei Sodom; ein mächtiges *Flammenmeer* schloß die Stadt von allen Seiten ein und machte die *Flucht unmöglich.* Der Feuertod vernichtete die Menschen. Schließlich senkte sich noch der Boden um 4 bis 6 Meter, und die Wasser des Toten Meeres *überfluteten* das Tal Siddím. Unter dem Südteil des Toten Meeres liegt teilweise früher fruchtbar gewesenes Land.

vgl. Lk 9, 62

Lot und die Seinen waren noch auf der Flucht, als sich diese Schrecken vollzogen. Weil *Lots Weib* stehenblieb, erreichte sie der *Schwefeldampf,* der sie bald betäubte; „zurückschauen“ bedeutet nach biblischem Sprachgebrauch „umkehren“. Lots Weib *fiel um* und wurde von einer *Salzkruste* überzogen, so daß sie einer Salzsäule glich. Auch *Lot* wurde, entsprechend seinen früheren Werken, bestraft: Er hatte früher durch Eigennutz gesündigt. Darum *verlor* er nun *seine Habe.* Andererseits zeigte sich wieder die Gerechtigkeit Gottes: Lot war mitten in der gottlosen Umgebung treu geblieben. Deswegen wurde er mit seinen zwei Töchtern gerettet.

Gott warnte beide Städte

Gott hatte es an *Warnungen für die Sodomiten* nicht fehlen lassen: Zuerst hatte Er den Überfall der Städte durch die fremden Könige zugelassen. Diese Heimsuchung hatte aber keine Besserung gebracht. Sie erlebten Abrams Selbstlosigkeit, als er zugunsten des Königs von Sodom auf jede Beute verzichtete, sie waren Zeugen der Gläubigkeit und Frömmigkeit des Melchísedek geworden: Aber all das hatte sie nicht beeindruckt.

Sie lebten weiter unbeherrscht und versuchten, auch noch andere in ihre Sünden hineinzuziehen.

Der Apostel Judas Taddäus benennt die Greuel; er sagt in seinem Brief (Vers 7), daß arge Unkeuschheit die schwerste Sünde der Sodomiten und der Bewohner der Nachbarorte war. Darum wird die Unkeuschheit in ihrer schwersten Art noch jetzt sodomitische Sünde genannt. Sie wird zu den himmelschreienden Sünden gezählt.

FÜRS LEBEN

Kein Laster verdirbt den Menschen so sehr wie die Unkeuschheit. Gott läßt auch uns gelegentlich warnen: durch die Eltern, durch einen Lehrer, einen Priester, durch ein gutes Buch, durch die Stimme unseres Gewissens. Was sollst du tun bzw. **unterlassen?**

Gelegenheiten meiden

1. Jede unnötige Gelegenheit zur Sünde meiden, wie z. B. schlechte Gesellschaft, schlechte Filme, Bücher, Illustrierte, für Jugendliche nicht geeignete Fernsehsendungen.

Vernünftige Einstellung zum Leib

2. Das Ziel ist aber nicht die „Flucht aus der bösen Welt", sondern ein richtiges „Abhärten", damit uns nicht gleich jede Gelegenheit zum Bösen verleiten kann.

Religiöse Hilfen

3. Wer sich trotz aller schlechten Einflüsse unserer Umwelt bewähren soll, braucht außer einem eigenen guten Willen und festen Vorsatz noch die Gnade Gottes. Darum in der Versuchung beten, die Gottesmutter verehren, mindestens einmal im Monat zu den Sakramenten gehen!

Ablenken

4. Ablenken, z. B. durch ein vernünftiges „Hobby": Briefmarken sammeln, gute Bücher lesen, Sport treiben, Wandern, eine moderne Fremdsprache ordentlich lernen usw.; denn „Müßiggang ist aller Laster Anfang" („weil mir so fad ist ...").

FRAGEN

Welche Tugend zeigte Abraham den Fremden gegenüber? — Wodurch hatte Gott die Bewohner von Sodom gewarnt? — Wie warnt Er uns? — Wie könntest du dich um gefährdete Mitmenschen kümmern?

15. Lehrstück

DAS ISAAK-OPFER

Für manchen Studenten wäre die Schule ganz erträglich, wenn man z. B. an schönen Tagen wahlweise in die Schule oder spazierengehen könnte, und wenn — ja wenn es bloß nicht immer wieder diese Schularbeiten und Prüfungen gäbe ... Ist so ein „vielgeplagter Mittelschüler" dann auf die Technik oder auf die Universität gekommen, so lächelt er nur mehr über die „Prüfungen" vor der Matura. Und *noch schwerere Prüfungen* als jene auf der Hochschule warten auf manchen Menschen *im Alltag* seines Lebens.

Ohne Prüfung kein Aufstieg!

Auch Abraham wurde von Gott *geprüft;* die schwerste Erprobung seines Gottvertrauens und seiner Opferbereitschaft war das Verlangen Gottes, Abraham möge seinen damals etwa 14- bis 16jährigen Sohn *Isaak opfern. Menschenopfer* waren in der damaligen Zeit und auch später bei heidnischen Völkern nicht unbekannt. Das zeigen beispielsweise die noch jetzt erhaltenen Überreste, d. h. die Knochen geopferter *Kinder in Bíblos* (Stadtmauer) und in *Karthago* (Móloch-Kult), oder drüben in Amerika die Opfer der Maya (300—900 *nach* Christus) und der Azteken (bis 1492!). Auf den Tempeln von Kárnak in Oberägypten und besonders in Médinet Habú (= 3 km westlich von Lúxor) ist in meterhohen Bildreliefs dargestellt, wie der Pharao persönlich die Gefangenen zu Ehren der Gottheit tötet.

Es gab anderswo Menschenopfer

Gott wollte natürlich nicht die tatsächliche Opferung des Isaak, sondern eine *Erprobung des Glaubens des Abraham,* bevor Er ihm die große Gnade zuteil werden ließ, *Stammvater* eines ganzen Volkes zu sein, das als eines der wenigen Völker der Antike noch heute existiert.

Gen 21, 1—7; 22, 1—19

„Ein Jahr darauf bekam Sara einen Sohn, wie es der Herr verheißen hatte. Abraham nannte ihn Isaak und beschnitt ihn am achten Tage. Als der Knabe älter geworden war, stellte Gott Abraham auf die Probe. Er sprach zu ihm: ‚Nimm deinen Sohn, deinen einzigen, den du lieb hast, den Isaak, und zieh in das Land Morija. Bringe ihn dort zum Brandopfer dar auf einem der Berge, den Ich dir zeigen werde.'

Abraham stand am anderen Morgen früh auf, sattelte einen Esel, nahm zwei seiner Knechte mit und Isaak, seinen Sohn, spaltete Holz zum Brandopfer und machte sich auf nach der Stätte, die Gott ihm bezeichnet hatte. Als er am dritten Tage den Ort von ferne sah, sprach er zu seinen Knechten: ‚Wartet hier mit dem Esel! Ich will mit dem Knaben dorthin gehen und anbeten. Dann kommen wir wieder zu euch zurück!‘ Er nahm das Opferholz und lud es seinem Sohne Isaak auf. In seine Hand nahm er den Feuerbrand und das Schlachtmesser. Unterwegs sagte Isaak: ‚Siehe, hier ist Feuer und Holz, wo aber ist das Opferlamm?‘ Abraham antwortete: ‚Gott wird sich schon ein Opferlamm ausersehen, mein Sohn!‘ Sie kamen an die Stätte, die Gott ihm bezeichnet hatte. Dort baute Abraham einen Altar, schlichtete das Holz auf, band seinen Sohn Isaak und legte ihn auf den Altar oben über das Holz. Dann griff er zum Messer, um seinen Sohn zu schlachten. Da rief der Engel Gottes vom Himmel her: ‚Abraham, Abraham! Tu dem Knaben nichts zuleide! Jetzt weiß Ich ja, daß du gottesfürchtig bist und Mir deinen einzigen Sohn nicht verweigerst.‘

Die Glaubensprobe Abrahams

Da erhob Abraham seine Augen und sah einen Widder, der sich mit den Hörnern im Gestrüpp verfangen hatte. Er faßte den Widder und opferte ihn als Brandopfer anstatt seinem Sohn. Dann rief der Engel Gottes ein zweitesmal vom Himmel her dem Abraham zu: ‚Ich schwöre bei Mir: Weil du dies getan und Mir deinen einzigen Sohn nicht verweigert hast, will Ich dich segnen und deine Nachkommen so zahlreich machen wie die Sterne des Himmels und wie den Sand am Meer. Und durch deine Nachkommen sollen gesegnet werden alle Völker der Erde!‘

Abraham kehrte dann mit seinem Sohn und den Knechten nach Beérscheba zurück.“

Beweis größter Opferbereitschaft

Wie wir schon hörten, waren damals Kindesopfer im Orient weit verbreitet; so war es für Abraham keine unmögliche Zumutung, sein einziges Kind zu opfern. Mit dem eigenen Kind sollte Gott das Wertvollste, was man besaß, hingegeben werden. Fast im letzten Augenblick griff Gott ein, um den Tod des Isaak zu verhindern. Ihm genügte es, daß Abraham sich zur Hingabe des Liebsten durchgerungen hatte; *Gott schaut ja immer auf die Gesinnung des Menschen,* auf seine innerste Absicht.

Nicht im Menschenopfer, sondern in dem stellvertretend für den Menschen dargebrachten Tieropfer sollte nun von Abraham und später von seinen Nachkommen diese liebende Hingabebereitschaft gezeigt werden. Der Stammvater des auserwählten Volkes sollte den Heiden an Opfergesinnung nicht nachstehen, zugleich aber belehrt werden, daß Gott das tatsächliche Menschenopfer ablehnt.

Isaak ist ein Vorbild für Christus.

VOR-BILD

ISAAK	CHRISTUS
= der einzige Sohn Abrahams, den er sehr lieb hatte.	= der einzige, innigstgeliebte Sohn Gottes.
Isaak trug willig das Holz auf den Berg hinauf.	Christus trug gehorsam das Kreuzesholz nach Gólgotha.
Wegen des Opfers kommt Segen über alle Völker.	Durch das Kreuzopfer werden alle Menschen erlöst.

FÜRS LEBEN

Abraham bestand alle Prüfungen, weil sein Glaube an Gottes Allmacht, Güte und Gerechtigkeit unerschütterlich war. Deshalb brach er nicht zusammen. Der Glaubenslose hingegen geht zunächst stolz daher, solange es ihm gut geht und er sich der Gesundheit des Leibes erfreut. Bei ganz schweren Belastungen aber verzweifelt er gewöhnlich, und manche machen ihrem Leben ein Ende, z. B. beim plötzlichen Verlust eines geliebten Menschen, bei wirtschaftlichem Ruin oder aus Angst vor einer ungewissen und leidvollen Zukunft (z. B. vor der Gefangennahme im Krieg, vor dem Einmarsch des Gegners in die Heimat, in einer voraussichtlich unheilbaren Krankheit). Der Glaube an Gott hilft uns zum Durchhalten in schweren Schicksalsschlägen, er macht den Menschen zugleich zur reifen und gütigen Persönlichkeit, auf die man sich verlassen kann.

FRAGEN

Welchen Sinn haben Prüfungen? — Wo gab es in der Antike Menschenopfer? — Warum verlangte Gott von Abraham die Opferung seines einzigen Sohnes? — Inwiefern ist Isaak ein Vorbild Christi?

16. Lehrstück

ISAAK — ESAU — JAKOB

A. ABRAHAM VERHEIRATET ISAAK MIT REBEKKA

Eines Tages rief Abraham seinen ältesten, ihm treu ergebenen Knecht Eliéser (= Gott, hilf!), der aus Damaskus gebürtig war, und beauftragte ihn zu einer Reise in die Zwischenheimat Harán, um dort aus der Verwandtschaft Abrahams eine geeignete Gattin für Isaak, den Träger göttlicher Verheißungen, zu suchen und nach Kanaan zu bringen.

Im Orient sorgt der Vater für die Anbahnung der Ehe

Eine Verheiratung war damals zwischen den Oberhäuptern der beiden Familien zu vereinbaren, im Gegensatz zu unseren abendländischen Gepflogenheiten. Eliéser reiste also nach Mesopotamien zu einem Bruder Abrahams, namens Náhor. Bei einem Brunnen in Harán erbat sich Eliéser ein Zeichen von Gott, um unter den vielen Töchtern der Stadt die Richtige für Isaak herauszufinden. Zum Brunnen mußten sie ja alle kommen, um Wasser zu holen.

Welche Eigenschaften soll eine gute Gattin haben?

„Wenn ich nun zu einem Mädchen sage: ‚Laß mich aus deinem Kruge trinken', und es antwortet: ‚Trink! Auch deine Kamele will ich tränken!' — so soll es diese sein!" (Gen 24, 1—67.)

Gen 24, 1—67

Eliéser wählte also als Zeichen demütig dienende Nächstenliebe und Hilfsbereitschaft. Kaum hatte Eliéser sein Gebet beendet, da kam schon ein Mädchen mit einem gefüllten Krug vorbei. Als Eliéser einen Trunk frischen Wassers erbat, fügte sie gleich selber hinzu:

„Auch für deine Kamele will ich Wasser schöpfen!" Dieses wiederholte Wasserschöpfen und Hintragen zu den Kamelen war sicher weit mehr, als ein Fremder billigerweise verlangen konnte. Auf die Frage Eliésers, wessen Tochter sie sei, antwortete das Mädchen:

„Ich bin Rebékka, die Tochter Betuels, eine Enkelin Náhors."

Da war dem Eliéser klar, daß Gott alles so gefügt habe. Als Lában und Betuel erfuhren, was sich zugetragen hatte, sagten sie:

„Die Sache kommt vom Herrn! Da steht Rebékka vor dir; nimm sie und zieh hin!"

Sinn dieser Erzählung Diese Erzählung soll den Israeliten sagen:

1. *keine heidnische* Frau zu *heiraten* und
2. bei der Wahl der Gattin darauf zu *achten, ob sie bereit ist zur dienenden Nächstenliebe* und zum Opfer.

Rebékka zog nun mit Eliéser nach Kanaan und wurde Isaaks Frau.

Tod des Abraham Bald nach diesem Fest *starb Abraham* und wurde neben seiner schon früher verstorbenen Gattin Sara in einer Höhle bei Mámre begraben, die er für diesen Zweck als Eigentum erworben hatte.

Isaaks Nachkommen: Jakob und Esau Von den Nachkommen des Isaak und der Rebékka berichtet die Bibel wenig Erfreuliches; die Heilige Schrift will aber nichts beschönigen, sondern die Menschen ganz ehrlich so schildern, wie sie eben nun einmal sind; denn man kann und soll auch *aus den Fehlern anderer lernen.* Die folgende Geschichte sollte den Israeliten anschaulich zeigen: Hüte dich vor dem Betrug!

B. GOTT ERWÄHLTE JAKOB TROTZ SEINER FEHLER

Als Isaak erblindet und alt geworden war, rief er seinen Sohn Esau, um ihn zu segnen und ihm das Erstgeburtsrecht zu übertragen; zuvor aber sollte Esau noch auf die Jagd gehen, damit diese feierliche Handlung auch mit einem Festessen für alle begangen werden könne. *Rebékka* aber hatte gelauscht und *beredete* nun *ihren Lieblingssohn Jakob,* den *blinden Isaak zu betrügen,* während Esau auf der Jagd war:

Gen 27, 1—47 **„‚Geh hin zur Herde und hole mir von da zwei schöne Ziegenböcklein. Ich bereite sie dann zu einem leckeren Mahl für deinen Vater. Das bringst du deinem Vater, damit er es esse und dich segne vor seinem Tod.‘**

Der Betrug Jakobs **Jakob tat so, und Rebékka bereitete das Essen. Dann zog sie ihm die besten Kleider Esaus an, um seine Arme und um seinen Hals legte sie die Felle der Ziegenböcklein. Da trat Jakob mit der Speise beim Vater ein und sprach: ‚Ich bin Esau, dein Erstgeborener, ich habe getan, wie du mir aufgetragen hast. Setze dich aufrecht, iß von dem Wildbret und segne mich!‘ Isaak sprach: ‚Tritt näher, daß ich dich betaste und fühle, ob du wirklich mein Sohn Esau bist.‘ Jakob trat näher, Isaak betastete ihn und sagte: ‚Die Stimme ist Jakobs Stimme, aber die Hände sind Esaus Hände!‘ Er erkannte ihn nicht und aß.**

Der Segen Isaaks **Darauf segnete er Jakob und sprach: ‚Gott gebe dir Tau vom Himmel und fettes Land, Korn und Wein in Überfülle. Dir sollen Völker dienen, Herr sollst du über deine Brüder sein! Verflucht sei, wer dich verflucht, gesegnet, wer dich segnet!‘**

„Lügen haben kurze Beine!“

Kaum war Jakob hinausgegangen, da kam Esau mit dem Wildbret herein, das er fein zubereitet hatte, und sprach: ‚Setze dich auf, mein Vater, und iß, und dann segne mich!‘ Isaak fragte ihn: ‚Wer bist du?‘ Er antwortete: ‚Ich bin Esau, dein erstgeborener Sohn.‘ Da erschrak Isaak über alle Maßen und sprach: ‚Wer war es, der mir sein Wildbret brachte? Ich habe davon gegessen, bevor du kamst, und habe ihn gesegnet.‘ Da schrie Esau laut auf: ‚Segne auch mich, mein Vater!‘ Dieser antwortete: ‚Dein Bruder kam mit List und nahm dir den Segen weg!‘ Esau sprach: ‚Zuerst hat er mir das Erstgeburtsrecht genommen, und jetzt stiehlt er mir auch noch meinen Segen.‘ Von dieser Zeit an haßte Esau seinen Bruder und dachte daran, ihn zu töten. Rebékka erkannte, daß Jakobs Leben nicht mehr sicher war. Sie sprach deshalb zu ihm: ‚Flieh, mein Sohn, nach Harán, zu meinem Bruder Lában, und bleibe bei ihm, bis der Groll deines Bruders sich legt.‘ “

Sünder als Werkzeuge Gottes

Die Bibel verschweigt keineswegs die unschönen Charakterzüge jener Personen, die Gott zu Trägern seiner Verheißung macht. Auch *sie* mußten dem ewigen Heilswillen Gottes dienen: „Gott kann auch auf krummen Zeilen gerade schreiben!“, d. h., Gott kann sich manchmal auch sündiger Menschen als Seiner Werkzeuge auf Erden bedienen: Letztlich *müssen sie doch an Seiner Heilsgeschichte mitwirken!* Das sollte uns beruhigen, wenn wir manchmal recht gottlose Gestalten in einflußreichen Rollen auf der Bühne des Welttheaters bemerken; ob sie wollen oder nicht, sie müssen doch an *Seinen Plänen* mitarbeiten, denn *Er ist und bleibt der Herr der Geschichte!*

Bedeutung des Erstgeburtsrechtes

Das Erstgeburtsrecht war in der Antike ein viel größeres Vorrecht als heute: Der *Erstgeborene erbte das Doppelte* und *war der Herr seiner Brüder*. Der Segen des Vaters war in der Zeit der Patriarchen etwa dem Testamentmachen gleichzusetzen: letzter Wille eines Menschen, der über seinen Tod hinaus gelten sollte.

Charakter von Esau und Jakob

Esau hätte keineswegs auf das Erstgeburtsrecht verzichten müssen, schon gar nicht mit einem Schwur. Für ihn, der als Erstgeborener zum Träger der Verheißung ausersehen war, durfte es eigentlich auch nicht in Frage kommen, gleich *zwei heidnische Kanaaniterinnen zu heiraten*. Esau war zwar fleißig und gehorsam, aber auch genußsüchtig, leichtsinnig, rachsüchtig und leicht in Zorn zu bringen.

Jakob wird in der Bibel zwar als „rechtschaffener Mann“ beschrieben, das hindert aber den biblischen Erzähler nicht, ganz offen auch Jakobs Fehler aufzuzeigen, damit wir daraus lernen könnten, wie man es nicht machen darf. Denn mit der schonungslosen Darstellung seiner Fehler wird auch Gottes Strafe aufgezeigt:

Wir sollen auch aus den Fehlern anderer lernen

a) *Jakob* erschlich sich durch schamlosen Betrug an seinem blinden Vater das Erstgeburtsrecht. Er hatte aber nichts davon, denn er *mußte allen Besitz daheim aufgeben* und vor der Wiederbegegnung mit seinem Bruder Esau durch besondere Geschenke *Wiedergutmachung leisten.*

b) *Rebékka,* die den Betrug angestiftet hatte, um ihr Lieblingskind Jakob zu fördern, traf die denkbar ärgste Strafe: Sie mußte sich *für immer von Jakob trennen,* denn während seines 30jährigen Aufenthalts in der Fremde starb sie aus Gram.

Nach etwa 700 km Wanderung erreichte Jakob das genau nördlich von Bersábee gelegene *Harán, wo er in Lábans Dienste* trat. Nach einem Monat fragte ihn Lában, welchen *Lohn* er sich erwarte:

Gen 29, 15—20

„‚Solltest du umsonst für mich arbeiten, weil du mein Neffe bist? Laß mich wissen, was dein Lohn ist!' Nun hatte Lában zwei Töchter, die ältere hieß Lea und die jüngere Ráhel. Lea hatte glanzlose Augen, Ráhel aber war schön von Gestalt und Antlitz. Jakob hatte die Ráhel lieb, und so sagte er: ‚Ich will dir um deine jüngere Tochter Ráhel sieben Jahre dienen.' Lában antwortete: ‚Es ist besser, ich gebe sie dir als einem fremden Manne. Bleibe also bei mir!' "

Frau muß erarbeitet werden

Jakob mußte sich seine zukünftige Frau nach orientalischer Gepflogenheit durch Arbeit verdienen, weil sie mit der Heirat in die Fremde ihrem eigenen Elternhaus als Arbeitskraft verlorenging. Dabei wurde nun er, der Betrüger, zweimal von Lában betrogen. Schließlich aber bekam Jakob doch Lábans Töchter Lea und Ráhel als seine Frauen — man hielt sich damals an das im Kódex Hammurábi formulierte Recht, und zwar auch bei der aus Mesopotamien stammenden Patriarchenfamilie.

Jakobs Söhne: Begründer der Stämme Israels

Jakob hatte damals schon elf Söhne, nach denen später die Stämme des israelitischen Volkes *benannt* wurden: Rúben, Símeon, Lévi, Juda, Dan, Naftali, Gad, Ascher, Issachar, Sébulon und Josef.

Über die *Rückkehr Jakobs* aus Harán und über die *Begegnung mit Esau* berichtet die Bibel:

Gen 31, 17—33;

„Jakob machte sich auf und zog weg mit seiner ganzen Familie, all seinen Herden und all dem, was er in Mesopotamien erworben hatte, um zu seinem Vater Isaak nach Kanaan zurückzukehren. An der Grenze Kanaans sandte er Boten voraus an seinen Bruder Esau und ließ ihm sagen: ‚Laß mich Gnade finden vor deinen Augen!' Die Boten kamen

zurück und meldeten: ‚Esau eilt dir entgegen mit 400 Mann!' Da fürchtete sich Jakob sehr. Er betete und sprach: ‚Gott meiner Väter, rette mich aus der Hand meines Bruders!' Dann wählte er Geschenke aus für Esau und schickte sie ihm entgegen. 35, 1—21; 35, 27—29

Noch in der Nacht brachte Jakob seine Leute und seine Habe über den Jábbok-Fluß und blieb allein zurück. Da rang ein Mann mit ihm, bis die Morgenröte anbrach. Als dieser sah, daß er über Jakob nichts vermochte, rührte er an sein Hüftgelenk, so daß er es sich ausrenkte. Er sagte: ‚Laß mich los, denn die Morgenröte bricht an!' Jakob antwortete: ‚Ich lasse dich nicht, du segnest mich denn!' Der Mann fragte Jakob: ‚Wie heißt du?' Dieser entgegnete: ‚Jakob!' Jener sagte: Jakob ringt im Gebet mit Gott

‚Nicht Jakob sollst du fürder heißen, sondern Israel, Streiter Gottes. Denn mit Gott und Menschen streitest du und bleibst Sieger.' Jakob bat: ‚Tu mir auch deinen Namen kund!' Jener erwiderte: ‚Warum fragst du danach?' Namensänderung: Jakob in Israel

Und er segnete ihn dort. Jakob gab dem Ort den Namen Penuel, Gottes Angesicht. ‚Denn', so sprach er, ‚ich habe Gott geschaut von Angesicht zu Angesicht und bin dennoch am Leben geblieben.' Es war heller Tag, als er Penuel hinter sich ließ. Jakob aber hinkte an einer Hüfte."

Der Mann, mit dem Jakob (= Israel) den geheimnisvollen Kampf bestehen mußte, ist ein übermenschliches Wesen, ein Engel in Menschengestalt gewesen, von Gott gesandt. Wenn Jakob in diesem Kampf bestehen konnte, so sollte ihm das zeigen, mit welcher Zuversicht er nun allen noch drohenden Gefahren entgegengehen könne. Sinn des nächtlichen Ringens

„Als Jakob (= Israel) seine Augen erhob, sah er Esau mit 400 Mann herankommen. Jakob (= Israel) ging ihm entgegen und neigte sich siebenmal vor ihm bis zur Erde. Esau eilte auf seinen Bruder zu, fiel ihm um den Hals, küßte ihn, und beide weinten. Auch seine Familie trat herzu und neigte sich vor Esau. Jakob sprach: ‚Nimm doch meine Segensgabe an; Gott hat mich reich gesegnet.' Er drang in ihn, bis er sie entgegennahm. Esau schied in Frieden von ihm und kehrte in das Gebirge Seir zurück." aus Gen 33, 1—17

Jakob (= Israel) siedelte zunächst bei *Sichem*, dem heutigen *Nablús*, wo er einen nach ihm benannten *Brunnen* graben ließ, der auch jetzt noch gutes Trinkwasser spendet. Christus führte etwa 1650 Jahre später an diesem Jakobsbrunnen das *Gespräch mit der Samariterin*, welcher er erklärte, daß auch die Frauen und die Nichtjuden in die Erlösung eingeschlossen werden (vgl. Bild Nr. 9). Jakobsbrunnen in Sichem

Jakob (= Israel) zog dann weiter nach Süden in die Gegend von *Betlehem, wo ihm Ráhel* einen zwölften Sohn gebar, den *Bénjamin.*

Geburt eines 12. Sohnes: Bénjamin

Ráhel aber starb bei der Geburt des Bénjamin und wurde auf dem Wege nach Betlehem begraben, wo noch heutzutage eine Gedenkstätte an ihren Tod erinnert.

Dann besuchte Jakob (= Israel) *seinen Vater Isaak* in der Gegend von *Hébron.* Er erlebte also noch die Freude, den blinden Vater um Verzeihung bitten und *sich mit ihm aussöhnen zu können.*

Israeliten bis 538 v. Chr.

In dem oben beschriebenen nächtlichen Ringen wurde Jakob ein neuer Name gegeben: *Israel,* d. h. Streiter Gottes. Darum wurden nun auch seine Söhne, die Begründer der Stämme des auserwählten Volkes, *Israeliten* genannt. So hießen also von der Zeit Jakobs (= Israels) bis zum babylonischen Exil (597—538 v. Chr.) die Angehörigen des von Abraham abstammenden Volkes.

Juden ab 538 v. Chr.

Nach dem babylonischen Exil, also *nach 538 v. Chr.*, war *nur mehr ein Stamm, Juda,* übriggeblieben; darum spricht man ab 538 v. Chr. bis heute von *Juden,* wenn man nicht die seit 1948 üblich gewordene politische Bezeichnung „*Israélis*" für die im Staate Israel wohnenden Juden verwendet.

Gott verzeiht dem Sünder in der Beichte, wenn er die *Gesinnung* hat wie Jakob (= Israel) vor seiner Wiederbegegnung mit Esau und wenn der Betrüger zur Wiedergutmachung bereit ist.

FRAGEN

Welche Charakterzüge sind dir bei Esau bzw. bei Jakob aufgefallen? — Warum ist es — auf längere Sicht gesehen — meist recht ungünstig, wenn Eltern einen Sohn oder eine Tochter als ihr „Lieblingskind" bevorzugen? — Wie könntest du deinen Eltern eine Freude machen? (Wettbewerb in der nächsten Religionsstunde, wer die meisten Beispiele dazu bringen kann!).

17. Lehrstück

DER ÄGYPTISCHE JOSEF

Die Erzählung vom „ägyptischen Josef" bildet das *Bindeglied zwischen der Patriarchengeschichte und der Landnahme.* In spannender Darstellung wird der endgültige Sieg eines trotz mancher persönlicher Schwächen guten und weisen Menschen beschrieben. Das wechselvolle Geschick dieses „ägyptischen Josef" ist später wohl noch stark *ausgeschmückt* worden. Immerhin ist die gesamte Josefs-Erzählung „*milieuecht*", d. h., es ist durchaus denkbar, daß es ein Ausländer in der Hyksoszeit durch besondere Tüchtigkeit zu hohen Ehren bringen konnte; überdies passen die in der Erzählung vorkommenden Namen, Sitten und Gebräuche in die damalige Zeit (vgl. Seite 74 unten), also in das 17./16. vorchristliche Jahrhundert.

Josefserzählung ist milieuecht

Wir hörten von Jakob, dem „Lieblingskind" seiner Mutter Rebekka. Obwohl der weitere Verlauf seines Lebens klar zeigte, daß seine Bevorzugung, d. h. der Versuch seiner Mutter, ihm das Erstgeburtsrecht zuzuschanzen, ihm wenig Vorteile einbrachte, beging er den gleichen Fehler mit seinem „Lieblingskind" Josef; er bevorzugte ihn sosehr, daß sich seine anderen Söhne darüber ärgern mußten:

Abermals Thema „Lieblingskind"

„Jakob liebte Josef mehr als alle anderen Söhne und ließ ihm ein langes Ärmelkleid machen. Seine Brüder haßten ihn und brachten es nicht über sich, mit ihm freundlich zu reden. Nun hatte Josef einen Traum und erzählte ihn seinen Brüdern.

Gen 37, 1—36

‚Hört, was ich geträumt habe', sprach er. ‚Wir banden Garben auf dem Felde. Meine Garbe richtete sich auf, eure Garben umringten sie und verneigten sich vor ihr.' Da sprachen seine Brüder zu ihm: ‚Möchtest du etwa König über uns werden?' Seitdem haßten sie ihn noch mehr.

Josef in Träumen als Herr seiner Familie

Aber Josef hatte noch einen anderen Traum und erzählte auch ihn seinen Brüdern: ‚Sonne, Mond und elf Sterne verneigten sich vor mir.' Sein Vater schalt ihn: ‚Sollen wir, ich, deine Mutter und deine Brüder, uns vor dir zur Erde neigen?' Seine Brüder kannten sich nicht mehr vor Eifersucht, sein Vater bewahrte die Sache in seinem Herzen.

Einst weideten seine Brüder die Herden seines Vaters bei Sichem. Da sagte Jakob (= Israel) zu Josef:

Neid und Haß führen zu immer ärgeren Sünden

,Schau doch nach, wie es um deine Brüder und die Herden steht und berichte mir dann.' So ging Josef seinen Brüdern nach. Als sie ihn von ferne kommen sahen, sprachen sie zueinander: ,Seht, da kommt der Träumer! Wir wollen ihn töten und in eine Wassergrube werfen! Dann sagen wir: Ein wildes Tier hat ihn gefressen! Dann werden wir sehen, was aus seinen Träumen wird.'

Ruben aber sprach: ,Vergießt kein Blut! Werft ihn in die Wassergrube hier!' Er wollte seinen Bruder retten und ihn seinem Vater heimbringen. Kaum war Josef bei seinen Brüdern angekommen, da rissen sie ihm das Ärmelgewand herunter und warfen ihn in die gerade wasserleere Grube. Dann setzten sie sich zum Essen nieder. Da sahen sie eine Karawane von Handelsleuten daherziehen, die sich auf dem Wege nach Ägypten befand.

Juda rettet Josefs Leben

Und Juda sprach zu seinen Brüdern (Ruben war nicht mehr anwesend): ,Was nützt es uns, wenn wir unseren Bruder töten? Wir wollen ihn lieber verkaufen als uns an ihm vergreifen. Er ist doch unser Bruder!' Sie stimmten ihm bei, zogen Josef aus der Grube heraus und verkauften ihn für 20 Silberlinge an die Händler. Die führten ihn fort nach Ägypten.

Zehn Söhne belügen ihren Vater

Als Ruben zurückkam, fand er Josef nicht mehr in der Wassergrube. Da zerriß er seine Kleider und sprach zu den Brüdern: ,Der Knabe ist nicht mehr da. Wohin soll ich nun gehen?' Sie aber schlachteten einen Ziegenbock und tauchten Josefs Ärmelgewand in das Blut. So schickten sie es zum Vater und ließen ihm sagen: ,Das haben wir gefunden. Sieh doch, ob es der Rock deines Sohnes ist oder nicht!" Der Vater erkannte das Kleid sogleich und rief: ,Es ist der Rock meines Sohnes, ein wildes Tier hat meinen Josef zerrissen!' Er trauerte um seinen Sohn viele Tage. Alle seine Söhne und Töchter suchten ihn zu trösten. Er aber wollte sich nicht trösten lassen und sprach: ,Trauernd will ich zu meinem Sohn ins Totenreich hinabsteigen.' So beweinte ihn sein Vater."

Es sündigt Jakob gegen seinen Vater, seine Söhne gegen ihn . . .

Josef war etwa 16 bis 17 Jahre alt gewesen, als er durch diese Schandtat seiner Brüder auf Jahrzehnte in die Fremde kam. Wie ein richtiges Kind erzählte er ganz unbefangen seine Träume den Eltern und seinen Brüdern. Dadurch machte er sich bei seinen Brüdern so unbeliebt, daß sie ihn richtig zu hassen begannen und trachteten, ihn loszuwerden. Ruben und Juda versuchten zwar, das Ärgste zu verhindern, aber schließlich verkauften sie den eigenen Bruder für 20 Silberlinge (ca. 2000 Schilling) an fremde Leute. Die Eltern sollten sich davor hüten, eines ihrer Kinder so sehr zu bevorzugen, daß die anderen sich zurückgesetzt fühlen.

JOSEFS WECHSELVOLLES GESCHICK IN ÄGYPTEN

„Josef wurde nach Ägypten verschleppt. Dort kaufte ihn der Ägypter Pótifar, der Oberste der Leibwache des Pharao. Gott war mit ihm und ließ ihm alles gelingen, was Josef in die Hand nahm. Daher gewann er die Gunst seines Herrn, und dieser bestellte ihn über sein Haus und alles, was ihm gehörte. Gott segnete das Haus des Ägypters um Josefs willen. Gen 39, 1—40, 23

Josef war schön von Gestalt. Pótifars Weib ging darauf aus, ihn zu verführen. Doch Josef entgegnete ihr: ‚Wie sollte ich ein so schweres Unrecht tun und mich versündigen wider Gott!‘ Eines Tages kam Josef wieder zur Arbeit ins Haus. Vom Hausgesinde war niemand da. Da faßte sie ihn am Mantel; er aber ließ seinen Mantel in ihrer Hand und floh. Nun rief sie das Gesinde herbei und sprach: ‚Der Hebräer da kam zu mir herein, um mich zu verführen. Ich aber schrie. Da ließ er seinen Mantel bei mir zurück und lief auf die Straße.‘ Als Pótifar heimkam, berichtete sie ihm in gleicher Weise. Voller Zorn ließ Pótifar Josef zu den Häftlingen des Pharao ins Gefängnis werfen.

Josef wehrt sich gegen Verführung zur Sünde

Im Gefängnis war Gott ebenfalls mit Josef und fügte es, daß ihm der Gefängnisvorsteher die Aufsicht über alle Häftlinge anvertraute. Auch hier ließ der Herr ihm alles gelingen, was er vornahm. Da begab es sich, daß der Obermundschenk und der Hofbäcker des Pharao in dasselbe Gefängnis geworfen wurden. Sie hatten bedeutungsvolle Träume, konnten sie aber nicht deuten. Josef, von Gott erleuchtet, legte sie ihnen aus. Alles traf so ein, wie er ihnen voraussagte.“

FÜRS LEBEN

Skizze 5 Lebenslinie Josefs

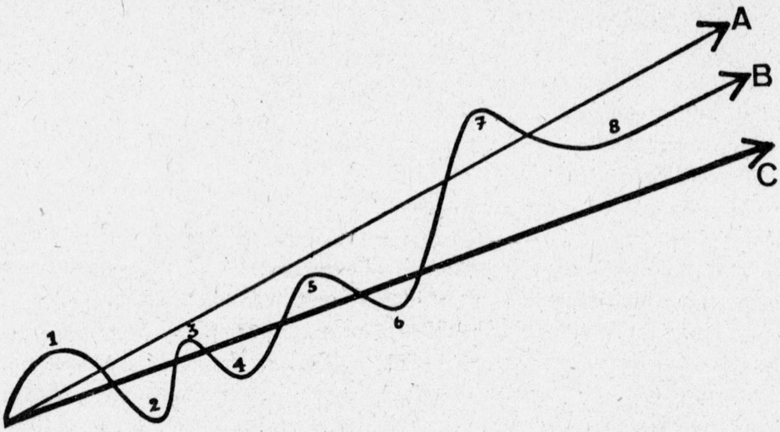

A = Das Kind meint, sein Leben werde ein steiler Aufstieg ohne Rückschläge sein (falscher Optimismus).

B = So verläuft das Leben in Wirklichkeit = Leben des ägyptischen Josef.

C = Sei zufrieden, wenn die mittlere Linie deiner Lebenslaufbahn einmal so aussieht, d. h. langsam ansteigt!

Der Mensch denkt, Gott lenkt

Gott kann auch die bösen Taten der Menschen Seinen Plänen dienstbar machen.

Freilich war auch der *Weg Josefs* zum Höhepunkt seines Lebens nicht einer steilen, geraden Linie zu vergleichen, sondern eher einer *Wellenlinie*, in der es auch manches tiefe Tal gab. *Weil er* aber auch *in Krisenzeiten* seines Lebens *nicht verzweifelte*, sondern sein Gottvertrauen behielt und seine Arbeit treu und vorbildlich verrichtete, *darum* belohnte ihn Gott immer wieder mit dem *Aufstieg* zu noch Höherem.

FRAGEN

Warum wurde Josef von seinen Brüdern gehaßt? — Was soll man gut überlegen, bevor man jemanden anzeigt? — Wie erkennen wir im Leben des ägyptischen Josef Gottes weise Vorsehung? — Berichte über die Höhepunkte und über die Rückschläge im Leben des ägyptischen Josef.

18. Lehrstück

JOSEF ALS RETTER ÄGYPTENS

„Zwei Jahre später hatte auch der Pharao einen Traum: Er stand am Nil und sah sieben stattliche und fette Kühe aus dem Strome steigen, und sie weideten am Ufer. Plötzlich kamen sieben andere Kühe, häßlich und abgemagert, und sie verschlangen die sieben fetten. Dann erwachte der Pharao. Er schlief wieder ein und träumte abermals: Er sah an einem Halme sieben volle Ähren aufgehen. Darauf schossen sieben leere und dürre Ähren hoch und verschlangen die vollen. Dann erwachte der Pharao wiederum. Gen 41, 1—57

Diese Träume vermochte keiner der Wahrsager am Hofe des Pharao zu deuten. Da sprach der Obermundschenk: ‚Heute muß ich an meine Verfehlungen erinnern. Der Pharao war zornig und hatte mich mit dem Hofbäcker ins Gefängnis werfen lassen. Wir träumten beide in derselben Nacht. Nun war dort bei uns ein junger Hebräer. Dem erzählten wir davon, und er deutete unsere Träume. Alles traf ein. Mich hat man wieder in mein Amt eingesetzt, den anderen aber hat man gehängt.‘ Der Pharao ließ Josef sofort aus dem Gefängnis herbeiholen.

Er sprach zu ihm: ‚Ich habe einen Traum gehabt, aber niemand kann ihn deuten. Nun höre ich, du könntest Träume auslegen.‘ Josef erwiderte: ‚Nicht ich, Gott wird dem Pharao zum Heile antworten.‘ Der Pharao erzählte seine beiden Träume. Und Josef sprach zu ihm: ‚Beide Träume besagen dasselbe. Gott hat damit dem Pharao kundgetan, was er tun will. Die sieben fetten Kühe und die sieben vollen Ähren meinen sieben gute Jahre, die sieben mageren Kühe aber und die sieben leeren Ähren meinen sieben schlimme Jahre. Sieh, es kommen sieben Jahre, da ist großer Überfluß im ganzen Lande Ägypten. Dann folgen sieben Hungerjahre. Der Hunger wird das Land erschöpfen, und aller Überfluß von einst wird aufgebraucht sein. Nun sehe sich der Pharao nach einem weisen und verständigen Mann um und setze ihn über Ägypten. Aufseher bestelle er über das ganze Land, daß sie in den kommenden guten Jahren ein Fünftel der

Ernte als Abgabe erheben und allerlei Lebensmittel aufspeichern zur Verfügung des Pharao in den Jahren des Hungers.‘

Dem Pharao und seinen Dienern gefiel, was Josef vorschlug. Der Pharao sprach: ‚Könnten wir wohl einen Mann gleich diesem finden, in dem der Geist Gottes wohnt? Du sollst meiner Hofhaltung vorstehen, deiner Weisung soll das ganze Volk nachkommen. Nur um den Thron will ich dich überragen. Ich setze dich über das ganze Land Ägypten.‘ Sogleich zog er den Siegelring von seiner Hand und steckte ihn an Josefs Hand, ließ ihn in Gewänder von feinstem Linnen kleiden und legte ihm die goldene Kette um den Hals. Dann ließ er ihn in seinem zweiten Königswagen Umzug halten und vor ihm ausrufen: ‚Abrék!‘ (= ‚Auf die Knie!‘).

Josef war jetzt 30 Jahre alt. Er nahm die Tochter eines ägyptischen Priesters zur Frau. Seine zwei Söhne wurden Manásse und Efraim benannt.

Als die sieben Hungerjahre hereinbrachen, schrie das Volk zum Pharao um Brot. Er aber verfügte: ‚Gehet zu Josef und tut, was er euch sagt.‘ Dieser ließ alle Vorratshäuser öffnen.“

1670 bis 1570 regierten Ausländer in Ägypten

Der rasche *Aufstieg eines* Hebräers, also eines *Ausländers,* zum zweitmächtigsten Mann in Ägypten *paßt gut in die Hyksoszeit.* Etwa um 1670 v. Chr. gelang es asiatischen Reiterstämmen, ins Nildelta und bis nach Mittelägypten einzudringen. Sie erbauten sich im **Nildelta die Hauptstadt Avàris;** nur in Oberägypten, in der Gegend von Thében, dem heutigen Lúxor, konnte sich eine ägyptische Widerstandsbewegung halten, der es schließlich um 1570 v. Chr. gelang, die Fremdherrschaft abzuschütteln und die Hyksos aus Ägypten zu vertreiben.

„Zweiter Wagen“ deutet auf die Hyksoszeit

100 Jahre lang konnten sich Hyksos als fremde Pharaonen halten, denn sie waren den Ägyptern durch ihre **Kampfwagen und Pferde** militärisch überlegen. Die Ägypter kennen den pferdebespannten Kampfwagen erst seit der Hyksoszeit. Aus der Bemerkung der Bibel: *„Dann ließ er ihn in seinem zweiten Wagen Umzug halten“*, kann man entnehmen, daß sich die Josefsgeschichte während oder nach der Hyksoszeit ereignet haben muß, aber keinesfalls vorher.

Außerbiblische Parallelen

Auch der *Ausruf „Abrék“* entspricht genau dem damaligen ägyptischen Protokoll, den staatlichen Vorschriften für Feste und Umzüge. Aus dieser Zeit berichten übrigens ägyptische Urkunden, daß es ein Ausländer namens Janhámu bis zum Versorgungsminister brachte.

Die Namen *„Jakob - her“* und *„Josef - el“* kommen auf den sogenannten *geographischen Listen am Karnaktempel* vor; an einer Tempelwand beim

Südtor werden in Hieroglyphenschrift die Namen von eroberten Orten genannt, darunter 118 aus Kanaan (vgl. Bild Nr. 11).

Die Pharaonen nahmen öfter die leitenden Männer aus dem Kreis der Fremden, denn sie hatten bei diesen nicht mit einer Hausmacht zu rechnen. Außerdem war Josef als Semite den Hyksos gar nicht so unsympathisch, war er doch ungefähr aus derselben Gegend und Rasse wie sie selber. Ihre Fremdherrschaft hatte das begreifliche Interesse, die nichtägyptischen Elemente zu stärken.

Um 1570 v. Chr. beendete der aus Theben stammende, nun also wieder dem Volk der Ägypter angehörige Pharao Amosis I. die Fremdherrschaft der Hyksos. Von ihm heißt es dann später in der Bibel:

„Da kam ein neuer König auf den Thron, der von Josef nichts mehr wußte." **Ex 1, 8**

Wie lange Israeliten in Ägypten?

Wie lange die Israeliten in Ägypten blieben, ist noch nicht geklärt. Neuere Forschungen sprechen von vier Generationen, vielleicht war es aber auch länger. Das Neue Reich (ca. 1500—1150 v. Chr.) duldete durchaus die Anwesenheit von Fremden in Ägypten.

Drei Ernten im Jahr

Die Fruchtbarkeit Ägyptens hängt auch heute noch mit der *dreimal im Jahr* eintretenden *Nilüberschwemmung* zusammen: im April, August und Oktober.

Josefskanal

In der Antike wurde vom Nil aus ein *Kanal* zu der — 44 m, also 44 m unter dem Spiegel der Weltmeere liegenden *Oase Fayúm* gegraben, der noch immer *„Báhr Yusef" = Josefskanal* heißt und der ein früheres Wüstengebiet zu einer der seither fruchtbarsten Landschaften Ägyptens macht (vgl. die Landkarte Seite 82 und Bild 14/15).

Josef war **ein Mann mit praktischem Sinn.** Kaum hatte er durch Gottes Eingebung die richtige Deutung der Träume erfahren, machte er sich schon Gedanken, wie man die drohende Hungersnot abwenden könne. So einen Mann konnte man als Versorgungsminister gut brauchen.

DIE ERSTE REISE DER BRÜDER ZU JOSEF

Die von Josef angekündigte *Hungersnot* als Folge einer Periode geringerer Niederschläge wirkte sich wohl auch in Kanaan aus; es hatte eben weder im Quellgebiet des Nils noch auf der Landbrücke zwischen Asien und Afrika ausgiebig geregnet. Etwas Ähnliches berichtet eine Inschrift auf einem Felsen bei Assuan (vgl. Bild 13), nämlich ein siebenjähriges Ausbleiben einer normalen Nilüberschwemmung. Wenn es aber in Kanaan gar nichts mehr gab, war in der Kornkammer Ägyptens auch bei geringerer Überschwemmung immer noch etwas zu holen, denn der Nil versiegte ja niemals ganz, und die Ägypter verstanden sich schon damals auf künstliche Bewässerung.

Gen 42, 1—38 **„Alle Welt kam nach Ägypten, um bei Josef Getreide zu kaufen. Denn überall herrschte große Hungersnot. Aus Kanaan schickte Jakob (= Israel) zehn von Josefs Brüdern nach Ägypten hinab, um dort Getreide zu kaufen. Nur Benjamin behielt er zurück aus Sorge, es könnte diesem ein Unheil zustoßen.**

Die Brüder kamen zu Josef und verneigten sich vor ihm bis zur Erde. Er erkannte sie, doch stellte er sich fremd gegen sie und fuhr sie barsch an: ‚Woher kommt ihr?‘ Sie antworteten: ‚Aus dem Lande Kanaan, um Korn zu kaufen.‘ Sie erkannten ihn nicht. Josef erinnerte sich der Träume, die er einst hatte, aber er sprach zu ihnen: ‚Spione seid ihr. Die Schwächen unseres Landes auszuforschen, seid ihr hierher gekommen!‘ Sie entgegneten: ‚Nein, Herr, deine Knechte sind gekommen, Korn zu kaufen. Wir sind redliche Leute, keine Spione. Deine Knechte sind ihrer zwölf, alle Brüder, Söhne eines einzigen Mannes in Kanaan. Der Jüngste ist daheim beim Vater, der andere — ist nicht mehr!‘ Josef erwiderte: ‚Es bleibt dabei, Spione seid ihr! Ihr dürft nicht von hinnen ziehen, es sei denn, euer jüngster Bruder komme hierher! Schickt einen von euch hin, daß er euren Bruder bringe! Ihr bleibt gefangen!‘ Und er ließ sie für drei Tage ins Gefängnis abführen.

Danach sprach er zu ihnen: ‚Seid ihr redliche Leute, so bleibe einer von euch als Bürge im Gefängnis, ihr anderen dagegen zieht mit dem Getreide heim. Dann kommt wieder und bringt euren jüngsten Bruder mit, daß eure Worte sich bewahrheiten und ihr nicht sterben müßt.‘ Da sprachen sie zueinander: ‚Mit Recht leiden wir dies, denn wir haben uns an unserem Bruder versündigt. Wir sahen seine Herzensangst, als er uns anflehte, aber wir hörten nicht darauf. Darum kommt diese Trübsal über uns.‘ Die Brüder meinten, Josef verstehe sie nicht, weil er durch einen Dolmetscher mit ihnen redete. Er verstand aber alles, wandte sich weg von ihnen und weinte.

Dann ließ Josef Simeon vor ihren Augen fesseln. Die Diener wies er an, die Säcke mit Getreide zu füllen, jedem aber sein Geld heimlich in seinen Sack zurückzulegen; auch Zehrung für die Reise ließ er ihnen mitgeben.

Die Brüder luden die Säcke auf die Esel und zogen heimwärts. Zu Hause erzählten sie dem Vater alles. Als sie ihre Säcke öffneten, fand jeder sein Geld oben im Sack. Sie und ihr Vater erschraken sehr. Jakob (= Israel)

sprach: ‚Ihr bringt mich noch um alle meine Kinder! Josef ist nicht mehr, Simeon ist nicht mehr, und auch Benjamin wollt ihr fortführen.‘ Da sagte Ruben: ‚Meine zwei Söhne kannst du töten, wenn ich ihn dir nicht wiederbringe. Vertrau ihn meiner Hand, ich bringe ihn dir wieder!‘ Jakob aber sprach: ‚Mein Sohn darf nicht mit euch nach Ägypten reisen. Es könnte ihm dort ein Leid widerfahren, und das brächte mich vor Kummer unter die Erde.‘ “

DIE ZWEITE REISE DER BRÜDER ZU JOSEF

Läuterung der künftigen Stammväter des Volkes Israel

bringt den *dramatischen Höhepunkt* der Josefserzählung. Wir erkennen neuerdings, wie Gott auch das Böse der Menschen Seinem Heilsplan dienstbar machen kann. Aus Jakobs Familie sollte sich ja das von Gott auserwählte Volk bilden, aus dem dereinst der Messias hervorgehen sollte. Bisher aber haben wir von dieser Sippe nicht allzuviel Gutes gehört: Betrug, Lüge, krasseste Verletzung der Nächstenliebe gegenüber dem eigenen Bruder usw.; der Gedanke, daß diese Brüder ohne tiefgehenden Gesinnungswandel zu Stammvätern der zwölf Stämme Israels werden sollen, wäre einfach unerträglich. Der letzte Abschnitt der Josefs-Erzählung aber berichtet von ihrer Reue über die begangenen Schandtaten, es zeigt sich ihre Umkehr zu einer grundsätzlich anderen Haltung.

Benjamin zieht mit nach Ägypten

Die lange währende *Hungersnot bewog Jakob* (= Israel) nach einem Jahr, *Benjamin doch nach Ägypten mitziehen zu lassen.* Dort wurden die Brüder von Josef festlich bewirtet, ohne daß er sich zu erkennen gab. Und sie selber erkannten Josef auch nicht, da er die Gewänder eines ägyptischen Ministers trug; nicht im Traum hätten sie sich's einfallen lassen, daß der von ihnen vor 20 Jahren verkaufte Sklave nun der zweitmächtigste Mann Ägyptens sein könnte; sonst hätten sie sich wohl gar nicht ins Nilland getraut.

Josef prüft seine Brüder nochmals

Auch Simeon war nun wieder frei und beim Mahl zugegen. Die Prüfung der Brüder durch Josef war aber noch nicht zu Ende. Er ließ durch den Hausverwalter einen *silbernen Becher in den* mit Getreide gefüllten *Sack des Benjamin* legen, die Brüder nach ihrer Abreise aufhalten und ihre Säcke nach Diebsgut untersuchen. Die Brüder antworteten auf den Vorwurf, sie seien Diebe:

Gen 44, 7—45, 28

„‚Ferne sei es deinen Knechten, solches zu tun. Bei wem der Becher gefunden wird, der soll sterben! Wir anderen aber wollen Sklaven sein bei unserem Herrn.‘ Eilends öffneten sie ihre Säcke. Der Hausverwalter

durchsuchte sie vom Ältesten bis zum Jüngsten. Der Becher fand sich in Benjamins Sack. Da zerrissen sie ihre Kleider, luden die Säcke wieder auf die Esel und kehrten in die Stadt zurück. Sie warfen sich vor Josef nieder. Er sprach zu ihnen: ‚Was habt ihr getan?' Juda antwortete: ‚Was können wir sagen? Gott hat Schuld an deinen Knechten gefunden. Wir und er, bei dem der Becher gefunden wurde, sind nun Sklaven unseres Herrn.'

Josef aber sagte: ‚Das sei mir ferne, so zu tun. Nur der, bei dem sich der Becher fand, sei mein Sklave. Ihr anderen mögt in Frieden hinaufziehen zu eurem Vater.'

Juda will an Benjamins Stelle Sklave sein

Jetzt trat Juda vor und sprach. ‚Ich habe mich beim Vater für den Knaben verbürgt. Laß mich dein Sklave sein! Benjamin aber laß mit seinen Brüdern heimziehen! Ich könnte den Jammer nicht mitansehen, der über meinen Vater käme, wenn Benjamin nicht bei mir wäre.'

Josef gibt sich zu erkennen

Nun konnte Josef nicht mehr länger an sich halten. Er wies alle Ägypter aus dem Saal und brach in lautes Weinen aus. Er sagte: ‚Ich bin Josef, euer Bruder! Grämt euch nicht, daß ihr mich hierher verkauft habt. Nicht ihr habt mich hierhergesandt, sondern Gott, um euer Geschlecht auf Erden zu erhalten und euch durch wunderbare Hilfe das Leben zu bewahren. Gott hat mich zum Ratgeber des Pharao gemacht, zum Herrn über sein ganzes Haus und zum Gebieter über ganz Ägypten. Nun eilt hinauf zu meinem Vater und sagt ihm: So spricht dein Sohn Josef: Gott hat mich zum Herrn über ganz Ägypten gesetzt, komm herab zu mir und säume nicht! Du sollst ganz in meiner Nähe im Lande Goschen wohnen. Ich will für euch sorgen, denn noch fünf Jahre dauert die Hungersnot. Erzählt meinem Vater von all meiner Ehrung in Ägypten.' Darauf fiel Josef seinem Bruder Benjamin um den Hals und weinte. Auch Benjamin weinte. Josef küßte alle seine Brüder. Jetzt erst wagten sie es, mit ihm zu reden.

Die Brüder mögen den Vater nach Ägypten mitnehmen

Auch der Pharao vernahm, die Brüder Josefs seien angekommen. Er nahm es gut auf und ließ ihnen durch Josef sagen: ‚Holt euren Vater und eure Familien und kommt zu mir. Ich gebe euch das Beste vom Land Ägypten.'

Josef gab ihnen auf des Pharaos Befehl Wagen für ihre Kinder und Frauen mit. Versorgt mit Getreide, Reisevorrat und kostbaren Geschenken zogen sie fort. Er entließ sie mit der Mahnung: ‚Streitet nicht unterwegs miteinander!'

Bei ihrer Ankunft riefen sie ihrem Vater Jakob (= Israel) entgegen: ‚Josef lebt noch! Er ist Gebieter über das ganze Land Ägypten.' Sein Herz aber blieb ungerührt, er konnte es nicht glauben. Erst als er die Worte vernahm, die Josef ihm ausrichten ließ, und als er die Wagen sah, lebte sein

Geist wieder auf. Er sprach: ‚Genug! Mein Sohn Josef lebt noch! Ich will hingehen und ihn sehen, bevor ich sterbe!' "

FÜRS LEBEN

Die Josefserzählung enthält eine Fülle religiöser Lehren. Zwei davon wollen wir herausgreifen:

1. Das *Gewissen stirbt nicht:* Auch 20 Jahre *nach* ihrer Schandtat fanden die zehn Brüder keine innere Ruhe. Als sie nun in Ägypten dasselbe Schicksal erdulden mußten, erkannten sie darin Gottes gerechte Strafe für ihre Sünde.

2. *Gottes Weisheit* und Allmacht kann *Seiner Heilsgeschichte auch das Böse dienstbar machen.*

FRAGEN

Welche guten bzw. schlechten Eigenschaften sind dir beim „ägyptischen Josef" und seinen Brüdern aufgefallen? — Läßt sich nachweisen, daß die Erzählungen der Bibel über den „ägyptischen Josef" milieu-echt sind? — „Gott kann auch das Böse der Menschen seinen Plänen dienstbar machen!" (Erläutere diese Feststellung an Hand der Josefsgeschichte!)

19. Lehrstück

DIE ISRAELITEN IN ÄGYPTEN

Wie Josef nun für sein ganzes Geschlecht zum Segen wurde, und wie Gott den Aufenthalt der Israeliten in Ägypten auch dazu benützte, sie *auf eine höhere Kulturstufe* zu führen, darüber berichten die letzten Kapitel der Genesis:

Gen 46, 1—50, 26

„So machte sich Jakob (= Israel) mit all seiner Habe auf nach Ägypten. Am Grenzort Beérscheba opferte er dem Gott seines Vaters Isaak. In der Nacht sprach Gott zu ihm: ‚Ich bin Gott, der Gott deines Vaters. Fürchte dich nicht, nach Ägypten hinabzuziehen. Denn Ich will dich dort zu einem großen Volke machen. Ich ziehe mit dir nach Ägypten, und Ich bringe dich auch wieder herauf. Josef soll dir die Augen zudrücken.‘

Übersiedlung nach Ägypten

Jakob zog weiter und kam nach Ägypten mit seiner ganzen Nachkommenschaft, siebzig an der Zahl. Juda reiste voraus und meldete Josef, daß sein Vater komme. Josef ließ seinen Wagen anspannen und fuhr seinem Vater entgegen. Er fiel ihm um den Hals und weinte. Jakob sagte: ‚Jetzt will ich gerne sterben, da ich dich noch einmal gesehen habe und weiß, daß du noch lebst.‘

Vorstellung beim Pharao

Josef stellte seinen Vater und seine Brüder dem Pharao vor. Jakob entbot dem Pharao den Segensgruß. Dieser fragte ihn: ‚Wie viele Jahre zählst du?‘ Jakob antwortete: ‚Die Jahre meiner Pilgerschaft auf Erden sind 130, wenige und böse. Sie reichen nicht an die Lebensjahre meiner Väter heran.‘ Er segnete den Pharao und schied von ihm.

Ansiedlung in Goschen

Josef siedelte seinen Vater und seine Brüder in Goschen, dem besten Teil des Landes, an, wie der Pharao befohlen hatte. Es war reich an Weideplätzen. Josef versorgte sie mit allem, was sie brauchten. Sie mehrten sich mächtig und wurden sehr zahlreich.

Jakob stirbt

Jakob lebte in Ägypten noch 17 Jahre. Als der Tag seines Todes herannahte, kam Josef mit seinen zwei Söhnen Manásse und Efraim zu ihm. Jakob richtete sich auf und sprach zu Josef: ‚Diese deine zwei ältesten Söhne sollen mein sein wie Ruben und Simeon.‘ Dann küßte er beide und segnete sie. Auch die anderen Söhne Jakobs kamen, und Jakob gab allen

9 Jakobsbrunnen in Sichem (heute Nablús)

10 Sudanesische und semitische Sklaven (Südwand des Kárnaktempels)

11 Die „geographischen Listen" (Siegesbericht am Tempel von Kárnak)

12 Pharao Ramses II. (Mumienkopf im Museum von Kairo)

seinen Segen. Dabei sprach er zu Juda: ‚Juda, dich preisen deine Brüder, vor dir neigen sich deines Vaters Söhne. Nicht weicht das Zepter von Juda, nicht der Herrscherstab von seinen Füßen, bis der kommt, dem es zusteht, dem die Völker gehorchen.' Zuletzt sagte er noch zu allen: ‚Begrabt mich bei meinen Vätern im Lande Kanaan.' Nach diesen Worten starb er. Da warf sich Josef weinend über ihn und küßte ihn. Alsdann ließ er den Leichnam einbalsamieren. Die Ägypter trauerten siebzig Tage lang. Danach geleiteten Josef und seine Brüder mit den Dienern Pharaos den Leichnam nach Kanaan und setzten ihn in der Höhle von Mamre neben Abraham bei. Dann kehrten sie alle nach Ägypten zurück.

Juda wird Träger der Verheißung

Nach des Vaters Tod fürchteten die Brüder, Josef werde ihnen nun das Böse vergelten, das sie ihm angetan hatten. Daher kamen sie und baten ihn um Verzeihung. Josef war gerührt und sprach: ‚Fürchtet euch nicht! Ihr hattet Böses wider mich geplant, Gott aber hat es zum Guten gelenkt, um zu vollführen, was jetzt offen zutage liegt: ein großes Volk am Leben zu erhalten. Ich will für euch und für eure Kinder sorgen.'

Josef kennt keine Rachsucht

Josef blieb in Ägypten und mit ihm alle Nachkommen seines Vaters. Er lebte 110 Jahre. Vor seinem Tode sprach er zu seinen Brüdern: ‚Ich sterbe jetzt. Gott wird euch nach meinem Tode wieder hinaufführen in das Land, das er Abraham, Isaak und Jakob zugeschworen hat. Nehmt dann meine Gebeine mit!' Bald darauf starb er. Man balsamierte ihn ein und legte ihn in Ägypten in einen Sarg."

Der *Lebensweg* Josefs zeigt immer wieder das Walten der *göttlichen Vorsehung.* Er mußte zwar zunächst viele Jahre hindurch eine sehr ungerechte Behandlung erleben — er verlor aber nie sein Gottvertrauen; und gerade im rechten Augenblick erinnerte sich der Obermundschenk des Hebräers im Gefängnis; nicht zu früh und nicht zu spät erzählte er dem Pharao sein Erlebnis mit Josef, und damit wurde eine dauernde günstige Wendung im Lebensschicksal des Josef eingeleitet. Durch ihn kam die Patriarchenfamilie in Kontakt mit dem kulturell höchststehenden Volk der damaligen Zeit.

Das Walten der göttlichen Vorsehung

Wie steht es mit deiner Versöhnungsbereitschaft nach einem Streit? Josef hätte sich sehr leicht rächen können, und seine Brüder erwarteten das sogar von ihm. Schließlich war ja nur Benjamin sein leiblicher Bruder, alle anderen waren Stiefbrüder zu ihm; nur Josef und Benjamin waren Söhne der bei Betlehem verstorbenen Rahel, die anderen stammten von Lea, der anderen Frau Jakobs, ab.

FÜRS LEBEN

Neben dieser *vornehmen Haltung seinen Brüdern gegenüber* zeigte Josef noch etwas sehr Vorbildliches: Er, der zweitmächtigste Mann in Ägypten,

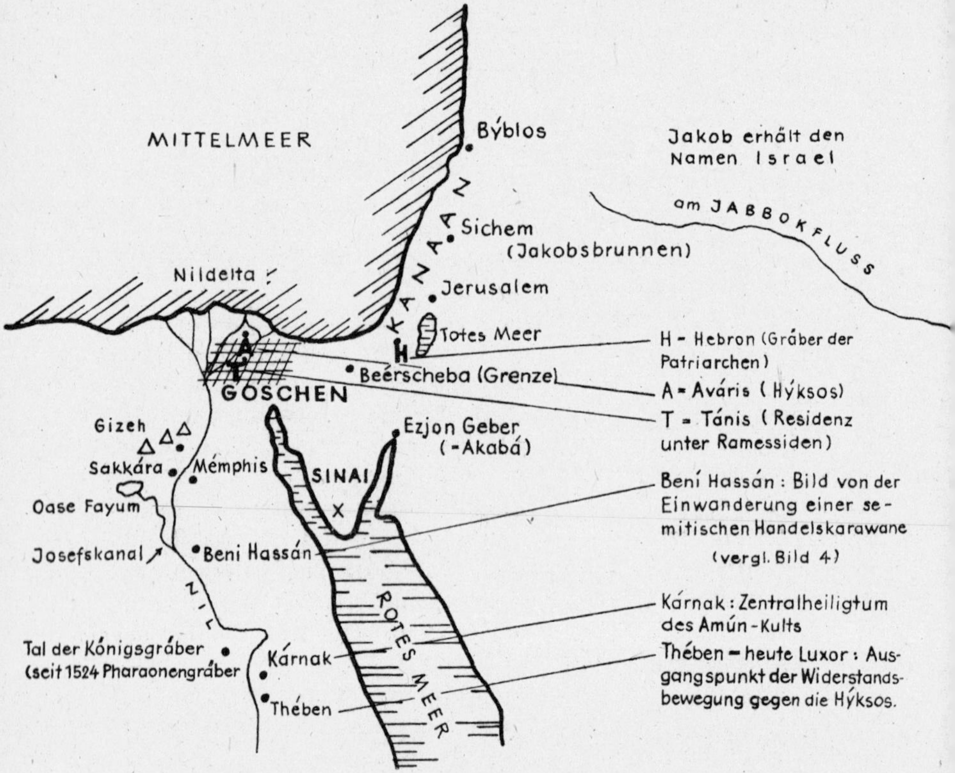

Skizze 6 Das Land Goschen im Nildelta (etwa 1630—1430 v. Chr.)

schämte sich seines altgewordenen Vaters, eines einfachen Nomadenfürsten, nicht; er verschwieg nicht seine Abstammung, ganz im Gegenteil: Er stellte seinen greisen Vater dem Pharao vor und gab sich Mühe, *seinem leidgeprüften Vater* wenigstens *einen friedlichen Lebensabend zu* bereiten.

FRAGEN *Welche vornehme Haltung zeigte Josef seinen Brüdern gegenüber? — Was ist vorbildlich am Verhalten Josefs gegenüber seinem Vater Jakob? — Wen bestimmte Jakob an seinem Sterbebett zum Träger der Verheißungen? — Schildere gute und böse Charakterzüge der Brüder! — Nimm zum Vergleich deinen Schulatlas zur Hand und bemale die Skizze „Das Land Goschen" mit Buntstiften in den richtigen Farben!*

20. Lehrstück

WIEDERHOLUNG DER PATRIARCHENGESCHICHTE

A Gott beruft Abraham als Stammvater des auserwählten Volkes

Als ein Großteil der Semiten des Zweistromlandes zur Vielgötterei abgefallen war, berief Gott einen Mann, der inmitten der Mond- und Sternanbetung dem Schöpfer treugeblieben war: *Abraham*. Gott verlangte von Abraham viele Prüfungen seines Glaubens, seiner Nächstenliebe und seiner Opferbereitschaft: den Auszug aus der Heimat in eine ungewisse Fremde, die sehr gefährliche Hilfeleistung für seinen undankbaren Neffen Lot, den Glauben an Gottes Verheißung auf Nachkommenschaft, obwohl er schon so alt war, daß er natürlicherweise keinen Sohn mehr erwarten durfte; und dann die Hinopferung dieses Isaak als letzte und schwerste Prüfung seines Gottvertrauens.

Abraham

Prüfungen

B Zahlreiche Verheißungen sollen den Patriarchen zeigen, daß Gott sich um sie und ihre Nachkommen kümmern wird.

Weil Abraham alle diese *Prüfungen bestand, verhieß* ihm Gott:

Verheißungen

1. Seine Nachkommen werden ein großes Volk werden.
2. Sie würden schließlich so zahlreich sein wie der Staub (Sand) der Erde, wie die Sterne am Himmel.
3. Durch einen seiner Nachkommen sollen gesegnet werden *alle Völker*.
4. Seine Nachkommen sollen im Lande Kanaan wohnen.
5. Sie müssen zuerst in einem fremden Land, in Ägypten, dienen.
6. Isaak, sein Sohn, soll weiterer Träger der Verheißung sein.

Gott versprach Abraham, einen *dauernden Bund* mit ihm zu schließen, dessen Zeichen die Beschneidung sein soll; es wurde dabei ein kleines Stück Haut vom Körper weggeschnitten, was für alle Israeliten *den* Sinn hatte: Ihr müßt opferbereit das Sündhafte und Böse von *eurer Seele* wegschneiden. Im Christentum tritt an die Stelle der Beschneidung die Taufe, die uns zu Angehörigen des neuen Bundesvolkes Gottes, der Kirche, macht.

Bund

C Auch sündige Menschen sind Mitarbeiter an der Heilsgeschichte Gottes

Isaak Jakob

Die Nachkommen Abrahams, *Isaak* und dessen Söhne *Jakob* und *Esau*, sind keineswegs so starke religiöse Persönlichkeiten wie Abraham. Aber trotzdem geht die Heilsverheißung Gottes auf sie über: „Gott kann auch auf krummen Linien gerade schreiben", d. h., Er gestaltet Seine Heilsgeschichte auch mit sündhaften Werkzeugen.

Im übrigen werden die Sünden dieser Männer von der Bibel keineswegs zur Nachahmung empfohlen, ganz im Gegenteil: Die Bibel schildert die Fehler und Schwächen der Menschen deswegen so offen, damit wir aus den bösen Folgen der Sünde lernen: „Betrügst du, so wirst du betrogen!" Im nächtlichen Gewissenskampf vor dem Überschreiten des Grenzflusses Jabbok wird Jakob umbenannt in Israel. Seit damals heißen die Nachkommen seiner Söhne *Israeliten.*

Juda

Jakob machte am Sterbebett *Juda* zum Träger der Verheißung. Juda begründete den nach ihm benannten Stamm, der als einziger von den zwölf Stämmen Israels das babylonische Exil (597—538 v. Chr.) überlebte; darum heißen jene Israeliten, die das babylonische Exil überdauerten, bis heute *Juden.*

Josef

Der berühmteste Sohn Jakobs aber war *Josef;* er erkannte bald, daß Gott ihn zum Werkzeug Seiner Heilsgeschichte gemacht hatte. Die Israeliten waren in Kanaan der Gefahr der Vermischung mit den dortigen Heiden ausgesetzt, denn sie standen etwa auf derselben Kulturstufe wie diese.

Gottes Heilsgeschichte wird offenbar

Gottes Erziehungsweisheit führte Teile des Volkes in die Fremde; so gewannen sie Abstand zu den Heiden von Kanaan, besonders dadurch, daß sie sich während des langen Aufenthalts in Ägypten auf eine höhere Kulturstufe erhoben. Die heidnischen Ägypter wurden so im Heilsplan Gottes zu Erziehern der Israeliten.

In der Not der Bedrückung, als sie im Lande Goschen Vorratsstädte für den Pharao bauen mußten, war der Glaube an Gott ihr einziger Halt. Darin war ihnen der inzwischen längst verstorbene Josef ein Vorbild gewesen: Auch er hatte alle Geschehnisse in seinem Leben vom religiösen Standpunkt aus betrachtet, als Fügung Gottes.

D Außerbiblische Fakten über die Zeit der Patriarchen

Außerbiblische Parallelen

Zur Abrahams-Geschichte:

1. *Die Ausgrabungen in Ur beweisen* die hohe Kultur seiner früheren Heimat; es war ein großes Opfer, diese hohe Kultur und das so fruchtbare Gebiet zu verlassen und mit 75 Jahren ins Ungewisse fortzuziehen.

2. Im Leben Abrahams läßt sich die *Einhaltung* einiger Paragraphen aus dem *Codex Hammurábi* nachweisen.
3. In den im *Königspalast von Mari* gefundenen *Tontafeln* (vgl. Bild Nr. 1) kommen etliche *Orts- und Personennamen* der Abrahamserzählung vor, d. h., es gab damals tatsächlich diese Orte in Mesopotamien, und es gab dort Leute mit den in der Bibel vorkommenden Namen.
4. Im *Grabgemälde des Chnum-hotép* (Bild Nr. 2) in Bení Hassán wird die *Einwanderung einer semitischen Karawane* in der Abrahamszeit dargestellt; sie holen Getreide.
5. Einer der in der Lot-Erzählung genannten „Könige" namens *Amrafel* dürfte identisch sein mit einem *Feldherrn* Hammurábis namens *Amúrspiel.*

Zur Erzählung über Jakob und Josef:

1. Der Aufstieg eines Ausländers zum zweitmächtigsten Mann Ägyptens und die in der Josefs-Erzählung vorkommenden Einzelheiten passen gut in die *Hyksos-Zeit* (Hyksos-Pharaonen regierten Ägypten 1670—1570 v. Chr.).
2. Ein Ausländer namens *Janhámu* wird nach einem Hieroglyphenbericht Versorgungsminister Ägyptens.
3. Josef soll den *„zweiten Wagen besteigen":* Erst in der Hyksoszeit gibt es in Ägypten solche Wagen.
4. Der Ruf *„Abrék"* (= „Auf die Knie!") entspricht dem damaligen ägyptischen Protokoll.
5. Der Name *„Potifar"* kommt auf einem Papyrus vor.
6. Noch heute heißt der Kanal vom Nil (bei Amárna) zur Oase Fayúm „Bahr Yúsef" = *Josefskanal* (vgl. Bild 14).
7. Eine Inschrift auf der Insel Seheíl aus *2700 v. Chr.* berichtet von einer *siebenjährigen Hungersnot,* weil die Nilüberschwemmung durch sieben Jahre hindurch ausgeblieben war (vgl. Bild 13).
8. Die *„sieben Ähren"* sind dem alten Ägypter ein Sinnbild der Fruchtbarkeit. Der ägyptische Totenrichter *Osíris* wird wiederholt *mit sieben Kühen* dargestellt. Das Besondere ist nicht der Traum, sondern die durch Josef gegebene Auslegung, die ihm durch Gott eingegeben wurde.
9. In *Sichem,* heute Nablús, existiert noch immer ein 23 Meter tiefer Brunnen („Jakobsbrunnen"), den der Patriarch Jakob vor 3600 Jahren hatte graben lassen.

E Die Charakterbilder der Patriarchengeschichte als Anleitung zur Selbsterziehung

Sünde wird von Gott bestraft

Die Patriarchengeschichte zeigt uns an eindrucksvoll geschilderten Lebensschicksalen, was vor Gott Sünde ist und *wie Er diese Sünden* bestraft.

	Sünden:	*Strafen:*
Sodomiten	Unglaube, Unkeuschheit, Unbußfertigkeit;	Vernichtung von Sodom und Gomorra samt allen Bewohnern;
Lot	Undank gegenüber Abraham (Lot wählt die besseren Weidegründe);	gerade diese Gegend überfallen die vier Ostkönige; Lot wird gefangen und verliert seine Habe;
Esau	Verächter des Heiligen, unehrerbietig, leichtsinnig, rachsüchtig;	er bringt Unheil über sich und über seine Kinder (Untergang der Edomiter);
Jakob	lügt und betrügt;	wird belogen und betrogen;
Rebekka	verleitet ihren Lieblingssohn zum Betrug;	Jakob muß fliehen, Rebekka sieht ihn nicht mehr und stirbt vor Gram;
Die Brüder Josefs	Neid, Haß, Verletzung der Bruderliebe, Heuchelei gegenüber dem Vater.	Gewissensnot, Kerker, Seelenqualen bei ihrer ersten Rückkehr; Beschämung, als alles offenbar wird.

FÜRS LEBEN

Jede Erzählung der Patriarchenzeit hat ihren tiefen Sinn. Die Menschen werden uns ganz ungeschminkt mit ihren guten und schlechten Eigenschaften geschildert.

So muß sich auch der junge Mensch in jahrelangen Kämpfen und Mühen immer mehr aus seinen Sünden und Schwächen herausarbeiten, bis er zu einer gefestigten Persönlichkeit wird. Die Schicksale eines Abraham, Jakob und Josef zeigen uns zugleich, daß der Weg zum Ziel nicht wie eine steile Gerade verläuft, sondern eher wie eine Wellenlinie.

FRAGEN

Welche Bedeutung hat der ägyptische Aufenthalt des israelitischen Volkes für seine kulturelle Weiterbildung?

Welche Charaktereigenschaften (gute und schlechte) sind dir aufgefallen bei:

Abraham	*Esau*	*bei den zehn*
Lot	*Rebekka*	*Brüdern des*
Jakob	*Josef*	*ägyptischen Josef?*

In welchen Zeitabschnitten heißt das Volk der Bibel:

Semiten bzw. Hebräer
Israeliten
Juden?

TONBILD

Nun könnte zwecks anschaulicher Wiederholung der zweite Teil der Tonbilder, „Auf den Spuren der Bibel: Von Abraham bis Mose“, in einer Religionsstunde gebracht werden (vgl. dazu Vorwort, Seite 6, oben).

21. Lehrstück

MOSE

Die Patriarchengeschichte ist eine Familiengeschichte, in der vier aufeinanderfolgende Geschlechter mit ihren guten und bösen Taten beschrieben werden, damit wir daraus etwas für *unser* eigenes Tun und Lassen lernen können. Mit dem Tod von Josef endet die Genesis, das 1. Buch des Mose.

Das 2. Buch, der *Exodus,* berichtet über die Heilsgeschichte Gottes mit jenen Stämmen Israels, die nach Ägypten gekommen waren und von denen eine größere Gruppe unter der Führung von Mose etwa um 1230 v. Chr. wieder nach Kanaan zurückwanderte. Es wäre für den Verfasser des Exodus *unmöglich* gewesen, eine so ungewöhnliche Gestalt wie *Mose* einfach *zu erfinden.* Er lebte in einer Zeit, die für die Israeliten wenig erfreulich war; sie mußten unter Ramses II. Fronarbeiten leisten. Obwohl Mose von hebräischen Eltern stammte, hatte er einen ägyptischen Namen und eine nicht aus Israel stammende Frau: beides hätte man einer so wichtigen Persönlichkeit nicht zugeschrieben, wenn es sich nicht um eine feste Überlieferung von Tatsachen gehandelt hätte.

Mose ist eine geschichtliche Persönlichkeit

Als die Fremdherrschaft der Hyksos um 1570 v. Chr. zu Ende gegangen war, weil eine ägyptische Widerstandsbewegung die Asiaten vertrieb, wirkte sich dies für die Israeliten sehr ungünstig aus. Die neuen ägyptischen Dynastien unternahmen Kriegszüge nach Kanaan und legten zu diesem Zweck *Vorratsstädte im Nildelta* an. Die dort angesiedelten Israeliten wurden von den Ägyptern nicht, wie die Hyksos, einfach über die Grenze gejagt, sondern als *Fronarbeiter* für den Bau von Befestigungen und Vorratsstädten verwendet. Es begann für die Israeliten eine Heimsuchung, die schon Josef knapp vor seinem Tod vorausgesagt hatte:

Die Israeliten werden zu Fronarbeitern

„Die Israeliten wuchsen in Ägypten zu einem großen Volke heran. Da kam ein neuer König auf den Thron, der von Josef nichts mehr wußte. Er sprach zu den Ägyptern: ‚Das Volk der Israeliten wird größer und stärker als wir. Wir wollen schlau vorgehen, sonst könnte es sich in einem Kriege zu den Feinden schlagen.‘ Deshalb setzte man Fronvögte über sie.

Ex 1, 1—2, 22

Ziegel für

die Befestigungen herstellen

Alle Knaben töten!

Diese mußten die Israeliten zu schweren Sklavenarbeiten (vgl. Bild Nr. 10) in den Ziegelhütten und auf dem Felde antreiben. Aber die Israeliten wurden nur noch zahlreicher. Darum befahl der Pharao: ‚Werft alle neugeborenen Knaben der Hebräer in den Nil, die Mädchen aber laßt am Leben!'

Da wurde einem Manne aus dem Stamme Lévi von seinem Weibe aus demselben Stamme ein Knabe geboren. Die Mutter verbarg ihn drei Monate lang. Länger konnte sie das Kind nicht verborgenhalten. Sie nahm ein Binsenkörbchen, verdichtete es mit Asphalt und Pech, legte das Kind hinein und setzte es im Schilf am Ufer aus. Seine Schwester blieb in der Ferne stehen und beobachtete, was mit ihm geschehe.

Aussetzung und Rettung des Mose

Da kam die Tochter des Pharao, um im Flusse zu baden. Sie sah das Körbchen im Schilf und ließ es durch eine Dienerin holen. Als sie es öffnete, fand sie darin das weinende Kind. Voll Mitleid sprach sie: ‚Das ist eines von den Kindern der Hebräer!' Da trat die Schwester des Kindes hinzu und fragte: ‚Soll ich dir eine hebräische Mutter rufen, daß sie das Kind stille?' Die Tochter des Pharao antwortete: ‚Ja, geh hin!' Sogleich ging das Mädchen und holte die Mutter des Kindes. Die Tochter des Pharao sprach zu ihr: ‚Nimm dieses Kind und nähre es!' Die Mutter nahm das Kind und zog es auf. Als der Knabe größer geworden war, brachte sie ihn zur Königstochter. Diese nahm ihn an Sohnes Statt an und gab ihm den Namen Mose. ‚Denn', sprach sie, ‚ich habe ihn aus dem Wasser gezogen' (‚Mose' = Kind des Nil).

Mose am Pharaonenhof

Mose tötet ägypt. Aufseher

Zum Manne herangewachsen, sah er die Bedrückung seiner Brüder. Als ein Ägypter einen Hebräer erschlug, tötete er jenen. Die Tat wurde ruchbar, und der Pharao trachtete ihm nach dem Leben. Da floh Mose nach Midian zum Priester Jitro. Vierzig Jahre hütete er dessen Herden. Dieser gab ihm seine Tochter Schifra zur Frau."

Am Sinai

Gottes weise Vorsehung

Das 2. Buch Mose (Exodus = Auszug) berichtet uns, *wie Mose zum Retter seines Volkes wurde.* Wieder erkennen wir Gottes weise Fügung: bei der Errettung aus dem Nil ebenso wie in der Flucht zum Sinai. Als Schafhirte mußte Mose dort 40 Jahre lang von einem Weideplatz zum andern ziehen und lernte so allmählich *alle Wege* und *Wasserstellen kennen.* Später sollte er ja sein ganzes Volk durch diese ziemlich wasserarme Halbinsel führen. Es war also *ein Werk der göttlichen Vorsehung* gewesen, daß Mose sich diese für den Durchzug der Israeliten unbedingt nötigen *Ortskenntnisse* verschaffen konnte. Denn Mose kannte nach 40jährigem, ständigem Wanderleben auf der Halbinsel Sinai nicht nur die *Oasen,* sondern auch die *ägyptischen Grenzposten* und ihre *Stützpunkte.* So betrie-

Mose gewann gute Ortskenntnisse am Sinai

ben die Ägypter damals z. B. die Kupferbergwerke von Maghára, etwa 178 km vom heutigen Suez in Richtung Dschébel Musa (= Moseberg) im Ostteil der Halbinsel.

MOSE WIRD ZUM FÜHRER DES VOLKES BERUFEN

„Einmal trieb Mose die Schafe über die Steppe hinaus und kam zum Hóreb, dem Berge Gottes. Da erschien ihm der Herr in einer Feuerflamme, die mitten aus einem Dornbusch herausschlug. Mose sah, daß der Dornbusch brannte, aber nicht verbrannte. Er trat näher hinzu, aber der Herr rief ihm aus dem Dornbusch zu: Ex 3, 1—4, 17 Der brennende Dornbusch

‚Mose, Mose!‘ Er antwortete: ‚Hier bin ich!‘ Da sprach der Herr: ‚Komm nicht näher! Ziehe die Schuhe von deinen Füßen, denn der Ort, an dem du stehst, ist heiliges Land! Ich bin der Gott Abrahams, Isaaks und Jakobs.‘ Da verhüllte Mose sein Angesicht, denn er fürchtete sich, zu Gott aufzuschauen. Der Herr sprach: ‚Ich habe das Elend Meines Volkes in Ägypten gesehen und seine Klagen gehört. Ich will es erretten aus der Hand der Ägypter und es hinaufführen in ein schönes und weites Land, das von Milch und Honig fließt, nach Kanaan. Ich will dich zum Pharao senden. Du sollst Mein Volk wegführen aus Ägypten!‘

Auftrag Gottes: Führe Israel aus Ägypten!

Mose erwiderte: ‚Wer bin ich, daß ich zum Pharao gehen und die Israeliten aus Ägypten wegführen soll?‘ Gott aber sprach: ‚Ich will mit dir sein!‘

Mose entgegnete: ‚Wenn ich nun zu den Israeliten komme und ihnen sage: Der Gott eurer Väter sendet mich zu euch, und sie mich fragen: Wie lautet sein Name? Was soll ich ihnen sagen?‘ Gott sprach zu Mose: ‚Ich bin, der da ist. Sage also den Israeliten: Der ‚Ich bin‘, Jahwe, der Gott eurer Väter, hat mich zu euch gesandt. Jahwe, das ist Mein Name für immer, so sollt ihr Mich nennen von Geschlecht zu Geschlecht.‘

Der Name Gottes: ICH BIN DER SEIENDE

Mose fuhr fort: ‚Aber sie werden mir nicht glauben. Sie werden sagen: ‚Der Herr ist dir nicht erschienen.‘ Da sprach Gott: ‚Wirf deinen Stab auf die Erde!‘ Mose tat so. Da wurde der Stab zu einer Schlange und Mose floh. Der Herr sprach: ‚Strecke deine Hand aus und fasse die Schlange!‘ Er tat so. Die Schlange wurde wieder zum Stab. Der Herr sprach: ‚Tue so vor den Israeliten, und sie werden dir glauben.‘

Wundermacht: Stab — Schlange

Jetzt entgegnete Mose: ‚Ich kann nicht geläufig reden. Ich habe eine schwere Zunge.‘ Der Herr sprach: ‚Wer hat dem Menschen den Mund gegeben? Wer macht stumm und taub? Wer sehend und blind? Bin nicht

Ich es, der Herr? Geh, Ich will mit deinem Munde sein und dich lehren, was du reden sollst!'

Mose sagte: ‚Bitte, Herr! Sende, wen du willst!' Da zürnte der Herr und sprach: ‚Dein Bruder Aaron ist beredt. Lege Meine Worte in seinen Mund! Er soll für dich zum Volke reden, du aber nimm diesen Stab und tue damit die Zeichen!' "

Warum zögerte Mose?

Als Mose 40 Jahre zuvor in einer übereilten Tat einen ägyptischen Aufseher tötete, hatte er sich dadurch nicht nur bei den Ägyptern, sondern auch bei den Israeliten unbeliebt gemacht. *Er floh* zum Sinai, *sie* aber *mußten* bleiben und dafür *büßen.* Sie verachteten ihn vielleicht auch deshalb, weil er am Hofe ein angenehmes Leben und ägyptische Bildung genießen konnte, während sie schwere Fronarbeiten leisten mußten. Diese Erinnerungen und Überlegungen erklären das Zögern des Mose, der nicht nur vom Pharao, sondern auch von seiten seines Volkes große Schwierigkeiten zu erwarten hatte. Einen Einwand nach dem andern bringt er vor, um diesem unangenehmen Auftrag zu entgehen; dieses Gespräch stellt in sehr bildhafter Weise das Widerstreben des Menschen gegen Gottes Willen dar.

„Ich bin, der da ist", „Ich bin, der Ich bin", „Ich bin der Seiende": Dadurch unterscheidet sich Gott am stärksten von allem Geschaffenen. *Er war* schon *immer, Er wird in alle Zukunft sein;* für Ihn gibt es nur ein anfangloses, unaufhörliches „Ich bin" (vgl. die Skizze auf Seite 16). Auf

„Jáhwe"

hebräisch heißt „Ich bin der Seiende": Jáhwe (die sogenannten „Ernsten Bibelforscher", eine Sekte, sagen statt Jáhwe: Jehóva).

Ex 4, 18

„Mose nahm Abschied von seinem Schwiegervater Jitro. Der Herr hatte ihm nochmals befohlen: ‚Kehre nach Ägypten zurück; denn alle, die dir nach dem Leben trachteten, sind gestorben.' "

Nur widerwillig entschloß sich Mose, Gottes Auftrag zu befolgen. Schon unterwegs begegnete er seinem *Bruder Aaron,* der von Gott die Offenbarung erhalten hatte:

Ex 4, 27

„Gehe Mose entgegen in die Wüste!"

Sie trafen sich am Berge Hóreb. Dieses Zusammentreffen war für Mose eine neue Bestätigung des göttlichen Auftrags. Mose erzählte seinem Bruder alle Worte des Herrn. Zusammen mit Aaron konnte er die Ältesten des Volkes Israel von seiner

Mose und Aaron vor dem Pharao

göttlichen Sendung überzeugen. Als er dann aber mit seinem Bruder vor den Pharao, wahrscheinlich Rámses II., hintrat und die Freigabe des Volkes Israel verlangte, war dieser keineswegs dazu bereit.

Der Pharao wehrte sich dagegen, denn er wollte auf keinen Fall diese billigen Arbeitskräfte im Lande Goschen verlieren, denn gerade dort baute er an seinen Vorratsstädten und Festungsanlagen in Pítom und Ramésses.

Im Gegenteil: Die Bedrückung wurde über seinen ausdrücklichen Befehl noch gesteigert; die Aufseher mußten ab sofort von den Israeliten verlangen, daß diese das Stroh für die Herstellung der Ziegel nun selber von den Feldern zu holen hatten, während es ihnen bisher geliefert worden war. Die Fronarbeit der Israeliten bestand ja hauptsächlich darin, durch Vermischung von Stroh mit Lehm Ziegel zu formen, sie an der Sonne zu trocknen und dann zu bestimmten Terminen die geforderte Stückzahl abzuliefern (vgl. Bild 12: Ramses II.).

Mose hat keinen Erfolg

Durch das Gewissen ruft Gott den einen vielleicht zu seinem besonderen Dienst wie damals Mose, um das Volk im Glauben an den *einen,* höchsten *Gott* zu erhalten, *um als Priester* die Gebote Gottes zu verkünden; die meisten werden aber zumindest Gottes Stimme vernehmen, die sie auffordert:

FÜRS LEBEN

1. *Gott* die Ehre zu geben; besonders an dem *Ihm* geweihten Tag: Zuerst kommt die Sonntagsmesse und dann erst der Ausflug oder irgendein Sport;
2. *andere nicht zu hindern,* wenn sie dem Auftrag Gottes entsprechen wollen (z. B. durch abfällige Bemerkungen).

FRAGEN

Warum änderte sich die Lage für die Israeliten in Ägypten etwa um 1570 v. Chr.? — Mit welchem Namen benennt sich Gott im brennenden Dornbusch? — Worin bestand die Fronarbeit der Israeliten in Ägypten?

DER AUSZUG AUS ÄGYPTEN

Die wegen der häufigen Hungersnöte im Verlaufe der Zeit nach Ägypten ausgewanderten semitischen Sippen wurden zumeist gleich im Nildelta, in der Landschaft Goschen angesiedelt. Als Ramses II. seine Residenzbauten, Befestigungsanlagen und Vorratslager in den neuen Städten Ramesses und Pitom errichtete, benötigte er viele Fronarbeiter. Auf diese für tausende Zwangsarbeiter so ungünstige Situation bezieht sich ein Jáhwe-Wort, das in *Exodus* 3, 7 f überliefert wird:

Zwangsarbeit unter Ramses II.

„Der Herr sprach: ‚Ich sehe gar wohl das Elend meines Volkes in Ägypten, und ihr Schreien angesichts ihrer Treiber hörte ich. Ja, ich kenne ihre Schmerzen! Ich stieg deshalb herab, um sie aus der Hand der Ägypter zu befreien und hinzuführen aus diesem Land in ein schönes und weiträumiges Land, das von Milch und Honig fließt, in das Gefilde der Kanaaniter . . .' "

Gott kümmert sich um die Bedrückten

Gott erweist sich als Anwalt der Schwachen und Gebeugten; er tröstet sie und verspricht ihnen Befreiung von ihrem traurigen Los.

Ramsesstadt:

Ramses II., einer der aktivsten Pharaonen, lenkte die Geschicke Ägyptens von 1290 bis 1224; sein Mumienkopf ist so hervorragend erhalten, daß wir uns den möglichen Gesprächspartner von Mose gut vorstellen können (vgl. die Farbaufnahme auf Seite 81!).

Von Österreich ausgegraben

1966 begannen **österreichische Ausgrabungen im Nildelta,** bei denen man sich vor allem auf den Schutthügel Tell-ed-Daba konzentrierte; es kann angenommen werden, daß damit ein Teil der Ramsesstadt ausgegraben wurde, und zwar eine Ansiedlung der israelitischen Fronarbeiter.

Von der Nacht vor dem Auszug berichtet die Bibel:

Ex 12, 1—13, 16

„Dann sprach der Herr zu Mose und Aaron: ‚Dieser Monat soll bei euch der erste des Jahres sein. Verkündet der ganzen Gemeinde Israels: Am 14. dieses Monats soll jeder Hausvater gegen Abend ein fehlerloses, männliches, einjähriges Lamm schlachten. Von seinem Blute sollt ihr an die Pfosten und an die Oberschwelle der Haustüre streichen. Das Fleisch sollt ihr am Feuer braten und in derselben Nacht essen, dazu ungesäuertes Brot

und bittere Kräuter. Gegürtet um die Lenden, mit Schuhen an den Füßen und den Stab in der Hand sollt ihr das Lamm eilig essen. Denn es ist Pascha, Vorübergang des Herrn. Ich will in derselben Nacht durch Ägypten schreiten und alle Erstgeburt schlagen, vom Menschen bis zum Vieh. Euch aber will Ich übergehen, wenn Ich an euren Häusern das Blut sehe.‘

Mose berief die Ältesten Israels und verkündete ihnen, was der Herr befohlen hatte. Die Israeliten gingen hin und taten nach diesen Worten.

Um Mitternacht aber schlug der Herr alle Erstgeburt im Lande Ägypten, vom Erstgeborenen des Pharao bis zum Erstgeborenen des Gefangenen im Kerker, und alle Erstlinge des Viehs. Ein großes Wehklagen entstand. Denn es gab nicht ein Haus, in dem nicht ein Toter lag.

Noch in der Nacht ließ der Pharao Mose und Aaron rufen und sprach: ‚Machet euch auf und zieht fort von meinem Volke, geht und verehrt den Herrn, wie ihr gefordert habt! Auch eure Herden nehmt mit und bittet für mich um Segen.‘ So brachen die Israeliten mit ihren Viehherden auf, viel fremdes Volk schloß sich an.“

EINFÜHRUNG DES OSTERFESTES DURCH MOSE

„Mose gebot dem Volke: ‚Dieser Tag soll ein Gedenktag für euch bleiben; als Festtag sollt ihr ihn zu Ehren des Herrn begehen. Vom Fleische des Lammes, das ihr schlachten sollt, dürft ihr nichts aus dem Hause hinaustragen, keinen Knochen dürft ihr an ihm zerbrechen. Gesäuertes Brot darf nicht gegessen werden. Sieben Tage lang sollt ihr ungesäuertes Brot essen. Gleich am ersten Tag müßt ihr den Sauerteig aus euren Häusern entfernen. Mit starker Hand hat euch der Herr aus Ägypten hinweggeführt. Darum sollt ihr diese Satzung Jahr für Jahr zur festgesetzten Zeit einhalten.

Fest der „ungesäuerten Brote“

Alles Erstgeborene von Mensch und Vieh, soweit es männlich ist, sollt ihr dem Herrn zu eigen geben. Eure erstgeborenen Söhne löst dann jeweils aus. Denn der Herr tötete alle Erstgeburt der Ägypter, eure Erstlinge aber schonte Er.‘ “

Die Israeliten späterer Zeiten riefen sich diese Ereignisse aus der Ramses-Zeit immer wieder in Erinnerung, wenn sie sich beim alljährlichen Festgottesdienst zum Gedächtnis des Auszugs aus Ägypten versammelten. Später wurde manches dazugedichtet und ausgeschmückt, z. B. die Erzählung von den *ägyptischen Plagen.* Es handelt sich dabei um rasch hinter-

Ohne Gottes Hilfe nicht losgekommen

einander eintretende Katastrophen, wie sie auch noch in anderen, geschichtlich gut überprüfbaren Zeiten im Nilland gelegentlich vorkamen. Diese Berichte sollen den notwendigen Beistand Gottes unterstreichen, den eine so kleine Gruppe beim Versuch ihrer Loslösung aus der Zwangsarbeit benötigte, vor allem angesichts der militärisch so überlegenen Macht der Ägypter. Als letzte und entscheidende Plage wird der Tod jeder menschlichen und tierischen Erstgeburt erwähnt und im Zusammenhang damit das *Páscha-Mahl*.

Páscha-Mahl: ein Hirtenbrauch

Der Ritus dieses *Erstlingsopfers der Hirten* geht auf sehr alte Zeiten lange vor Mose zurück: In der Nacht vor dem Aufbruch von den Winterweiden zu den Sommerweiden versammelten sich die Halbnomaden zu einer Opfermahlzeit. Dies geschah zur Zeit des ersten Frühlingsvollmondes; deshalb feiern wir noch heute das *Osterfest* nach dem ersten Frühlingsvollmond.

Nach dem ersten Frühlingsvollmond jetzt: Ostern

Beim Páscha-Mahl wurden die Zeltstangen mit dem Blut der geopferten Tiere bestrichen, gleichsam zur Abwehr dämonischer Einflüsse. Das Fleisch wurde von den Hirten als Opfermahl verzehrt, wobei man den Schutz der Gottheit erbat. Dieser alte Brauch war durchaus geeignet, in der Situation des Aufbruchs zu einem sehr waghalsigen Unternehmen, der Rückkehr nach Kanaan, als nächtlicher Auftakt zu dienen. Anscheinend haben die Ägypter wegen des fatalen Zusammentreffens mehrerer Naturkatastrophen den Abzug der Israeliten zunächst widerwillig geduldet. Führende Ägypter, vielleicht die für die zeitgerechte Fertigstellung von Pitom und Ramesses Verantwortlichen, dürften jedoch nach dem Abzug ihrer Fronarbeiter versucht haben, wenigstens einen Teil von ihnen wieder zurückzuholen.

Beim liturgischen Jahresgedächtnis wurde der alte Hirtenbrauch des Páscha-Mahles von den Israeliten in späterer Zeit umgedeutet zu einer Feier des Auszugs aus Ägypten.

Nach dem Bericht von Mattäus sandte Jesus seine Jünger am ersten Tag der Ungesäuerten Brote in ein bestimmtes Haus in Jerusalem und ließ dessen Eigentümer ausrichten:

Im NT: Mt 26, 18 f Jesus

„Der Meister läßt sagen: ‚Meine Zeit ist da, bei dir will ich mit meinen Jüngern das Páscha-Mahl halten.' Die Jünger taten, was Jesus ihnen aufgetragen hatte, und bereiteten das Páscha-Mahl." Im Anschluß daran berichtet Mt von der Einsetzung der Eucharistie.

Das jüdische Páscha-Fest

Das Blut des Páscha-Lammes rettete damals die Israeliten vor dem leiblichen Tod; das Blut des göttlichen Opferlammes von Gólgota rettet alle Menschen, die guten Willens sind, vor dem ewigen Tod. So ist Ostern für uns das Fest des Sieges über den leiblichen Tod (Auferstehung Christi) und zugleich ein Fest des Sieges über den ewigen Tod (Einsetzung des Bußsakramentes am Ostertag). wurde zum christlichen Osterfest

VORBILDER

PÁSCHA-FEST:	OSTER-FEST:
1. Mose setzte am Vorabend des Auszugs ein Erinnerungsmahl ein, das Páscha-Mahl; die Israeliten sollten jedes Jahr zum Páscha-Fest Gott danken für die Befreiung aus der Knechtschaft Ägyptens (bewirkte keine Vermittlung göttlicher Gnade).	1. Christus setzte am Vorabend seines Leidens ein Gedächtnismahl ein, die heilige Messe; besonders in der Osterzeit sollen wir die Sakramente empfangen, um aus der Knechtschaft der Sünde herauszukommen (Gnadenvermittlung).
2. Das Blut des Páschalammes rettete die Israeliten vor dem leiblichen Tod.	2. Das Blut des Opferlammes von Gólgotha rettet alle Menschen vor dem ewigen Tod.
3. Es mußte ein fehlerloses Lamm sein.	3. Christus war sündenlos.
4. Dem Páschalamm durfte kein Bein zerbrochen werden.	4. Dem göttlichen Opferlamm wurde am Kreuze kein Bein zerbrochen.

An das Páscha-Lamm, das Sinnbild des Alten Bundes, erinnert das „Agnus Dei“ jeder Messe: „Lamm Gottes, du nimmst hinweg die Sünde der Welt, erbarme dich unser!“ „Agnus Dei“

MOSE FÜHRT SEIN VOLK DURCH DIE WASSER DES SCHILFMEERES

„Wohlgerüstet zogen die Israeliten aus Ägypten fort und kamen auf dem Wüstenweg zum Schilfmeer. Mose nahm die Gebeine Josefs mit. Der Herr zog vor ihnen her, am Tag in einer Wolkensäule, ihnen den Weg zu zeigen, und des Nachts in einer Feuersäule, ihnen zu leuchten. So konnten sie bei Tag und bei Nacht wandern. Am Schilfmeere lagerten sie (vgl. die Kartenskizze auf Seite 99). Ex 13, 17—15, 21

Nächtlicher Durchzug durchs Schilfmeer

Bald wurden der Pharao und seine Diener anderen Sinnes, und sie sprachen: ‚Was haben wir da getan, daß wir die Israeliten aus unseren Diensten entließen?‘

Mit auserlesenen Kriegern auf Hunderten von Kampfwagen und mit seinem Heere setzte der Ägypterkönig ihnen nach. Als die Israeliten die Feinde erblickten, fürchteten sie sich sehr, und sie schrien zum Herrn. Mose aber sprach: ‚Fürchtet euch nicht! Der Herr wird für euch kämpfen!‘ Der Herr sprach zu Mose: ‚Befiehl den Israeliten, aufzubrechen. Du aber

hebe deinen Stab empor, strecke deine Hand aus über das Meer und spalte es, damit die Israeliten mitten durch das Meer im Trockenen hindurchgehen können.'

Siehe, da erhob sich die Wolkensäule und ließ sich zwischen dem Heere der Israeliten und dem der Ägypter nieder. Jenen erleuchtete sie die Nacht, diese hüllte sie in Finsternis. Mose streckte seine Hand über das Meer aus, da trieb der Herr das Meer durch einen starken Ostwind während der ganzen Nacht zurück und legte das Meer trocken. Die Wasser spalteten sich, und die Israeliten schritten trockenen Fußes mitten durch das Meer, während die Wasser zu beiden Seiten wie Mauern standen.

Ebbe und Ostwind schaffen eine Furt

Bei Tagesanbruch jagten die Ägypter den Israeliten nach, mitten ins Meer hinein. Der Herr in der Feuer- und Wolkensäule blickte auf das Heer der Ägypter und brachte es in Verwirrung. Da schrien sie: ‚Fliehen wir vor den Israeliten. Denn der Herr kämpft für sie gegen die Ägypter.' Der Herr aber sprach zu Mose: ‚Strecke deine Hand aus über das Meer!' Mose tat so. Da schlugen die Wogen wieder zusammen und bedeckten die Wagen, die Rosse und das ganze Heer des Pharao.

Vernichtung der Soldaten des Pharao

So rettete der Herr an jenem Tage Israel aus der Hand der Ägypter. Als das Volk sah, was der Herr mit gewaltiger Hand an den Ägyptern getan, fürchtete es den Herrn und glaubte an ihn und seinen Diener Mose."

Die Israeliten wählten nicht den direkten und kürzesten Weg nach Kanaan an der Küste des Mittelmeeres, die spätere sogenannte „Philisterstraße"; da wären sie den Ägyptern direkt in die Hände gelaufen, denn der Nachschubweg des Pharao nach Kanaan war durch Stützpunkte und Garnisonen gesichert. Nach einigem Hin und Her, das vom Pharao als „Herumirren der Israeliten in der Wüste" ausgelegt wurde, bog Mose zum Schilfmeer ab, obwohl dort normalerweise ein Durchgang nicht möglich war. Aber entweder kannte er die Stelle von seiner Flucht her, oder er hatte es durch Ortsansässige erfahren, daß man manchmal bei sehr günstiger Witterung zwischen den beiden Bitterseen hinüber könne. Schon von weitem konnte man das Herannahen der Ägypter an einer gewaltigen Staubwolke erkennen, die von den Kampfwagen aufgewirbelt wurde; Mose deutete dies richtig als neuerliche Gesinnungsänderung des Pharao, der seinen Freigabebeschluß nun schon wieder bereute; darum mußte Mose trachten, so rasch wie möglich ans andere Ufer zu kommen; im Vertrauen auf Gott gab er deshalb den Befehl zum Durchzug.

Schilfmeer, nicht „Rotes Meer"

Daß nun tatsächlich zu der für die Israeliten günstigen Nachtzeit *Ebbe und starker Ostwind* einsetzten, so daß sie im Schutz der Dunkelheit die

13 Hieroglyphentext auf einem Basaltblock der Nilinsel Seheil (Parallelbericht zur siebenjährigen Hungersnot)

14 Josefskanal vom Nil zur Oase Fayum (Grenze zwischen dem fruchtbaren und dem Wüstengebiet)

15 Sinaiwüste östlich Uyûn-Musa (Luftaufnahme)

16 Mosesquelle am Weg nach Raphidím (heute Feirán)

drei bis vier Kilometer hinüberkamen, während die Ägypter bald nachher an derselben Stelle im Wasser ertrinken mußten, weil der Wind sich bei Tagesanbruch gedreht hatte und statt der Ebbe nun die Flut einsetzte, darin liegt *die wunderbare Fügung Gottes.*

Gott bediente sich der Naturkräfte

Das vertraute Bild von der Wasserwand zu beiden Seiten der Israeliten ist eine spätere dichterische Übertreibung. Es dürfte jedem klar sein, der schon einmal mit Pferden am Meer war, daß diese beim Einsetzen der Flut unruhig und scheu werden, daß Kampfwagen mit ihren dünnen Rädern in den Meeresboden tief einschneiden und schon bei kurzem Halt bis zur Achse versinken können. Der Unterschied zwischen Ebbe und Flut beträgt dzt. bei Suez etwa vier Meter; wenn nun der Ostwind plötzlich aufhörte, so konnte die einsetzende Flut mit einer ganz schönen Welle daherkommen.

Derzeit bei Suez 4 m Unterschied in der Wasserhöhe bei Ebbe und Flut

Der Pharao war nicht persönlich beteiligt an der Verfolgung der Israeliten; bei jedem geschichtlichen Bericht werden die Taten der Heere und ihrer Feldherrn dem König selbst zugeschrieben. Der Auszug erfolgte mit großer Wahrscheinlichkeit etwa um 1230 v. Chr. unter *Ramses* II. (1290—1224 v. Chr.), dessen hervorragend gut erhaltenen mumifizierten Kopf unser Bild 12 zeigt. Die Rettung der Israeliten war also nicht allein der menschlichen Klugheit und Ortskenntnis des Mose zuzuschreiben, sondern einer besonderen Fügung *Gottes,* der die Naturkräfte so lenkte, daß sie Seine Heilsgeschichte förderten.

Auszug etwa um 1230 v. Chr.

Mose ist für uns ebenso wie Abraham das Vorbild eines Menschen, der in Krisenzeiten, wenn unser Verstand keinen Ausweg mehr sieht, seinen Glauben und sein Vertrauen auf Gott behielt und schließlich doch — *recht hatte damit!*

VORBILD

FRAGEN

Warum feiern die Juden heute noch das Paschafest, und wofür ist es ein Vorbild? — Warum gelang den Israeliten der Durchgang durch das Schilfmeer, aber nicht mehr den Soldaten des Pharao?

VOM SCHILFMEER ZUM SINAI

Wo etwa verlief der Wanderweg der Israeliten?

So weit wir den *Wanderweg der Israeliten* unter Mose heute noch rekonstruieren können, war es der alte *Karawanenweg am Ufer des Roten Meeres* in Richtung Sinaigebirge. Eine Flugaufnahme (Bild Nr. 15) zeigt uns die wasserlose, am Meeresufer flache, gegen das Innere zu gebirgige Wüstenlandschaft. Die Raststationen sind dort durch die wenigen Wasservorkommen von der Natur vorgeschrieben. Die Kartenskizze auf der nächsten Seite bringt uns den auf Grund der Bibelberichte und der Wasservorkommen rekonstruierten ungefähren Verlauf der 40jährigen Wüstenwanderung. Daß sie ohne Gottes ständige Hilfe ein aussichtsloses Unternehmen gewesen wäre, müßte eigentlich jeder schon bei der Betrachtung der Flugaufnahme dieser Gegend erkennen (Bild Nr. 15). Und nun wollen wir uns noch die Kartenskizze ansehen:

DER WANDERWEG DER ISRAELITEN

Mosequelle

Die erste Raststation heißt auch heute noch „Uyún Músa", also *„Mose-Quelle"*, und liegt etwa zwölf Kilometer südlich von Suez (vgl. Bild Nr. 16). In Mara warf Mose auf Gottes Befehl ein Stück Holz in bitteres Wasser. So wurde es trinkbar. Beim Elim rüsteten sich an zwölf Quellen die Israeliten — vielleicht 10.000 — zum Weitermarsch durch die Wüste Sin.

Wachtelzug

Als es auf dem Wege zu Schwierigkeiten wegen der Versorgung mit Fleisch kam, sandte Gott große Scharen von Wachteln, Zugvögel, die auf ihrem Weg von Afrika nach Mitteleuropa und zurück jedes Jahr über die Sinai-Halbinsel fliegen. Die Israeliten konnten die ermüdeten Tiere mit der Hand einfangen.

Die *Sinai-Halbinsel* war damals vielleicht noch nicht so weitgehend Wüstenlandschaft wie heute. Die 178 km südlich von Suez liegenden Kupferbergwerke der Pharaonen verschlangen ebensoviel Holz wie später

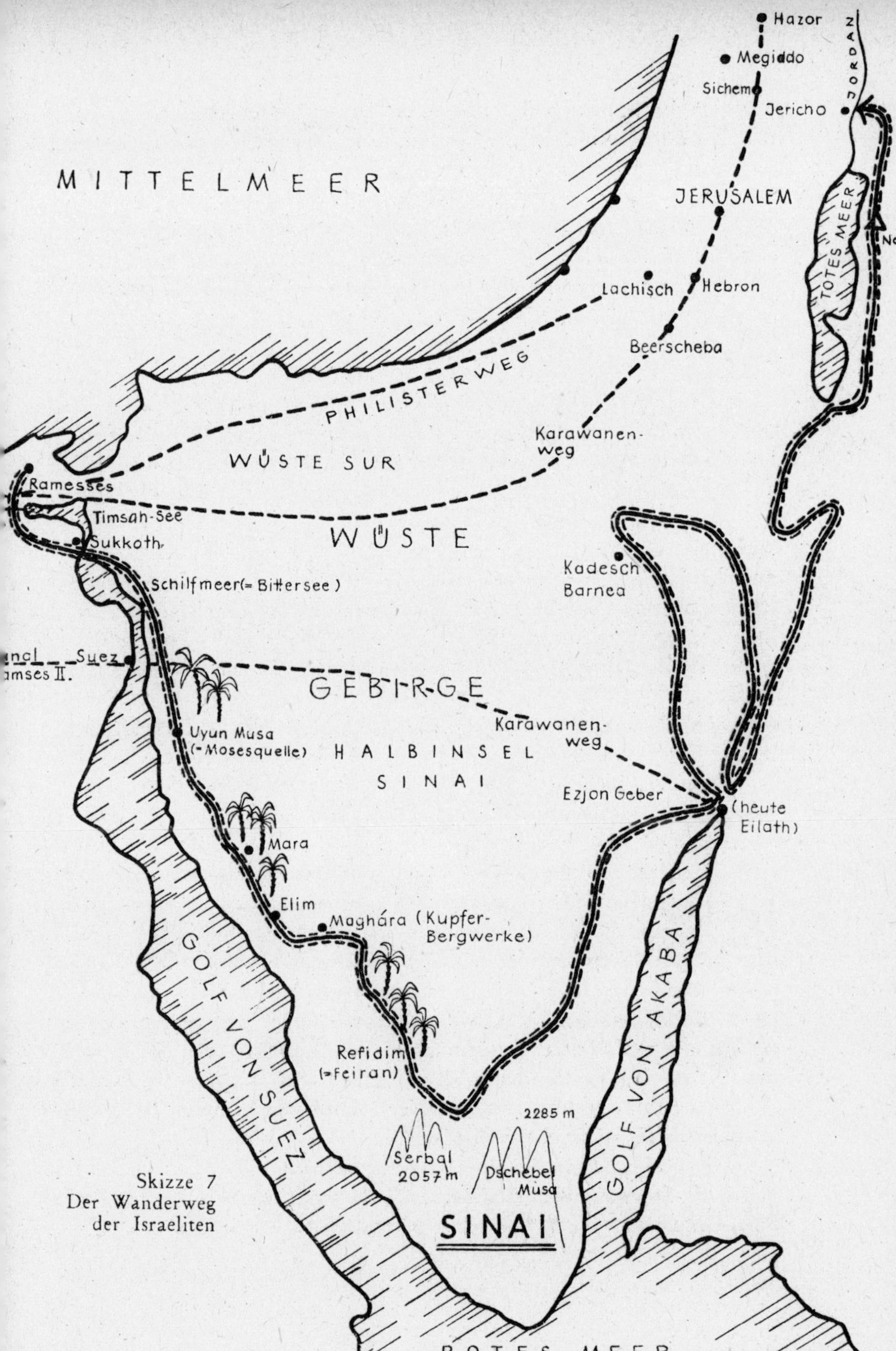

Skizze 7
Der Wanderweg
der Israeliten

der Bau von Schiffen und in neuester Zeit, vor etwa 100 Jahren, der Bau des Suezkanals. All das trug zur Abholzung der einst teilweise bewaldeten Berge der Sinai-Halbinsel bei. Ein in diesen Bergwerken von Maghára arbeitender Semite hatte um 1500 v. Chr., wie wir schon auf Seite 11 hörten, unser heutiges *Alphabet* geschaffen. Im Fels von Maghára ist

Maghára mußte gemieden werden

auch Ramses II. mit einer Inschrift verewigt; Mose kannte die Lage dieser von Soldaten bewachten *Kupferbergwerke* von seiner 40jährigen Wanderschaft auf der Halbinsel als Schafhirte — so war es ihm ein leichtes, dieses Seitental von Maghára zu meiden.

Manna vom Himmel

Als die aus Ägypten mitgebrachten Mehlvorräte zu Ende gingen, half Gott den Israeliten. Er sandte ihnen das *Manna* vom Himmel, das wie eine dünne, körnige Reifschicht auf der Erde lag. Das Manna wird von bestimmten Arten der Schildläuse auf den Tamariskenstauden erzeugt. In der Sonne tropft es zu Boden und wird in der Kühle der Nacht so hart, daß man es am Morgen gut auflesen kann. Allerdings ist dieses

Natürliches Manna: nur 3 Monate, geringe Mengen

natürliche Manna auf bestimmte Gegenden beschränkt, und sein Vorkommen ist auch nicht so groß, daß man damit ständig Tausende von Menschen ernähren könnte. Überdies findet man es nur vom Mai bis zum Juli. Das Manna als Naturprodukt war also bekannt, aber sein regelmäßiges Auftreten in den erforderlichen großen Mengen ist rein natürlich nicht zu erklären.

Ein Werk der göttlichen Vorsehung: Mose hat gute Ortskenntnisse

So diente auch das Manna dazu, das auserwählte Volk während der langen Wüstenwanderung am Leben zu erhalten. Selbstverständlich lebten die Israeliten auch von anderen Lebensmitteln, die sie von den dort wohnenden Stämmen eintauschen konnten. Überdies hatten sie ja auch noch ihre eigenen Herden, die ihnen Milch und Fleisch lieferten. Das *Hauptproblem war immer die Wasserbeschaffung,* aber gerade da zeigte sich Gottes auf lange Sicht planende, weise Vorsehung: Mose hatte für seine Herden gerade die Wasserstellen und die Weideplätze aufsuchen müssen — nun kam ihm diese hervorragende Ortskenntnis zugute.

Refidím = Feirán

Eine der besten Raststationen war das wasserreiche Refidím, die heutige Oase Feirán, am Fuß des 2057 m hohen Berges Sérbal. Dort sperrten freilich die Amalekiter den eindringenden Israeliten den Weg, weil sie ihnen den Zugang zu den oberen, bisher von ihnen selbst benützten Weideplätzen verwehren wollten. Der Kampf wurde durch die Macht des betenden Mose günstig entschieden.

Unter vielen Schwierigkeiten und Entbehrungen erreichten sie schließlich nach dreimonatiger Wanderschaft die weite *Hochebene* am Fuß des Sinai-Gebirges, 1600 m über dem Meeresspiegel.

Hochebene am Sinaigebirge

Der *Dschébel Músa* (Moseberg) ist vom heutigen Katharinenkloster nach einem weiteren Aufstieg von etwa 700 m in zwei bis drei Stunden zu erreichen; sein Gipfel erhebt sich auf 2285 m Höhe (vgl. Umschlagbild). Hier, inmitten der orientalischen Bergwelt, war der Ort für *eine der wichtigsten Offenbarungen Gottes,* die zugleich für immer mit der Person des Mose verbunden bleibt:

1. die *Bundesschließung* mit dem auserwählten Volk und
2. die Verkündigung der *Zehn Gebote.*

Berg der 10 Gebote

Das Volk hatte dort die Möglichkeit, sich längere Zeit aufzuhalten, weil es mehrere Quellen und gute Weideplätze in einer etwa fünf Kilometer breiten Ebene im Halbrund um den Berg gibt.

Von der heutigen Hauptstadt Ägyptens, von Kairo (in der Mitte zwischen den antiken Städten Heliópolis und Mémfis), sind es bis zu dieser Ebene 390 km; vom Nildelta aus waren die Israeliten etwas über 300 km gewandert.

VORBILD

MANNA:	HEILIGE KOMMUNION:
1. Das war eine Speise für den Leib während der Wüstenwanderung;	1. Sie ist eine Speise der Seele während unserer Erdenwanderung;
2. wurde von Gott geschenkt;	2. wurde vom Sohne Gottes eingesetzt;
3. wurde nur den Israeliten gegeben.	3. wird nur den Getauften gegeben.

FÜRS LEBEN

Die Bibel vergleicht den Bund Gottes mit den Menschen wiederholt mit einem Ehebund. Ein solcher Bund muß *Krisen* aushalten — Gott läßt sie zu; werden sie aber so schwer, daß wir sie allein nicht mehr ertragen könnten, so hilft Er mit Seiner Gnade. Er schickt dir nichts, was über deine Kraft ginge! Halte Ihm die Treue, die du schon oft bei der Beichte versprochen hast, und fürchte nur eines — die Trennung von Ihm durch eine schwere Sünde!

FRAGEN

Wie zeigt sich während der Wüstenwanderung, daß das schwierige Hirtendasein des Mose dem weit in die Zukunft vorausschauenden Plan der göttlichen Vorsehung entsprach? — Was könnten wir daraus für die Krisenzeiten in unserem eigenen Leben lernen?

24. Lehrstück

BUNDESSCHLUSS UND VERKÜNDIGUNG DER ZEHN GEBOTE

Ex 19, 1—24, 18

„Drei Monate nach dem Auszug aus Ägypten kamen die Israeliten in die Wüste Sinai. Sie schlugen gegenüber dem Berge ihre Zelte auf. Mose aber stieg zu Gott hinauf, und der Herr rief ihm vom Berge aus zu:

Die Israeliten, Gottes auserwähltes Volk

‚Verkündige den Israeliten: Ihr habt gesehen, was Ich an Ägypten tat. Ich trug euch auf Adlerflügeln und brachte euch hierher zu Mir. Wenn ihr auf Mich hört und Meinen Bund haltet, sollt ihr unter den Völkern Mein besonderes Eigentum sein — denn Mein ist die ganze Erde —, und ihr sollt Mir ein Königreich von Priestern und ein heiliges Volk sein!‘

Mose teilte dem Volke Israel die Worte des Herrn mit, und das ganze Volk antwortete: ‚Alles, was der Herr gesagt hat, wollen wir tun!‘ Mose

Alle müssen sich vorbereiten auf Gottes Botschaft

überbrachte dem Herrn die Worte des Volkes. Der Herr aber sprach zu Mose: ‚Geh zum Volk und ordne an, daß es sich heute und morgen heilige. Sie sollen ihre Kleider waschen und für den dritten Tag bereit sein. Denn am dritten Tag wird der Herr vor den Augen des ganzen Volkes herabfahren auf den Berg Sinai. Ziehe Schranken um den Berg, daß niemand ihn berühre. Erst wenn die Posaune erschallt, dürfen sie den Berg hinansteigen.‘ Mose tat, was ihm der Herr befohlen hatte.

Eindrucksvolle Naturerscheinungen

Am Morgen des dritten Tages fing es an zu donnern und zu blitzen. Schweres Gewölk lag über dem Berge. Posaunenschall ertönte immer stärker. Das ganze Volk im Lager bebte. Da führte Mose es aus dem Lager heraus, Gott entgegen, und es stellte sich am Fuße des Berges auf. Der Berg war ganz in Rauch gehüllt, da der Herr im Feuer auf ihn herniederfuhr. Der ganze Berg bebte gewaltig. Der Posaunenschall schwoll an. Nun sprach Gott zum ganzen Volke alle diese Worte:

‚ICH bin der Herr, dein Gott, der dich herausführte aus dem Lande Ägypten, dem Hause der Knechtschaft.

10 Gebote

1. Du sollst keine anderen Götter neben Mir haben!
   Du sollst dir kein Gottesbild machen noch irgendein Abbild von dem, was im Himmel oder auf der Erde oder im Wasser ist. Ihr sollt euch nicht vor ihm niederwerfen!

2. Du sollst den Namen Gottes nicht verunehren! Denn der Herr läßt nicht ungestraft, wer Seinen Namen mißbraucht.

3. Gedenke, daß du den Sabbat heiligest! Sechs Tage sollst du arbeiten; doch der siebente ist ein Ruhetag zu Ehren des Herrn, deines Gottes. An ihm sollst du keine Arbeit verrichten, weder du noch dein Sohn, noch deine Tochter, noch dein Knecht, noch deine Magd, noch der Fremde, der innerhalb deiner Tore wohnt!

4. Du sollst Vater und Mutter ehren, damit du lange lebest auf dem Boden, den der Herr, dein Gott, dir gibt!

5. Du sollst nicht morden!

6. Du sollst nicht ehebrechen!

7. Du sollst nicht stehlen!

8. Du sollst kein falsches Zeugnis geben wider deinen Nächsten!

9. Du sollst nicht begehren deines Nächsten Weib!

10. Du sollst nicht begehren deines Nächsten Hab und Gut!‘

Das Volk zitterte und blieb in der Ferne stehen. Sie sprachen zu Mose: ‚Rede du mit uns, wir wollen darauf hören! Der Herr aber rede nicht mehr mit uns, sonst könnten wir sterben!‘ Mose antwortete dem Volke: ‚Fürchtet euch nicht! Gott ist ja nur gekommen, euch zu prüfen und Furcht vor Ihm einzuflößen, damit ihr nicht sündigt!‘

Während das Volk nun Abstand hielt, ging Mose hinein in das Dunkel, in welchem Gott war. Der Herr verkündete ihm noch weitere Gesetze. Mose schrieb alle Worte des Herrn in ein Buch, das zum Bundesbuch wurde.

Bundes-schließung

Am anderen Morgen errichtete er am Fuße des Berges einen Altar und um ihn herum zwölf Gedenksteine nach der Zahl der zwölf Stämme. Er ließ Opfertiere schlachten und sprengte die Hälfte des Opferblutes an den Altar. Dem Volk las er aus dem Bundesbuch vor, und es sprach: ‚Wir wollen alles tun, was der Herr verkündete.‘ Darauf besprengte Mose mit dem übrigen Blute das versammelte Volk und sagte: ‚Dies ist das Blut des Bundes, den der Herr auf alle diese Gebote hin mit euch schließt!‘

Der Herr sprach zu Mose: ‚Steig herauf zu Mir auf den Berg. Ich will dir die steinernen Tafeln geben, auf die Ich die Gebote geschrieben habe.‘

Mose stieg hinauf, die Wolke verhüllte den Berg, und die Herrlichkeit des Herrn ließ sich auf dem Sinai nieder. Mose begab sich mitten in die Wolke hinein; er blieb vierzig Tage und vierzig Nächte auf dem Berg.“

Ohne 10 Gebote: Kampf aller gegen alle

Neben dem Schöpfungsbericht und den Vorhersagen der Propheten über den kommenden Messias ist dieser Bericht über die Einsetzung der Zehn Gebote der wichtigste Abschnitt des Alten Testaments. Dieser Dekalog (= Zehn Gebote) ist nicht eine Bürde für die Menschheit, sondern die größte Wohltat, weil *ohne Einhaltung der Zehn Gebote ein vernünftiges Zusammenleben der Völker und der Menschen untereinander nicht möglich* ist.

10 Gebote auch im Gewissen erkennbar

Einzelne dieser Zehn Gebote gab es schon vor Mose: So kommen z. B. das 5., 6., 7. und 8. Gebot in mesopotamischen und in ägyptischen Texten vor. Die Zehn Gebote entsprechen ja dem natürlichen Sittengesetz, das Gott schon den ersten Menschen offenbarte, und das *alle Menschen in ihrem Gewissen erkennen.* Aber trotzdem gibt es außerhalb der Bibel nirgendwo eine Zusammenstellung *aller* Pflichten des Menschen gegenüber Gott und den Mitmenschen; vor allem aber gibt es sonst nirgendwo einen *göttlichen Auftrag,* ein zehnmaliges „Du *sollst!*".

Kriege Folge schwerer Übertretungen des Dekalogs

Jede schwere und einige Zeit andauernde Übertretung irgendeines dieser Zehn Gebote wirkt sich als schreckliche Störung des friedlichen und geordneten Zusammenlebens der Menschen und der Völker aus. Der Krieg ist eine Serie von Handlungen gegen die Zehn Gebote; der zweite Weltkrieg kostete auf beiden Seiten insgesamt 35,000.000 Soldaten an der Front und 25,000.000 Zivilisten in der Heimat das Leben.

Bund Gottes für das gesamte Volk Israel

Weil diese Zehn Gebote die *einzige vernünftige Grundlage für das Zusammenleben* der Menschen und der Völker sind, hat *Christus* sie *ausdrücklich bestätigt* und als weiterhin verbindlich anerkannt.

Der von Gott mit Noach und mit Abraham geschlossene Bund wurde am Sinai mit Mose *für das ganze israelitische Volk erneuert.*

VORBILD

DER ALTE BUND	DER NEUE BUND
wurde von Gott mit dem Volke Israel am Sinai geschlossen;	wurde von Gott mit *allen* Völkern auf Gólgota geschlossen;
Mose besiegelte die Bundesschließung durch das Blut geopferter Tiere.	Jesus Christus besiegelte die Bundesschließung mit seinem eigenen Blut.
Gott spricht zu Mose (Ex 19, 6): **„Ihr sollt ein Königreich von Priestern, ein heiliges Volk sein!"**	Gott spricht durch Petrus (1 Petr 2, 9): **„Ihr seid ein königliches Priestertum, ein heiliges Volk."**

Gottes Vorsehung im Leben des Mose

Mose ist die bedeutendste Persönlichkeit des Alten Bundes; sein Wirken leitet den letzten Abschnitt der alttestamentlichen Geschichte ein, der zum Messias hinführt. Im Leben des *Mose* zeigt sich besonders deutlich *Gottes* weise *Vorsehung.*

für sein Volk, wenn er nun angesichts der Übernahme ägyptischer Religionsformen untätig bliebe. Wenn der Eingottglaube vom Sinai aus schließlich wieder den Großteil der Menschheit eroberte, so ist dies neben der Gnade Gottes dem Mose zu verdanken, der dadurch erst zum *Religionsstifter* wurde.

Mosestatue in San Piétro in víncoli in Rom

Gott verzieh dem Volk den Abfall, und Mose erhielt noch einmal die steinernen Gesetzestafeln. Als er mit ihnen vom Berg hinabstieg, *strahlte sein Antlitz* vom Gespräch mit dem Herrn. Der berühmte italienische Bildhauer *Michelangelo* hat Mose in Marmor dargestellt, wobei er allerdings eine unrichtige Übersetzung aus dem Hebräischen benützte, in der es hieß: „Als Mose vom Berge hinabstieg, war sein *Antlitz gehörnt*" (statt „war sein Antlitz glänzend" oder „erstrahlte sein Antlitz"). Deswegen hat Michelangelo auf dem Kopf des Mose zwei Hörner angebracht.

Kommentar zu den 10 Geboten

Im Mosaischen Gesetz finden sich auch *einzelne Anweisungen für bestimmte Lagen* bzw. Verhältnisse im menschlichen Leben, eine Art Auslegung der Zehn Gebote für den Alltag.

Da heißt es z. B. *über die Gefahr von Mischehen:*

Dtn 3, 3 f

„Du darfst dich nicht mit den heidnischen Völkerschaften Kanaans verschwägern, deine Tochter darfst du dem Sohn eines von ihnen nicht zum Weibe geben, und die Tochter eines von ihnen darfst du nicht deinem Sohn zum Weibe nehmen. Denn sie könnten deinen Sohn und deine Tochter dem Herrn abspenstig machen, so daß sie dann andere Götter verehren!"

Über die *Gastfreundschaft* heißt es:

Lev 19, 33 f

„Wie ein Einheimischer mitten unter euch gelte euch der Fremdling, der sich bei euch aufhält; du sollst ihn lieben wie dich selbst!"

Besondere Sorge gilt den *Alten:*

Lev 19, 32

„Vor einem grauen Haupte sollst du aufstehn, und die Person des Greises sollst du ehren!"

Die *Kinder* werden *gewarnt:*

Ex 21, 15

„Wer seinen Vater oder seine Mutter schlägt, der soll des Todes sterben!"

Lev 24, 19 f

„Aug um Aug, Zahn um Zahn!" heißt es bei Mose ebenso wie im Kodex Hammurábi:

„Bringt jemand dem Nächsten eine Körperverletzung bei, so soll ihm angetan werden, wie er getan hat: Bruch um Bruch, Aug um Aug, Zahn um Zahn; derselbe Körperschaden, den er einem anderen beigebracht hat, der soll auch ihm beigebracht werden!" — Diese Vorschrift gab das Recht zur Wiederherstellung der verletzten Gerechtigkeit aber nicht dem Ge-

a) *Sein Leben bei der Mutter:*

Gottes Vorsehung konnte die unmittelbare Lebensgefahr für Mose abwenden und umgestalten zur höchstmöglichen Steigerung seiner späteren Lebenslaufbahn. Nach Gottes Plan sollte er aber nicht als Prinz zum Pharaonenhof kommen — sonst hätte er die für seine religiöse Erziehung so wichtige Kindheit nicht bei seiner Mutter erleben können; er wurde als Israelit erzogen, er lernte den Glauben seiner Väter kennen, er blieb also seinem Volke innerlich verbunden, auch, als er später an den Pharaonenhof kam.

Die Feinde Israels vermitteln ihm die Bildung

b) *Sein Leben am Hofe:*

Gerade seine späteren Feinde mußten ihn nach dem Plane Gottes in der höchsten damals erreichbaren Bildung unterweisen; er lernte dabei auch ägyptische Art kennen und konnte vor ihnen richtig auftreten.

c) *Sein Leben in der Wüste:*

Genaue Ortskenntnisse

40 Jahre hindurch mußte er als Schafhirte von Wasserstelle zu Wasserstelle ziehen; so erwarb er sich jene genauen Ortskenntnisse, die ihm später als Führer der Israeliten auf der Sinaihalbinsel sosehr zugute kamen.

d) *Sein Leben als Befreier seines Volkes:*

10 Plagen

Schilfmeer, Wachtelzug, Manna

Bundesschluß

Geradezu handgreiflich führte ihn Gottes Vorsehung als Führer seines unterdrückten Volkes durch alle Krisen und Schwierigkeiten hindurch: Naturkatastrophen stimmten den Pharao um; das seltene Zusammentreffen von Ebbe und starkem Ostwind gerade in der Nacht vor dem drohenden Angriff der schwerbewaffneten Ägypter ermöglichte den entscheidenden Durchzug durch das Schilfmeer; Gottes wunderbare Fügungen während der Wüstenwanderung retteten wiederholt das Volk vor der Verzweiflung, vor dem Verhungern bzw. Verdursten; am Berg der Gesetzgebung ließ Gott das ganze Volk durch seinen Bundesschluß und durch die Verkündigung der Zehn Gebote erkennen, daß Er die von Mose geführten Israeliten weiterhin beschützen will.

DIE VIER ABSCHNITTE DES AT:

Die vier Adventsonntage entsprechen den vier Abschnitten des AT

Mit Mose wird der 4. und letzte Abschnitt des Alten Testaments eingeleitet; die vier Adventssonntage entsprechen den vier großen Perioden der Heilsgeschichte Gottes mit der Menschheit, die uns in den 45 Büchern des AT geschildert werden:

1. Abschnitt: Von Adam bis Noach (die gesamte Menschheit)
2. Abschnitt: Von Noach bis Abraham (die Semiten)
3. Abschnitt: Von Abraham bis Mose (die Volkwerdung Israels)
4. Abschnitt: Von Mose bis Christus (die Propheten verkünden immer weitere Einzelheiten vom kommenden Messias, dem Erlöser von der Sünde)

FÜRS LEBEN

Christus hat die Geltung der Zehn Gebote auch im Neuen Bund ausdrücklich bestätigt:

Mt 5, 17 **„Denkt nicht, Ich sei gekommen, um das Gesetz und die Propheten aufzuheben. Ich bin nicht gekommen um aufzuheben, sondern um zu erfüllen!"**

Das „Erfüllen" geht aber nicht so leicht; das muß sich jeder bei der abendlichen Gewissenserforschung eingestehen, und das wußte auch Christus; darum sagte er ein andermal: **„Denn getrennt von Mir könnt ihr nichts tun!"** (**Joh 15, 5**)

D. h., wir brauchen Seine Gnade, um die Zehn Gebote halten zu können; Er bietet sie uns an:

Mt 11, 28 **„Kommt alle zu Mir, die ihr euch plagt und unter Lasten stöhnt! Ich werde euch Ruhe verschaffen!"**

Wir müssen nur *wollen*. Deshalb empfiehlt dir die Kirche:

1. Werde nicht mutlos, wenn es wieder einmal schiefgegangen ist; verliere nicht die Geduld mit dir selber!
2. Kontrolliere dich ehrlich in der abendlichen Gewissenserforschung!
3. Komm oft zu den Sakramenten, d. h., entschließe dich, von nun an monatlich wenigstens einmal zur Beichte und möglichst jeden Sonntag zur Kommunion zu gehen, zumindest aber am Herz-Jesu-Sonntag!

FRAGEN

Gab es einzelne dieser Zehn Gebote auch schon vor Mose, und wie ist das zu erklären? — Wie lauten diese Zehn Gebote in der heute üblichen Fassung? — Wie zeigt sich im Leben des Mose Gottes weise Vorsehung? — Wann etwa lebte Mose?

25. Lehrstück

LITURGISCHE VORSCHRIFTEN DES MOSAISCHEN GESETZES

Außer den Zehn Geboten empfing Mose auf dem Sinai viele liturgische Vorschriften, also Weisungen für die Gestaltung des Gotteshauses und für seine Einrichtung, für die Einsetzung eines Priestertums, für dessen Aufgaben sowie Anordnungen bezüglich der religiösen Feste und Gebräuche.

1. *Das Gotteshaus = das „Heilige Zelt":*

Transportables Zelt

Die Israeliten wohnten während der Wüstenwanderung in Zelten; darum wurde auch das Gotteshaus so errichtet, daß man es ohne Schwierigkeiten mitnehmen und an einem neuen Lagerplatz wieder aufstellen konnte. Das aus Akazienholz, Ziegenhaar und Leder errichtete Zelt hatte *drei Teile,* genau so wie die meisten unserer Kirchen: Vorhalle, Versammlungsraum der Gläubigen, Altarraum mit dem Allerheiligsten im Tabernakel.

Seine 3 Teile

So hatte auch das „Heilige Zelt" drei Teile:

a) einen *Vorhof,*

b) das *„Heilige Zelt"* selbst,

c) innerhalb von diesem das „Allerheiligste".

a) *Einen Vorhof:*

Wasserbecken

Man stellte in diesem ein großes Wasserbecken auf, damit sich die Priester vor der Darbringung des Opfers Hände und Füße waschen könnten; diese Waschung sollte ein Sinnbild für die nötige Herzensreinheit sein, wenn man sich dem Heiligen naht. So ähnlich erinnern wir uns an die Sündenreinheit durch die heilige Taufe, wenn wir Weihwasser nehmen.

Brandopferaltar

In der Mitte des Vorhofs befand sich weiters noch ein Brandopfer-Altar, auf dem die geopferten Tiere und Speisen ganz oder teilweise verbrannt wurden. Diese Hingabe wertvoller Nahrungsmittel an Gott, dieses Opfer, sollte ein Zeichen der Sühnebereitschaft und zugleich die Anerkennung Gottes als Spender aller guten Gaben sein.

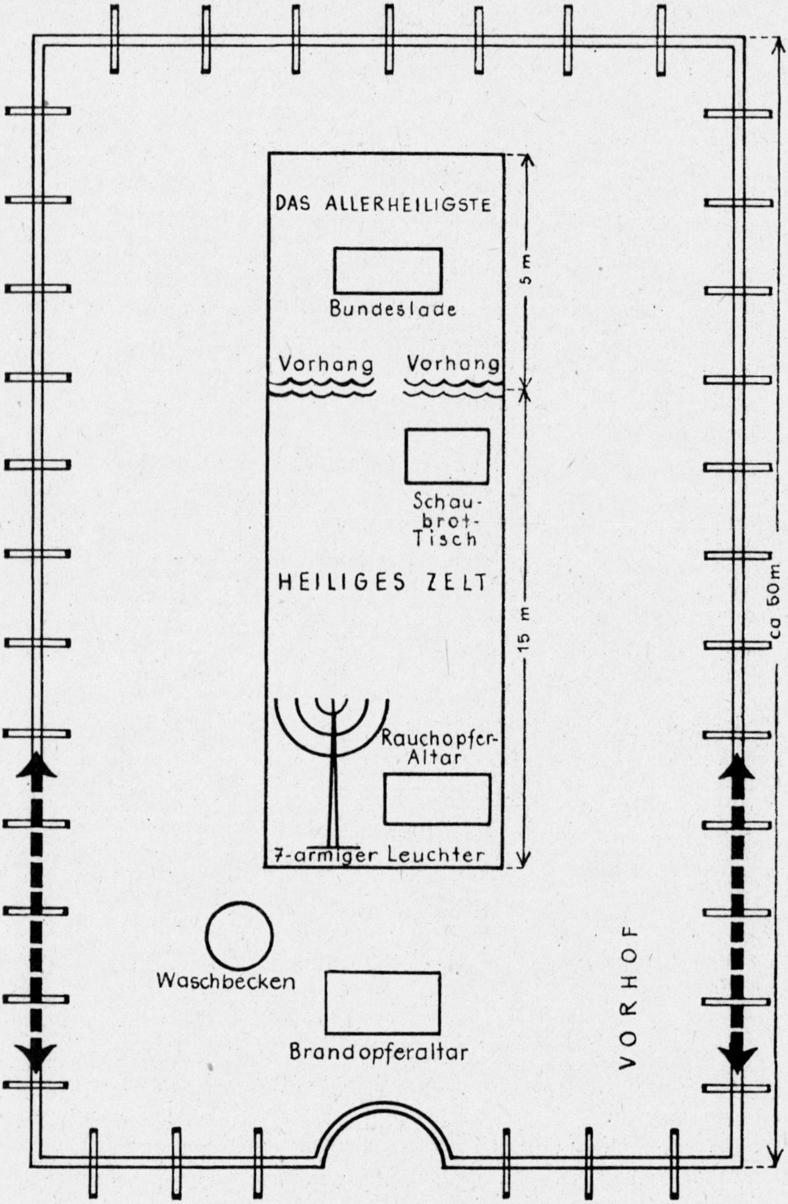

Skizze 8 Das Heilige Zelt

b) *Das „Heilige Zelt" selbst:*

Wenn sich der diensttuende Priester im Wasserbecken des Vorhofes Hände und Füße gewaschen hatte, begab er sich in das durch einen Vorhang aus Ziegenhaar abgeschlossene „Heilige Zelt" und legte Weihrauchkörner auf den Rauchopferaltar. Das Emporsteigen des Weihrauchs ist ein Sinnbild für unser Beten, das sich zu Gott erhebt (vgl. Offb 5, 8). Am Abend füllte er die Lampen des siebenarmigen Leuchters mit frischem Öl, und an jedem Sabbat brachte der Priester zwölf Brote als Opfergabe der zwölf Stämme Israels und legte sie auf einen im „Heiligen Zelt" befindlichen Tisch (Schaubrot-Tisch).

Rauchopferaltar

7armiger Leuchter

c) *Das „Allerheiligste":*

Den innersten Raum des „Heiligen Zeltes" durfte nur der Hohepriester betreten, und zwar nur einmal im Jahr am „Großen Versöhnungstag". An diesem Buß- und Fasttag besprengte er die im Allerheiligsten aufbewahrte Bundeslade, in der sich die zwei steinernen Gesetzestafeln befanden, mit dem Blut der geopferten Tiere. Die aus Akazienholz gefertigte Bundeslade war ein mit Goldblech überzogener Holzkasten, auf dem zwei goldene Engel (Cherubim) angebracht waren. Die Engelsfiguren neben dem Tabernakel unserer Kirchen sind Nachbildungen dieser Cherubim über der Bundeslade.

Dieses „Heilige Zelt", besonders das Allerheiligste mit der Bundeslade, versinnbildete das Wohnen Gottes bei Seinem auserwählten Volke. Gegenüber unseren Kirchen hatte das „Heilige Zelt" während der Wüstenwanderung und später der Tempel zu Jerusalem allerdings den Nachteil, daß nur der Priester hinein durfte: Es war nicht Versammlungsraum der *gesamten* betenden Gemeinde.

Unterschied zur Kirche

2. *Gottesdienst und Priesterschaft im Alten Bund:*

Wie wir noch hören werden, haben die Männer des Stammes Levi bei der Anbetung des Goldenen Kalbes nicht mitgemacht; deshalb wurden die Priester und ihre Helfer hinfort nur aus diesem einen Stamm Levi genommen. Sie hießen darum Leviten. *Mose und Aaron gehörten zum Stamm Levi. Der Priesterberuf* war den *Nachkommen des Aaron vorbehalten.* Die anderen Stammesangehörigen, die Leviten, sollten bis zum 50. Lebens-

Leviten

jahr im Heiligen Zelt zur Unterstützung der Priester tätig sein, sie mußten beim Weiterziehen des Volkes das Heilige Zelt transportieren, und sie mußten sich später auch um Gesang und Musik beim Gottesdienst kümmern.

Priester Nur die Söhne und die weiteren männlichen Nachkommen Aarons (Enkel, Enkelkinder) waren zum Priestertum zugelassen. Sie mußten die Tiere für das Brandopfer schlachten, der jeweils diensthabende Priester mußte die Weihrauchkörner auflegen und am Sabbat die zwölf Brote ins Heilige Zelt bringen. Sie trugen eine eigene Tracht: ein langes, weißes Kleid, das durch einen vierfarbigen Gürtel zusammengehalten wurde; überdies waren sie durch eine weiße Binde am Kopf als Priester erkennbar. Moses salbte sie mit Öl auf der Stirne: So bekamen sie die Vollmacht, im Namen des Volkes die verschiedenen Opfer darzubringen. Nur diese Priester durften die alten Schaubrote essen, wenn sie nach einer Woche ausgewechselt wurden.

Hoherpriester An der Spitze der Priesterschaft stand der *Hohepriester*, der ein besonders prächtiges Gewand trug. So gehörte zu seinem Amtskleid beispielsweise eine *Brusttasche mit zwölf Edelsteinen*, in welche die Namen der zwölf Stämme eingeschnitten waren. Diese Namen sollte der Hohepriester gleichsam auf dem Herzen tragen und vor Gott hinbringen. Auf seinem Kopfbund standen die Worte: „Heilig dem Herrn". Als ersten Hohenpriester **Aaron** bestimmte Mose seinen Bruder Aaron, der ihn schon seinerzeit zum Pharao begleitet hatte. Mose goß heiliges Salböl auf das Haupt seines Bruders, brachte dann selbst sieben Tage lang Opfer dar, bis schließlich Aaron zum erstenmal zum Altar hintreten durfte, um Gott zu opfern. *Opfergabe* waren fehlerlose *Tiere*, besonders Rinder, Schafe, Ziegen und Tauben. Beim Sühneopfer wurde nur das Fett der Tiere verbrannt, das Fleisch wurde den Priestern als Speise gegeben. Beim Friedensopfer nahm die ganze Familie, welche das Opfertier gebracht hatte, am *Opfermahl* teil.

Segen Num 6, 24 f Der Segen, den der Priester über das Volk sprechen durfte, lautete: **„Der Herr segne dich und behüte dich! Der Herr lasse Sein Antlitz auf dich leuchten und sei dir gnädig! Der Herr erhebe Sein Antlitz hin zu dir und schaffe dir Heil!"**

Da dem Stamme Levi die Besorgung des Gottesdienstes oblag, konnte er seinen Lebensunterhalt nicht in derselben Weise gewinnen wie die übrigen Stämme. Auch bei der späteren Landnahme in Kanaan bekam er keinen Anteil an Grund und Boden, sondern der *Stamm Levi* wurde *in 48 Orte* **Zehent** *verteilt*. Die anderen elf Stämme mußten ihn durch Ablieferung des zehnten Teils vom Ertrag ihres Bodens *(= Zehent)* erhalten.

3. Heilige Zeiten (= Festtage) im Alten Bund:

a) Das *Osterfest (Páscha)* war die Erinnerung an die Nacht vor dem *Auszug aus Ägypten.* Dieses *Páscha-Fest* wurde eine ganze Woche lang gefeiert. **Ostern**

b) *Pfingsten* wurde 50 Tage nach dem Páscha-Fest begangen und *sollte an die Gesetzgebung auf dem Sinai erinnern.* Pfingsten war zugleich das Erntedankfest. **Pfingsten**

c) Das *Laubhütten-Fest* war das Gedenken an den *Wanderweg* der Israeliten *von Ägypten nach Kanaan;* darum wohnten die Israeliten eine ganze Woche lang im Freien, in Laubhütten. Fünf Tage vor dem Laubhütten-Fest sollte das ganze Volk Gewissenserforschung halten, seine Sünden bereuen und Gott durch besondere Opfer zu versöhnen suchen (Versöhnungstag). **Laubhüttenfest**

An diesem *Versöhnungstag* führte der Hohepriester zwei Ziegenböcke in den Vorhof des „Heiligen Zeltes“: Einen ließ er schlachten und trug das Opferblut in das Allerheiligste, um die Bundeslade zu besprengen. Dann ging er wieder in den Vorhof zurück und legte seine Hände auf den Kopf des anderen Ziegenbocks, wobei der Hohepriester die Sünden des ganzen Volkes bekannte. Dieser *„Sündenbock“* wurde daraufhin in die Wüste hinausgejagt, um damit anzudeuten, er möge die Sünden des ganzen Volkes hinwegtragen. **Sündenbock**

d) An jedem 7. Tag war *Sabbat,* ein Tag der Arbeitsruhe, des Gottesdienstes und des Gebetes. Wer an diesem Tag arbeitete, wurde mit dem *Tode* bestraft! **Sabbat = 7. Tag**

e) Jedes 7. Jahr war ein *Sabbatjahr.* Die Felder durften nicht bestellt werden; was von selbst wuchs, gehörte den Armen. Israelitische Schuldner durften in einem Sabbatjahr nicht gemahnt werden. Am Laubhütten-Fest wurde dem Volk das Gesetz vorgelesen. **Sabbatjahr = 7. Jahr**

f) Das Jahr nach dem siebenmal siebenten Jahr, also jedes 50. Jahr, wurde als *Jubeljahr* gefeiert. Die Posaunen, welche den Beginn dieses Jahres verkündeten, hießen „jowél“; über das lateinische „jubiláre“ kommt aus dem Hebräischen das deutsche Wort *„jubeln“.* Denn die Verarmten konnten in diesem Jahr jubeln: Jeder Grundbesitz, der in den 49 Jahren zuvor seinen Eigentümer gewechselt hatte, kehrte *ohne Entgelt an die ursprüngliche Besitzersfamilie* zurück. Schulden wurden nachgelassen, israelitische Sklaven erlangten die **Jubeljahr = 50. Jahr**

Jahr des sozialen Ausgleiches für die Verarmten

Freiheit. Dieser *soziale Ausgleich* erfüllte also besonders jene, die in wirtschaftliche Not oder in Sklaverei geraten waren, mit Jubel, wenn das 50. Jahr anbrach. Durch diese weise Maßnahme blieben die Sippen auch nach Unglücksfällen und wirtschaftlichen Katastrophen dem jeweiligen Ort erhalten — sie mußten nur überleben bis zum nächsten Jubeljahr.

4. Speise- und Reinigungsgesetze:

Kein Schweinefleisch

a) Die Israeliten durften aus kultischen und aus gesundheitlichen Gründen *kein Schweinefleisch essen.* Im *heidnischen Baalskult* von Kanaan *opferte* man *Ferkel,* die bei kultischen Mahlzeiten verzehrt wurden. Die Israeliten sollten an diesen Götzenopfer-Mahlzeiten nicht teilnehmen, darum das „tabú" auf das Schweinefleisch. Aus ähnlichen Gründen hatten die christlichen Missionare das germanische Opfertier, das Pferd, für Christen als „tabú" erklärt.

Überdies sollte bei den Israeliten die Ausbreitung der *Bandwurm-Krankheit* hintangehalten werden.

Fasten am Versöhnungstag

b) *Am Versöhnungstag* war *gänzliches Fasten* vorgeschrieben, also vollkommene Enthaltung von Speise und Trank.

Levitische Unreinheit: Sinnbild unserer Sündhaftigkeit

c) Bestimmte Ereignisse bzw. Zustände im Leben, wie Aussatz, Berührung eines Leichnams, Geburt eines Kindes, machten den Betreffenden *levitisch unrein;* dies war natürlich keine innere, seelische Unreinheit, also *keine Sünde;* es war vielmehr eine gesundheitliche Maßnahme und ein Hinweis darauf, daß wir sündhafte Menschen sind und daß wir eine Erlösung von der Sünde notwendig haben.

Der levitisch Unreine war lediglich unfähig, am Gottesdienst teilzunehmen; um wieder rein zu werden, mußte man sich einem Reinigungsvorgang unterziehen, der zumindest im Waschen des Leibes und der Kleider bestand, oft auch in einem Opfer. Unrein wurde man auch durch den Genuß von Speisen, die das Gesetz für unrein erklärte.

Diese *Kult-* und *Zeremonialgesetze* galten bis zur Zeit Christi; sie wurden für die Christen erst *beim Apostelkonzil* im Jahre 50 n. Chr. *als nicht mehr verbindlich erklärt.*

FÜRS LEBEN

Im Alten Bund durften nur die Nachkommen Aarons Priester werden, das Priestertum wurde also in einer Sippe vererbt. Nur Angehörige des Stammes Levi waren als Helfer der Priester (Leviten) zugelassen.

Im Neuen Bund wählt Gott selbst seine Priester, und zwar nicht nur aus einer einzigen Sippe, nicht nur aus einem Stamm und nicht nur aus einer bestimmten Volksschichte. Heutzutage kommen die Priester aus allen Völkern, Ständen und Schichten, aus armen und aus reichen Familien.

FÜRS LEBEN

Die *eigentliche Berufung* erfolgt *durch Gott,* der sich z. B. *durch die Stimme des Gewissens* offenbart; Gott selbst also gibt manchem jungen Menschen den Gedanken ein, auf Ehe und Familie zu verzichten, um seine Liebe einem viel größeren Kreis von Menschen schenken zu können: einer Pfarrgemeinde, vielen Schulklassen, denen, die nach einem Sinn des Lebens suchen, den Gestrandeten, den in Not befindlichen, den kranken und den alten Leuten. Nicht die Herkunft aus einem berühmten Geschlecht, nicht Reichtum und Macht der Eltern, nicht hervorragende Eigenschaften des Geistes oder besondere Talente, wie z. B. eine gute Rednergabe, befähigen einen jungen Menschen, den Schritt zum Altar zu wagen, sondern Gottes im Gewissen erkennbarer Ruf und die aus eigenem Entschluß gegebene, ehrliche Antwort: Ich will mich bemühen, ein guter Seelsorger zu werden, trotz aller meiner Fehler und menschlichen Schwächen. Freilich muß der von Gott Gerufene sich anstrengen, um der Berufung würdig zu werden: durch eifriges Studium und durch Charakterbildung, durch Selbsterziehung und durch Beachtung der Ratschläge anderer, durch häufigeren Sakramentenempfang, Einkehrtage und in reiferem Alter durch Teilnahme an Exerzitien, durch eine besondere Verehrung Mariens, der Mutter des Ewigen Hohenpriesters.

Gerade in unserer Zeit beruft Gott viele Priester, die bis zu den höchsten Würden aufsteigen, aus recht einfachen Verhältnissen, so z. B. die meisten Wiener Bischöfe, die Päpste Pius X. und Johannes XXIII. Bete an jedem ersten Samstag im Monat (= „Priestersamstag“) und nach der heiligen Kommunion um gute Priester!

FRAGEN

Warum wurde das Gotteshaus zur Zeit von Mose als Zelt errichtet? — Aus welchen drei Teilen bestand das „Heilige Zelt“? — Aus welcher Familie wurden die Priester genommen, aus welchem Stamm die Helfer der Priester? — Welche heiligen Zeiten und Feste gab es bei den Israeliten? — Welche dieser heiligen Zeiten haben wir Christen übernommen? — Warum durften die Israeliten kein Schweinefleisch essen? — Worin unterschied sich die Berufung zum alttestamentlichen Priestertum vom jetzigen Weg eines jungen Menschen zur Priesterweihe?

VOM SINAI ZUM NEBO

Ex 32, 1—34, 35

„Weil Mose so lange auf dem Berge verweilte, sprach das Volk zu Aaron: ‚Mache uns Götter, die vor uns herziehen; denn wir wissen nicht, was diesem Mose begegnet ist.‘

Das Goldene Kalb

Aaron antwortete: ‚Nehmt die goldenen Ringe aus den Ohren eurer Frauen und Töchter und bringt sie mir!‘ Sie taten es so. Aaron goß aus den Ohrringen das Bild eines Kalbes (vgl. Bild Nr. 17).

Da rief die Menge: ‚Das sind deine Götter, Israel, die dich aus dem Lande Ägypten herausgeführt haben!‘ Aaron aber errichtete vor dem Gußbild einen Altar und ließ laut verkünden: ‚Morgen ist ein Fest zu Ehren des Herrn!‘ In aller Frühe brachten die Israeliten ein Opfer dar, sie aßen und tranken, spielten und tanzten.

Da sprach der Herr zu Mose: ‚Steig hinab! Gar bald ist das Volk vom Weg abgewichen, den Ich ihm geboten. Ich sehe, es ist ein halsstarriges Volk. Darum laß es Mich vernichten. Dich aber will Ich zu einem großen Volke machen.‘ Doch Mose flehte den Herrn an, daß Er ablasse von Seinem Zorne. Und Gott schonte des Volkes.

Mose stieg, die zwei Gesetzestafeln in Händen, vom Berg herab. Als er näher an das Lager herankam, sah er das Goldene Kalb und die Reigentänze. Da warf er die Tafeln weg und zerschmetterte sie am Fuß des Berges. Hierauf nahm er das Kalb, übergab es dem Feuer und zerstörte es. Aaron fuhr er hart an. Um der Ausgelassenheit des Volkes Einhalt zu tun, stellte er sich an das Tor des Lagers und rief: ‚Her zu mir, wer des Herrn ist!‘ Da scharten sich um ihn alle Männer des Stammes Levi.

Ihnen verkündete Mose: ‚So spricht der Herr, der Gott Israels: Zückt die Schwerter, geht durchs Lager von Tor zu Tor und tötet, wen ihr noch beim Götzendienst antrefft, selbst Bruder, Freund und Nachbar!‘ An jenem Tag fielen an die 3000 Mann.“

Schwere Sünde gegen das 1. Gebot

Als erstes und wichtigstes Gebot war den Israeliten verkündet worden: „Du sollst keine anderen Götter neben Mir haben. Du sollst dir kein Gottesbild machen noch irgendein Abbild von dem, was im Himmel oben

oder auf der Erde oder im Wasser ist. Ihr sollt euch nicht vor ihm hinwerfen!" **Ex 20, 3—5**

Rückfall in den Tierkult Ägyptens

Die Israeliten waren etwa von 1650 bis 1230 v. Chr. in Ägypten gewesen, also durch mehrere Generationen hindurch; dort erlebten sie die Verehrung der Háthor-Kuh, des Hórus-Falkens und des Mistkäfers; letzterer wurde als Symbol für den Sieg des Lebens über den Tod verehrt: Der Mistkäfer nährt sich von Aas, er verwandelt also gleichsam Totes wieder zurück in Lebendiges. Der in Sakkárah, etwa 25 km südwestlich vom heutigen Kairo, verehrte Apis-Stier erinnert an den Stierkult von Mémfis: Der Apisstier versinnbildlicht die von der Sonne ausgehende, die Erde befruchtende Kraft, weshalb er stets mit der Sonnenscheibe zwischen den Hörnern dargestellt wurde, wie unser Bild (Nr. 17) ihn zeigt.

Darum fiel es den Israeliten sehr schwer, nun auf einmal einen völlig bildlosen Kult anzunehmen. Ihr Fehler war also eine wenig überlegte Nachahmung äußerer Formen der ägyptischen Religion, ohne daß deswegen gleich alle, die mitmachten, vom Glauben an Jáhwe als einzigem Gott abgefallen wären.

Aaron war keine starke Persönlichkeit

Weil Mose längere Zeit auf dem Berg der Gesetzgebung verweilte, wandten sie sich an seinen Bruder Aaron; dieser war keine so starke Persönlichkeit wie Mose, sondern nachgiebig und überdiplomatisch: Er gab seine Zustimmung zum Tierkult unter der Bedingung, daß sie auch unter dem goldenen Stierbild Jáhwe verehren würden.

Gegensatz Mose: Aaron

Am Gegensatz von Mose und Aaron wird der Unterschied zwischen wahrem und falschem Führertum sichtbar: Aaron folgte ohne viel Widerstand der schreienden Menge und ging ein Kompromiß ein; bei der von ihm zugelassenen Verehrung Jáhwes unter einem Stierbild bestand aber die große Gefahr, daß bald auch andere ägyptische Göttersymbole verehrt worden wären, und das Ergebnis wäre wahrscheinlich eine *Erschütterung des Eingottglaubens* gewesen.

Am Anfang der Menschheitsgeschichte stand der *Glaube an ein einziges, höchstes Wesen.* Bald nach dem Verlassen des Paradieses aber kam es zu immer stärkerem *Abfall zur Vielgötterei,* vor allem *durch Vergötzung der Naturkräfte.* Leuchtende *Ausnahmen* waren *Noach* und *Abraham* gewesen, aber alle Völker im sogenannten „Goldenen Halbmond" (Mesopotamien bis Ägypten) waren zum Polytheismus (Vielgötterei) abgesunken. Nun kam es durch das Zwischenspiel mit dem „Goldenen Kalb" zu einer ähnlichen Krise gerade bei *dem* Volk, aus dessen Mitte Gott den Erlöser hervorgehen lassen wollte. Mose hatte in den Schulen der Ägypter klar denken gelernt, und so erkannte er sofort die weitreichenden, bösen Folgen

schädigten, sondern dem Richter, für den es eine Art „Faustregel" darstellt, die nicht ganz wörtlich genommen werden mußte.

Nach etwa einjährigem Aufenthalt in der Hochebene vor dem Dschébel Músa (= Berg der Gesetzgebung) zogen die Israeliten in Richtung Kádesch weiter, konnten dort aber nicht nach Kanaan hinein (siehe Kartenskizze Seite 99). Mose hatte *zwölf Kundschafter* ausgesandt, um Land und Leute erkunden zu lassen. Als sie nach 40 Tagen zurückkamen, brachten sie als Beweis für die *Fruchtbarkeit des verheißenen Landes* zwar Weintrauben, Feigen und anderes Obst mit — sie berichteten aber zugleich von großen, *ummauerten Städten* und starken, abwehrbereiten Einwohnern, denen gegenüber sie sich wie „Heuschrecken" vorgekommen seien.

Weiterzug nach Kanaan

„Da murrten alle Israeliten gegen Mose und Aaron, indem sie schrien: ‚Wären wir doch im Ägypterlande gestorben oder hier in der Wüste! Wozu will uns der Herr in das Land da bringen, wo wir doch nur durch das Schwert fallen und unsere Frauen und Kinder eine Beute der Feinde werden? Wir wollen uns einen Führer bestellen und nach Ägypten zurückkehren!' "

Num 13

Aufstand gegen Mose: sie wollten unter einem anderen Führer nach Ägypten zurück

Wegen dieses immer wieder offenbar werdenden Mangels an Gottvertrauen verkündete der Herr schließlich, daß *keiner von den Zweiflern,* die aus Ägypten ausgezogen waren, *ins verheißene Land kommen würde;* erst ihre Kinder durften Kanaan 40 Jahre nach dem Auszug, also eine Menschengeneration später, betreten.

Angesichts der täglich sich wiederholenden Meutereien *verlor auch Mose selbst einmal den Glauben* daran, daß der Auszug noch zu einem guten Ende, d. h. zur Landnahme und Ansiedlung in der früheren Heimat Kanaan führen könne. Die Bibel berichtet darüber:

„Ein andermal rotteten sich die Israeliten in der Wüste Sin bei Kádesch gegen Mose und Aaron zusammen. Sie haderten mit Mose und schrien: ‚Ach wären wir doch auch umgekommen, als unsere Brüder (die wegen des Abfalls zum Götzendienst getötet worden waren) **vor dem Herrn sterben mußten! Hier gibt es keine Saat, keinen Feigenbaum, keinen Weinstock, keinen Granátapfel, nicht einmal Trinkwasser!'**

Num 20, 1—30

Mose und Aaron gingen in das Heilige Zelt, und sie beteten zum Herrn. Dieser befahl Mose: ‚Nimm deinen Stab und rufe das Volk zusammen, du und dein Bruder Aaron! Gebiete dem Felsen, und er wird Wasser spenden für sie alle und für ihr Vieh!' Angesichts des Felsens sprach Mose zu ihnen: ‚Hört doch, ihr Widerspenstigen! Können wir wirklich aus diesem Felsen Wasser für euch sprudeln lassen?' Und er erhob seine Hand

Mose selbst beginnt zu zweifeln . . .

und schlug mit seinem Stabe zweimal an den Felsen. Da strömte Wasser in solcher Menge heraus, daß sich Volk und Vieh satt trinken konnten.

Darum Tod vor dem Einzug ins Gelobte Land

Der Herr aber sprach zu Mose und Aaron: ‚Weil ihr Mir kein Vertrauen geschenkt habt und Mich nicht verherrlichen wolltet bei den Israeliten, dürft ihr sie nicht in das Land bringen, das Ich ihnen geben werde!' — Aaron starb am Berge Hor."

Von Kádesch-Bárnea zogen sie wieder zurück zum Golf von Akaba, zum damaligen Ézjon Géber, dem heutigen Éilath.

Num 21, 4—9

„Aber das Volk ward der Wanderung überdrüssig. Da sandte der Herr gegen sie Schlangen. Sie bissen die Leute, und viel Volk starb aus Israel. Da kam das Volk zu Mose und sprach: ‚Wir haben gesündigt. Bete zum Herrn, daß Er die Schlangen von uns nehme!' Mose betete, und der Herr sprach zu ihm: ‚Mache dir eine Brandnatter und hänge sie an eine Stange! Jeder Gebissene schaue sie an und bleibe am Leben.' Mose machte eine eherne Schlange und hängte sie an den Pfahl. Die Gebissenen blickten auf sie und blieben am Leben." Jesus selbst erklärte uns die Bedeutung dieses Vorgangs im nächtlichen Gespräch mit Nikodemus: **„Denn wie Mose die Schlange in der Wüste erhöht hat, so muß der Menschensohn erhöht werden, damit jeder, der glaubt, in Ihm das ewige Leben hat."**

Die eherne Schlange

Joh 3, 14 f

VORBILD

Die eherne Schlange ist ein Vorbild für Christus am Kreuz.

Etwa auf dem in der Kartenskizze (siehe Seite 99) eingezeichneten Weg kamen sie dann nach einem Sieg über die Amoríter ins Land östlich des Toten Meeres. Da meinte der Moabíterkönig, die Israeliten hätten durch eine geheime Zaubermacht ihre Erfolge errungen. Darum berief er den berühmten *Wahrsager Bíleam* aus Mesopotamien, daß er einen Gegenzauber ausspreche. Auf einem Berg überblickte er das Heerlager Israels und wollte seinen Fluch beginnen. Aber Gott *zwang ihn zu segnen:* **„Ich sehe Ihn, jedoch nicht jetzt. Ich schaue Ihn, jedoch nicht nahe. Ein Stern geht auf aus Jakob, ein Königszepter aus Israel."**

Bíleams Weissagung

Num 24, 17

Bíleam sah also voraus, wie der kommende Christkönig sich alle Völker unterwirft. Trotzdem riet er dem König, die Israeliten durch Umgang mit heidnischen Frauen von Gott abzubringen; wenn sie sich der heidnischen Masse anschlössen, würden sie leicht abfallen.

„Stern" = Herrscher

Im Altertum wurden Herrscher wiederholt mit Sternen verglichen. Diese Stelle kann sich nur auf den Messias beziehen, weil nur ihm alle Völker unterworfen sind. Der *Stern* bedeutet hier den *Messias* selbst und hat daher nichts mit dem „Stern von Betlehem" zu tun.

Die Israeliten zogen nun weiter zum Berg Nébo, von dem aus man in etwa zehn Kilometer Luftlinie die Einmündung des Jordan ins Tote Meer und auch die Stadt Jéricho sehen kann.

Durch das Ostjordanland zum Nébo — Tod des Mose

Mose war inzwischen 120 Jahre alt geworden; er bereitete sich auf den Abschied von seinem Volke vor. In seiner letzten Ansprache ermahnte er sie nochmals zur Treue gegen Gott und Seine Gebote und verhieß ihnen: **„Einen Propheten wie mich wird dir der Herr, dein Gott, aus deiner Mitte erstehen lassen, auf ihn sollt ihr hören!"** **Dtn 18, 15**

Nachdem Mose noch seinen *Abschiedssegen über jeden der zwölf Stämme* gesprochen hatte, begab er sich hinauf auf den Berg Nébo und schaute nach Westen zum Toten Meer, in Richtung Jerusalem und nach Nordwesten zur Einmündung des Jordan und in Richtung zum See Gennesaret. *Der Herr zeigte ihm das ganze Land* und sprach:

„‚Das ist das Land, das Ich Abraham, Isaak und Jakob für ihre Nachkommen zugeschworen habe. Ich lasse es dich mit eigenen Augen schauen. Aber dort hinüber wirst du nicht kommen!' (Vgl. Bild Nr. 7 und 8). **Mose starb auf dem Berg Nébo und wurde in einem Tal im Lande der Moabiter bestattet."** **Dtn 34, 4—12**

VORBILD

MOSE:	CHRISTUS:
1. Wurde als Kind durch den grausamen Befehl des Pharao bedroht, man möge alle Knäblein der Israeliten töten.	1. Wurde als Kind durch den grausamen Befehl des Herodes bedroht, man möge alle Knäblein von Betlehem töten.
2. Mose bereitete sich in der Einsamkeit des Sinai 40 Jahre lang auf seine Sendung vor.	2. Christus bereitete sich durch ein 40tägiges Fasten in der Einsamkeit bei Jericho auf sein Wirken vor.
3. Mose befreite sein Volk aus der Sklaverei des Pharao.	3. Christus befreit alle Menschen guten Willens aus der Sklaverei des Teufels.
4. Mose ist der Stifter des Alten Bundes, der Mittler zwischen Gott und dem Bundesvolk Israel.	4. Christus ist der Stifter des Neuen Bundes, der Gottmensch und Mittler zwischen Gott und allen Menschen.

FÜRS LEBEN

Die große Masse der Menschen ist meist kurzsichtig, oberflächlich und überlegt wenig, was sie fordert. Wer einer schreienden Menge nachgibt, tut den Leuten damit nur selten etwas Gutes. Bemühe dich, geistig unabhängig zu bleiben von der Masse; *laß dir nie dein Denken austreiben,* denn dein gesunder Hausverstand und deine persönliche Entscheidung sind die wertvollsten Gaben, die du hast. Laß *niemals* die Stimme deines Gewissens übertönen durch die *billige Ausrede: „So machen's ja alle!"* Mache dich lieber eine Zeitlang unbeliebt bei den Leuten, so wie Mose, aber folge der Stimme deines Gewissens!

Christus hat diesen Überängstlichen schon vor 1900 Jahren unmißverständlich gesagt:

Keine Menschenfurcht haben!

„Wer sich nun vor den Menschen zu Mir bekennt, zu dem werde auch Ich Mich vor Meinem Vater im Himmel bekennen!“ (Mt 10, 32 f).

Aaron hatte Menschenfurcht (= Angst vor dem Gerede der Leute). Eine Bewährungsprobe für dich: auch im Ferienlager, beim Schikurs zur Sonntagsmesse gehen!

FRAGEN

Warum ist die ursprüngliche Formulierung des 1. Gebotes bei Mose viel länger als die heute übliche Kurzfassung? — Warum schritt Mose so streng ein gegen die Verehrung Jáhwes unter der Gestalt eines „Goldenen Kalbes“? — Wie unterschied sich Aaron charakterlich von Mose? — Bei welchen Gelegenheiten kann ein Student zeigen, daß er keine Menschenfurcht kennt? — Was sagt Mose über das Verhältnis der Kinder zu ihren Eltern? — Wie heißen die fünf Bücher des Mose (einzeln, zusammen)?

27. Lehrstück

DIE LANDNAHME IN KANAAN

Die Rückkehr der etwa um 1650 v. Chr. nach Ägypten ausgewanderten Israeliten in ihr früheres Siedlungsgebiet Kanaan wird uns im Buche Josua geschildert; Mose hatte knapp vor seinem Tod *Josua zum Nachfolger bestimmt.*

Eroberung von 31 Stadtstaaten

Im Alter von 90 Jahren übernahm darum Josua am Nébo die Führung des Volkes. *In siebenjährigem Kampf* erreichte er die *Unterwerfung von 31 Stadtstaaten* in Kanaan; die in der Bibel erwähnten 31 „Könige" wird man in unserer Ausdrucksweise wohl eher als „Bürgermeister" oder als „Festungskommandanten" bezeichnen können. Es gab ja damals — Ägypten ausgenommen — keinen Staat mit festen Grenzen im heutigen Sinn, sondern nur viele befestigte Orte und zwischen ihnen Niemandsland, das jedem offenstand. Josua krönte sein Lebenswerk mit der *Aufteilung* des eroberten Kanaan auf die *zwölf Stämme.*

Weltpolitische Lage begünstigte die Israeliten

Diese Landnahme in Kanaan erfolgte wahrscheinlich knapp vor 1200 v. Chr.; die damalige weltpolitische Situation begünstigte die Israeliten. Das große Hethiterreich im Norden zerbrach im Ansturm der ägäischen Völkerwanderung. Teile dieser nach Süden vorstürmenden Völker erreichten, an der phönizischen Küste in Richtung auf Ägypten vorstoßend, sogar das Nildelta; Ramses III. konnte sich dieser *Philister* nur mit Müh und Not in einer Seeschlacht erwehren. Aber schon 30—40 Jahre früher, als Ramses II. (vgl. Bild Nr. 12) im Jahre 1224 v. Chr. seine Augen schloß und Menéphta den Pharaonenthron bestieg, konnten die Ägypter die Völker an ihrer Nordgrenze kaum mehr abwehren.

Der Name Israel auf einem ägyptischen Gedenkstein

Ein *Gedenkstein* aus der Regierungszeit dieses *Menéphta,* die jetzt im großen Saal des Museums von Kairo stehende *Israel-Stéle,* ist nicht nur die einzige *ägyptische Erwähnung des Volkes Israel,* sondern zugleich auch ein Hinweis auf das Eindringen der Israeliten in Kanaan (vgl. Bild Nr. 3).

Übrigens bezeugen auch *Ausgrabungen in alten Städten* Kanaans, wie z. B. Bet-El, Débir, Mázor und Lachísch, daß die Einwanderung unter Josua etwa um 1210 v. Chr. erfolgt sein muß. In einer bestimmten Tiefe

Ausgrabungen beweisen Zerstörung um 1200 v. Chr.

entdeckte man eine *dicke Aschenschicht*, die auf die Vernichtung der früheren Stadt durch Brand hinweist; *unter* dieser Aschenschicht fand man eine von Ägypten beeinflußte Kultur. *Über* der Aschenschicht hingegen lag ziemlich primitive, hebräische Keramik, d. h. aus Ton angefertigte Behälter. Die Israeliten haben also offenbar die von ägyptischer Kultur beeinflußten Städte erobert, durch Brand vernichtet und sich dann auf den Trümmern, über der Asche der zerstörten Stadt, ihre neuen Siedlungen aufgebaut. Aus der Art und Form der Tongeräte und anderer Funde kann man erkennen, daß sich dies etwa um 1210 v. Chr. ereignet haben muß.

1. DER DURCHZUG DURCH DEN JORDAN

Gott verläßt Sein Volk nicht

Beim Einmarsch in Kanaan, also beim *Übergang über den Jordan* vom Ostjordanland *in Richtung Jericho,* wurden die Israeliten durch eine ähnliche Fügung Gottes begünstigt wie seinerzeit am Schilfmeer.

Die Israeliten schlugen ihr *Lager östlich von Jericho* in Gilgal auf und feierten das Osterfest (vgl. die Kartenskizze auf Seite 125). Sie aßen zum erstenmal von den Früchten des Landes.

2. DER FALL VON JERICHO
(vgl. dazu Bild Nr. 19)

Jos 6, 1—20

„Jericho hielt seine Tore verschlossen, niemand konnte heraus- und hineinkommen. Da sagte der Herr zu Josua: ‚Siehe, Ich gebe Jericho in deine Gewalt, den König und seine Krieger. Ziehet sechs Tage hintereinander, das Kriegsvolk und die Bundeslade voran, je einmal in aller Frühe um die Stadt. Am siebenten Tag umzieht sie siebenmal. Dabei sollen die Priester die Posaunen blasen, und das Volk soll ein lautes Feldgeschrei erheben, dann stürzen die Stadtmauern in sich zusammen. Jeder kann dann, wo er gerade steht, über sie in die Stadt eindringen.'

Der Fall von Jericho

Die Israeliten taten so, und am siebenten Tag beim siebenten Umzug stürzten die Mauern ein. Sie eroberten und zerstörten die Stadt. Von der Beute durfte sich niemand etwas aneignen, sie war dem Herrn geweiht und kam in die Schatzkammer des Herrn beim Heiligen Zelte."

Für Josua war es nach dem überraschend einfachen Jordan-Übergang anscheinend ebenso gefahrlos, an den Ruinen der ältesten Stadt der Welt vorbeizuziehen. Unser Bild Nr. 19 zeigt einen Teil der westlichen

Stadtmauer, die durch einen 8 m hohen Turm gesichert war. Das antike Jericho wurde bisher 15 m tief ausgegraben, wobei man Schichten aus etwa 7800 v. Chr. freilegte. Bei dem in der Bibel berichteten Fall von Jericho dürfte es sich nicht um eine geschichtliche Nachricht handeln; man betrachtete in späterer Zeit die Ruinen von Jericho und brachte die Zerstörung dieser Stadt mit der Landnahme in Verbindung. Bis heute konnte jedoch bei den Ausgrabungen in Jericho, wo man immer wieder auf dem Schutt der zerstörten Häuser die neue Stadt aufbaute, eine *israelitische* Schicht um 1200 v. Chr. *nicht nachgewiesen* werden.

Jericho wurde um 1200 v. Chr. nicht neuerdings zerstört

Die Stadt ist hingegen oft von *Erdbeben* zerstört worden; Jericho liegt ja direkt an der Bruchstelle des längsten und tiefsten Einbruchsgrabens auf Erden etwa 380 Meter *unter* dem Spiegel der Weltmeere.

Die Bibel will uns mit der ausführlichen Schilderung so vieler Krisen und Schwierigkeiten, die zwischen Nil und Jordan zu überwinden waren, wahrscheinlich das gleiche sagen wie ein Wort Kierkegaards: „Der Glaube ist die permanente (= ständige) Überwindung der permanenten Anfechtung!“

Glaube und Gottvertrauen wurden belohnt

3. DIE EROBERUNG VON AI

Gegen den vorhin erwähnten Befehl des Josua hatte ein Mann namens Achan Jericho geplündert, d. h. *Beutegut für sich behalten.* Der erste Angriff auf die Festung Ai mißlang deshalb:

„Israel hat gesündigt und Meinen Bund übertreten; denn sie nahmen von dem Gebannten, sie stahlen und logen und verbargen es unter ihre Geräte. Ich werde hinfür nicht mehr mit euch sein, bis ihr nicht aus eurer Mitte den vertilgt, welcher dieser Missetat schuldig ist!“ Jos 7, 10—12

Die Einnahme der Städte sollte nicht zur persönlichen Bereicherung mißbraucht werden.

4. DER SIEG BEI GÍBEON WÄHREND EINES HAGELGEWITTERS

Als Josua weiter siegreich in Kanaan eindrang, schlossen sich die dortigen Könige zusammen, um gemeinsam Widerstand zu leisten. Die *Einwohner Gíbeons* hingegen *unterwarfen sich freiwillig* und erreichten so, daß sie am Leben blieben.

Zur Strafe für ihren „Verrat" zog nun der König von Jerusalem mit vier anderen Königen gegen Gíbeon. Josua aber kam den Angegriffenen zu Hilfe und besiegte alle fünf Könige. Als sie flohen, ließ der Herr „große Steine" auf sie vom Himmel fallen, so daß dadurch noch mehr umkamen als durch das Schwert der Israeliten.

Hagelschlag

Es dürfte sich um ein Gewitter mit starkem Hagelschlag gehandelt haben, der bekanntlich nur strichweise niedergeht. Die großen Hagelschloßen trafen gerade die Krieger der fünf Könige in Kanaan. Dazu führt der biblische Erzähler aus einem Heldenbuch jener Zeit die Worte an:

Jos 10, 12 f

„‚Sonne, steh still bei Gíbeon, und du, Mond, im Tale von Ajalon!' Still stand die Sonne, stehn blieb der Mond, bis das Volk seinen Feinden vergolten."

„Sonnenwunder"

Gewitter

Dieses sogenannte „*Sonnenwunder*" von Gíbeon ist wohl eine dichterische Ausschmückung des Sieges, den Josua unter Ausnützung eines Gewitters erfocht, wobei noch dazu der Hagel gerade auf die Feinde niederging. Das aufziehende Gewitter ließ Sonne und Mond verschwinden; erst nach dem Ende des Unwetters konnte man die Himmelsgestirne wieder sehen. Im Orient bedeutet „Stille-stehen" soviel wie „Nicht-mehr-Scheinen", „Ruhen". Ein Gewitter um diese Jahreszeit war etwas ganz Ungewöhnliches; daß es zu blitzen und zu donnern begann und daß der Hagelschlag gerade die Feinde traf, wird auf das Gebet des Josua zurückgeführt.

5. DIE VERTEILUNG DES LANDES KANAAN AUF DIE ZWÖLF STÄMME:

Jos 13—24

„Inzwischen war Josua alt geworden, und der Herr sprach zu ihm: ‚Verlose das Land an die Israeliten als Erbbesitz, wie Ich dir geboten habe.' — Nur der Stamm Levi erhielt kein zusammenhängendes Land; die Leviten wurden auf 48 Orte verteilt, darunter auf 13 Priesterstädte."

6. ERNEUERUNG DES BUNDES MIT GOTT, TOD DES JOSUA

Jos 24, 1—15

„In Sichem versammelte Josua alle Stämme Israels, und der Herr ließ durch ihn dem Volke all das verkünden, was Er von der Berufung Abrahams an bis jetzt an Großtaten für dieses vollbracht hatte. Auch sagte Er:

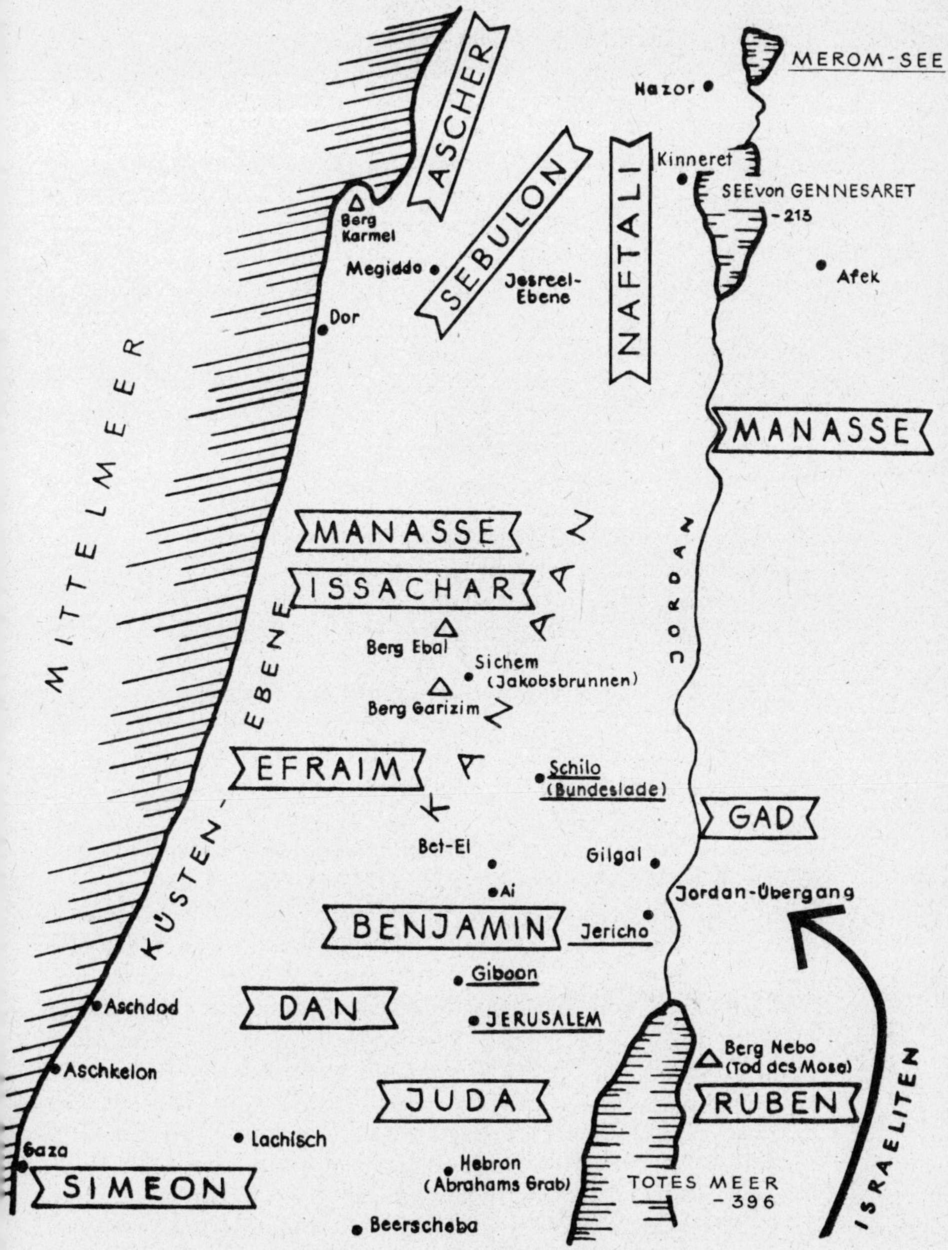

Skizze 9 Kanaan um 1200 v. Chr.

Seid Gott dankbar!

‚Ich gab euch ein Land, um das ihr euch nicht gemüht, Städte, die ihr nicht gebaut, in denen ihr euch nur niederzulassen brauchtet; Weinberge und Ölbäume, die ihr nicht gepflanzt, habt ihr zum Lebensunterhalt.'" (Vgl. die Bilder Nr. 7 und 8).

Haltet Ihm die Treue!

„Josua aber mahnte: ‚Nun fürchtet den Herrn und dient Ihm in Aufrichtigkeit und Treue! Ihr müßt euch entscheiden, wem ihr dienen wollt: dem Herrn oder den Göttern der Heiden! Ich aber und mein Haus, wir werden dem Herrn dienen!' Das Volk antwortete: ‚Fern sei es von uns, den Herrn zu verlassen. Ihm werden wir dienen und Seiner Stimme gehorchen!'"

Josua schloß daraufhin wieder den *Bund* für das Volk und setzte in neuen Verordnungen Satzung und Recht fest. Dann entließ er das Volk.

Einige Zeit danach berief er in Vorahnung seines Todes ganz Israel zum Heiligtum in *Schilo* und sprach zu ihm:

„‚Ihr selber habt gesehen, was der Herr vor euer aller Augen diesen Völkern hier antat. Er war es ja, der für euch stritt. Ich habe euren Stämmen ihre Gebiete als Erbbesitz zugewiesen. Der Herr wird die Heiden vollends vor euch vertreiben, damit ihr euer Gebiet fest in Besitz nehmen könnt. Nur müßt ihr festhalten an all dem, was im Gesetzbuch des Mose geschrieben steht. Um eures Lebens willen seid darauf bedacht, den Herrn, euren Gott, zu lieben. Meidet den Umgang mit den Heiden, die unter euch wohnen, und verheiratet euch nicht mit ihnen. Sonst werden euch diese Völker zum Fallstrick. Siehe, ich gehe jetzt den Weg alles Irdischen. All das Gute, das euch der Herr verheißen hat, ist euch zuteil geworden. Alles traf ein, nichts blieb aus. So wird Er aber auch all das Böse wahrmachen, das Er euch androhte, wenn ihr den Bund brecht und anderen Göttern dient. Dann verschwindet ihr rasch aus dem herrlichen Land, das Er euch gab!'

Abfall von Gott bringt euch ins Unglück

Jos 24, 29—32

Im Alter von 110 Jahren starb Josua und wurde bei seinem Erbbesitz im Gebirge Efraim begraben. Die Gebeine Josefs wurden in Sichem beigesetzt."

Josua führte Israel 20 Jahre

1210 bis 1190: Die Landbrücke

Unter *Josua* gelang den Israeliten, begünstigt durch die allgemeine weltpolitische Lage, die Eroberung des verheißenen Landes Kanaan bis auf einige Festungen der Heiden. Wir können das Wirken Josuas, die *Landnahme,* etwa von *1210 bis 1190* v. Chr. ansetzen. Nach 1190 gab es weder im Süden noch im Norden irgendeinen mächtigen Staat, der sich für die Landbrücke zwischen Asien und Afrika interessieren konnte. Im Norden war das gewaltige Hethiter-Reich um 1190 durch den Ansturm der Phrygier vernichtet worden, im Süden waren die Ägypter unter Ramses III. vollauf damit beschäftigt, die Seevölker wieder aus dem Nildelta zu vertreiben.

Asien — Afrika ein machtpolitisches Vakuum

Die einzelnen kleinen Stadtstaaten Kanaans hatten es verabsäumt, sich zu ihrer Verteidigung rechtzeitig zu einer großen politischen oder wenigstens militärischen Gemeinschaft zusammenzuschließen. Darum konnten sich die Israeliten verhältnismäßig leicht zwischen den kanaanäischen Stadtstaaten ansiedeln. Damit begann für sie ein neuer Abschnitt ihrer Geschichte: der *Übergang* vom *Halbnomadentum* zur *Seßhaftigkeit.*

Israeliten werden seßhaft

Das bedeutete die Übernahme des Ackerbaus und damit eine größere Abhängigkeit vom Werden und Vergehen in der Natur; das Ziel der Erwartungen eines Bauern ist ja die Fruchtbarkeit. Da in Kanaan *Baal* als *Gott der Fruchtbarkeit* verehrt wurde, kam es bei vielen Israeliten auch zu einer *religiösen Krise.* Die Richter-Erzählungen schildern die Durchdringung der israelitischen Kultur durch die höherstehende der Kanaanäer sowie die Gefährdung der Jahwe-Religion durch den Baals-Kult.

Josua warnt vor dem Abfall

Deshalb blieb die *Abschiedsrede Josuas* das *Grundthema* aller Bußpredigten der späteren Propheten; auch bei der Schilderung der weiteren Geschicke des Volkes Israel wird stets berichtet, wie nach dem Abfall des Volkes von Gott ein großes Unglück über alle kommt. Gott straft das sündige Volk meist durch den Einfall irgendeines Feindes, wobei viele Israeliten umkommen. Allen geht es schlecht, bis die Überlebenden sich in ihrer Not wieder zum Glauben an *einen* einzigen Gott bekehren.

FÜRS LEBEN

Wer einmal auf die schiefe Ebene kam, rutscht leicht weiter hinunter. Laß dich niemals auf einen Diebstahl ein! Versuche, anderen vernünftig zuzureden, wenn du von einem solchen Plan erfährst! Neben der Strafe wartet auf den Dieb die Pflicht zur Wiedergutmachung (Restitution = Ersatz des Gestohlenen bzw. Beschädigten).

FRAGEN

Wann etwa erfolgte die Landnahme in Kanaan durch die Israeliten (Ausgrabungen, Israel-Stele)? — Warum konnte die Landnahme ziemlich leicht gelingen? — Warum soll man sich auch auf kleine Diebstähle nicht einlassen? — Was ist der wichtigste Inhalt der Abschiedsreden des Josua (= Grundthema der späteren Propheten-Predigt)? — Bemale die Kartenskizze auf Seite 125 mit Buntstiften oder sonstwie in den richtigen Farben!

28. Lehrstück

DIE ZEIT DER RICHTER I: DEBORA, GIDEON, JIFTACH

Wenig Zusammenhalt der 12 Stämme

In der *Richterzeit, etwa von 1190 bis 1020 v. Chr.*, suchte jeder Stamm sein Gebiet in festen Besitz zu bekommen; es gab aber *wenig Zusammenhalt untereinander.* Die Richter waren Stammesführer, Retter in Notzeiten und erlangten dank ihrer Tüchtigkeit auch Einfluß bei anderen Stämmen Israels.

Philister geben dem Land den Namen „Palästina"

Im Verlaufe der schon erwähnten ägäischen Völkerwanderung drangen nach 1200 v. Chr. die *Philister* in die Küstenebene ein und waren fast 200 Jahre hindurch die gefährlichsten Feinde der Israeliten. Nach diesen Philistern wurde *das Land umbenannt in „Palästina"* (= Philisterland). Als jene Generation der Israeliten gestorben war, die Gottes wunderbare Führung beim Einzug noch miterlebt hatte, erlag die stürmische Jugend oft der Versuchung, zum *Baalskult* abzufallen:

Ri 2, 10—3, 6

Strafe für den Abfall: Räuberhorden fallen ins Land ein

„Nun taten die Israeliten, was dem Herrn mißfiel: Sie heirateten die Töchter der Kanaanäer und gaben ihre eigenen Töchter kanaanäischen Männern zur Ehe, ja sie verehrten die Landesgötter. Des Herrn Zorn entbrannte daher gegen sie. Er gab sie den Feinden von innen und Räuberhorden von außen preis, so daß sie nicht mehr standhalten konnten. Was sie unternahmen, wurde ihnen zum Unheil. Sie gerieten in große Not. Wenn sie dann seufzten und wehklagten, zeigte der Herr Erbarmen und ließ ihnen Richter erstehen, die sie in der Kraft Seines Geistes aus der Gewalt ihrer Bedrücker retteten. War aber der Richter tot, trieb es das inzwischen herangewachsene Geschlecht noch ärger als das vergangene und brach aufs neue den Gottesbund."

I. DIE RICHTERIN DEBÓRA

Auch eine Frau konnte das Volk führen!

Nach den beiden ersten Richtern Otniël und Ehud, die nur lokale Bedeutung hatten, erwähnt die Bibel die *Richterin Debóra,* auf deutsch „die Biene". Wenn uns im Buch der Richter überliefert ist, daß sie zwi-

7
'as „Goldene Kalb" (Stierbild im Museum
on Kairo)

18 Golf von Esiongeber (Kupferbergwerke von Salomon)

19 Die Stadtmauern des antiken Jericho

20 Rekonstruktion des Salomonischen Tempels

schen Ráma und Bet-El auf dem Gebirge Efraim Recht sprach, so ist dies zugleich eine Bestätigung für die Gleichberechtigung der Frau mit dem Mann im israelitischen Kulturkreis.

Debóras Tat ist in einer Erzählung und in einem Lied erhalten:

„Die Israeliten taten, was dem Herrn mißfiel. Man hatte sich neue Götter erwählt, Götter, die man vormals nicht kannte.“ **Ri 3, 7**

Strafe für den Abfall der Nordstämme

Die Heilige Schrift berichtet aus der Zeit der Richterin *Debóra,* daß besonders die Nordstämme zur Strafe für ihren Abfall zum Baalskult 20 Jahre lang von den Feinden bedrückt wurden, bis Debóra sie durch den von ihr berufenen Feldherrn Barák freikämpfen konnte.

Ein Unwetter blockiert 900 Kampfwagen

Das feindliche Heer hatte in der Jésreel-Ebene an die 900 Streitwagen zum Kampf bereitgestellt; rein menschlich gesehen, war die Sache der Israeliten hoffnungslos. Doch da *griff der Herr ein: Ein Unwetter brach so schrecklich los,* daß die Pferde scheuten und im aufgeweichten Morast der an manchen Stellen sumpfigen Ebene einsanken. Die zu Fuß gut beweglichen Israeliten hatten in dieser furchtbaren Verwirrung mit den Besatzungen der unbeweglich gewordenen Kampfwagen ein leichtes Spiel. Als Gottesgericht lebte dieser unter der Richterin Debóra errungene Sieg noch lange im Gedächtnis des Volkes fort.

II. GIDEON

Neuerlicher Abfall

Gottes Zuchtrute: die Midianiter vom Sinai

Als wieder viele Israeliten zum *Götzendienst abgefallen* waren, schickte Gott *als Zuchtrute die Midianiter;* sie kamen auf schnellen Kamelen *von der Sinaihalbinsel* und fielen besonders in das Gebiet des Stammes *Manásse* ein. Da sie fast keinen Widerstand fanden, wiederholten sie diese Einfälle Jahr für Jahr zur Erntezeit, um sich das reife Getreide von den Feldern und die Tiere aus den Hürden zu holen, während die Israeliten vor Angst und Schrecken sich in den Höhlen und in anderen Schlupfwinkeln versteckten, bis diese von Gott zugelassene Geißel wieder verschwunden war. *Sieben Jahre hindurch holten sich die Kamelreiter vom Sinai die Ernte vom Jordan,* so daß die Israeliten schließlich völlig verarmten.

„Da erschien der Engel des Herrn dem Gídeon und sprach: ‚Der Herr ist mit dir, du starker Held! Geh hin in dieser deiner Kraft! Du sollst Israel aus der Faust Midians erretten. Wohlan, Ich sende dich!‘ “ **Ri 6, 1—8, 32**

Tausende folgten dem Ruf des Gídeon, den nächsten Einfall der Midianiter nicht mehr tatenlos über sich ergehen zu lassen, sondern sich zu wehren. Aber Gott wollte den Israeliten zeigen, daß nicht die große Zahl ihrer Kämpfer den Sieg über die Feinde ermöglichte, sondern *Seine Hilfe*. Darum ließ Gott den Gideon im Heereslager ausrufen: „Wer Furcht hat, kehre um!" Da kehrten die meisten um; aus dem zurückgebliebenen Rest suchte sich Gideon die 300 Tapfersten durch eine Prüfung ihrer Selbstbeherrschung aus: Nach einem ermüdenden Marsch stürzten sie sich *nicht* auf das Trinkwasser; die Gierigen schickte er nach Hause.

Gideon kämpfte nur mit den 300 Tapfersten

Ri 7, 17

„Aus den 300 Mann bildete Gideon drei Haufen, gab jedem Mann ein Horn in die Hand und einen leeren Krug, in dem eine brennende Fackel versteckt war. Dann sagte er zu ihnen: ‚Seht auf mich und tut genauso!' Um Mitternacht näherte sich Gideon mit seinen Leuten dem feindlichen Lager von drei Seiten. Er stieß ins Horn, zerschlug den Krug, schwang die Fackel und rief: ‚Das Schwert des Herrn und Gideons!' Alle 300 Mann taten ebenso. Da geriet das ganze Lager der Midianiter in Verwirrung: Sie schrien, kehrten die eigenen Schwerter gegeneinander und flohen. Gideon verfolgte sie über den Jordan. Vier Midianiterfürsten wurden gefangengenommen. Von der gewaltigen feindlichen Heerschar blieb nur ein kleiner, versprengter Haufen übrig. — Danach sprachen die Männer Israels zu Gideon: ‚Herrsche du über uns, du, dein Sohn und deines Sohnes Sohn!' Er aber antwortete: ‚Weder ich noch mein Sohn, sondern der Herr soll über euch herrschen!' Das Land hatte fortan unter Gideon 40 Jahre Ruhe."

FÜRS LEBEN

Gideon war ein demütiger und bescheidener Mann, und zwar vorher *und nachher*. Er bezeichnete sein Geschlecht als das Geringste, er bildete sich auf seine eigene Kraft gar nichts ein. Als er nach dem Sieg zum König ausgerufen werden sollte, wehrte er dies ab mit den Worten: „Der Herr selbst soll unser König sein!"

Diese heutzutage stark abhanden gekommene *Bescheidenheit* könntest du auch in deiner Kleidung oder in deiner Haltung bei einem Wandertag, bei einem Skikurs zeigen. Wer groß angibt mit „seinem" Geld, z. B. durch übermäßig hohe Ausgaben für Skilifte, für Leckerbissen oder für eine extravagante (= ausgefallene) Kleidung, der verschwendet das ihm von seinen Eltern anvertraute Geld und zeigt neben seiner Unreife auch Undank gegenüber den Eltern, die dieses Geld schwer verdienen müssen.

III. JIFTACH

Die Bekehrung Israels hielt nicht lange an. Wieder fielen sie von Gott ab und dienten dem Baal, der Astarte und anderen fremden Göttern. Zur Strafe dafür gerieten sie in eine achtzehnjährige *Abhängigkeit von den Ammonitern.* Nun wandten sie sich wieder Gott zu und bekannten ihre Schuld. Gott erbarmte sich ihrer und sandte ihnen Jiftach als Retter. Bevor er in den entscheidenden Kampf zog, machte er dem Herrn ein *Gelübde:*

„‚Wenn Du die Ammoniter ganz in meine Gewalt gibst, dann sei das, was mir aus der Türe meines Hauses entgegenkommt, wenn ich siegreich von den Ammonitern heimkehre, des Herrn! Ich will es als Brandopfer darbringen!' **Ri 11, 29—39**

So zog Jiftach gegen die Ammoniter, um mit ihnen zu kämpfen, und der Herr gab sie in seine Hand.

Ein unüberlegtes Gelübde

Als nun Jiftach in sein Haus zurückkehrte, da trat seine Tochter heraus, ihm entgegen mit Pauken und im Reigentanz. Sie war sein einziges Kind; außer ihr hatte er weder Sohn noch Tochter. Sobald er sie erblickte, zerriß er seine Kleider und rief: ‚Wehe, meine Tochter, du bist es, die mich ins Unglück stürzt. Ich habe dem Herrn ein Gelübde gemacht und kann es nicht zurücknehmen!'

Sie sagte zu ihm. ‚Mein Vater, wenn du dem Herrn ein Gelübde gemacht hast, so erfülle an mir, was du gelobt hast! Denn der Herr hat dich Rache nehmen lassen an deinen Feinden, den Ammonitern!' Dann bat sie den Vater: ‚Dies möge mir gestattet sein: Laß mir noch zwei Monate Zeit! Ich möchte hingehen, auf die Berge steigen und mit meinen Freundinnen meine Jungfrauschaft beweinen.' Er antwortete ihr: ‚Geh hin!' Und er entließ sie auf zwei Monate. So ging sie denn mit ihren Freundinnen hin und beweinte auf den Bergen ihre Jungfrauschaft. Nach zwei Monaten aber kehrte sie zu ihrem Vater zurück und er vollzog an ihr das Gelübde, das er gemacht hatte."

Nach Ansicht aller Erklärer der Heiligen Schrift hatte Jiftach ein *Menschenbrandopfer* gelobt, *das dem mosaischen Gesetz* ebenso widersprach wie dem Empfinden des israelitischen Volkes. Man muß dieses Gelübde aus der geistigen *Beeinflussung durch heidnische Sitten* Kanaans und aus den stürmischen Zeitumständen der Richterzeit heraus beurteilen.

Jiftachs Irrtum *sollte uns mahnen,* daß wir die Wahrheiten und Vorschriften unserer *Religion genau kennenlernen* müssen.

29. Lehrstück

DIE ZEIT DER RICHTER II: SIMSON, RUT, ELI, SAMUEL

IV. SIMSON

Simson war von Jugend auf durch ein Gelübde Gott geweiht. Er sollte Israel aus der Gewalt der *Philister* befreien. Wir hörten schon, daß diese aus Kleinasien gekommen und unter Ramses III. (1189—1167 v. Chr.) bis ins Nildelta eingedrungen, aber dann zurückgeschlagen worden waren; sie ließen sich deshalb an der palästinensischen Küste in der Gegend von Gaza nieder.

Einzelkämpfer gegen die Philister

Im Abwehrkampf seines Volkes gegen die Philister hatte Simson kein Heer, sondern *er führte Krieg, allein auf sich selbst gestellt,* durch einzelne Streiche, indem er ihnen z. B. das schnittreife Getreide auf den Feldern anzündete und viele Philister erschlug. Diese verlangten schließlich eine Auslieferung, und seine eigenen Leute übergaben ihn gefesselt an die Philister, aus Angst vor einem Rachefeldzug. Er aber befreite sich wieder aus ihrer Gewalt, indem er zwei gewaltige Torflügel aushob und sie auf einen Berggipfel bei Hébron trug.

Delila entlockt ihm das Geheimnis seiner Stärke

Später gewann Simson eine Philisterin namens Delíla lieb. Die Philister empfahlen ihr, sie möge Simson das Geheimnis seiner Stärke entlocken. Nachdem sie ihm lange mit ihren Fragen zugesetzt hatte, verriet er ihr: **„Kein Schermesser ist über mein Haupt gekommen, denn ich bin von Geburt an ein Gottgeweihter. Werde ich geschoren, so verläßt mich meine Kraft.“** (Ri 16, 7).

Da schnitt sie ihm, während er schlief, sein Haupthaar ab. Dann ergriffen ihn die Philister, stachen ihm die Augen aus und ließen ihn im Gefängnis die Mühle drehen. Einige Zeit später, als ihm seine Haupthaare wieder nachgewachsen waren, feierten die Philister ein Fest zu Ehren ihres Gottes Dagon. Im Festhaus sollte Simson vor den 3000 Gästen verspottet werden. Da betete er zu Gott:

Ri 16, 28—31

„‚Allmächtiger Herr, gedenke meiner und gib mir nur dieses eine Mal noch die Kraft, o Gott, um Rache zu nehmen an den Philistern für eines

von meinen beiden Augen!' Dann griff Simson nach den beiden Mittelsäulen, auf denen das Haus ruhte und stemmte sich dagegen, mit seiner Rechten gegen die eine und mit seiner Linken gegen die andere. Mit dem Rufe: ‚Nun will ich mit den Philistern sterben!' neigte sich Simson mit aller Macht vornüber. Da stürzte das Haus über den Fürsten und allen Leuten, die darin waren, zusammen. Die Zahl der Toten, die er sterbend umbrachte, war größer als die Zahl derer, die er während seines Lebens getötet hatte."

Er bringt den Heidentempel zum Einsturz

Simson blieb stark und unüberwindlich, solange er sein Gelübde hielt. Dann aber wurde er von seiner Sinnlichkeit überwältigt, als er die Philisterin Delíla zur Frau nahm. Simson wußte, daß eine Verheiratung mit einer *Heidin* verboten war; ebenso mußte ihm klar sein, wie unklug es war, einer Feindin seines Volkes das Geheimnis seiner Stärke mitzuteilen. Seine Leidenschaft gegenüber Delíla beherrschte ihn aber so stark, daß er *gegen seine bessere Einsicht handelte.*

Er wurde von seiner Sinnlichkeit überwältigt

Trotz langjähriger Reue und Buße endet Simsons Leben mit einer Katastrophe — und zwar als Folge einer *einzigen Fehlentscheidung:* sein Gelübde zu brechen, um seiner Sinnlichkeit folgen und eine Heidin heiraten zu können.

Allein auf dich gestellt, wirst du wenig erreichen, du mußt bereit sein zum „Teamwork".

FÜRS LEBEN

V. RUT

Goethe bezeichnete das Buch „Rut" als „das anmutigste und lieblichste Idyll, das aus längst vergangenen Urzeiten auf uns gekommen ist". Dieses Buch Rut schildert uns etwas für unsere Zeit recht Aktuelles: ein Flüchtlingsschicksal.

Ein Flüchtlingsschicksal

Wegen einer im Gebiet von *Betlehem* immer ärger werdenden *Hungersnot* wandert eine Familie mit ihren beiden Söhnen ins Ostjordanland hinunter, also ins Gebiet der Moabiter östlich vom Toten Meer. Diese *Moabiter* waren *Nachkommen des Lot* und darum mit den Israeliten stammesverwandt. Die beiden Söhne ehelichten jeder eine *Moabiterin,* eine davon hieß Rut. Nach etwa zehn Jahren starben beide Söhne und auch ihr Vater in der Fremde; so blieben also nur mehr die Mutter und die beiden Schwiegertöchter aus dem Moabiterland ohne Beschützer und ohne Ernährer zurück. Die Mutter beschloß deshalb, wieder in ihre frühere Heimat, zu den Verwandten bei Betlehem, zurückzukehren. Da sie aus eigener Erfahrung das Schicksal eines Flüchtlings im fremden Lande kennengelernt hatte, wollte sie ihren Schwiegertöchtern ein ähnlich trauriges Los ersparen und sagte ihnen deshalb:

Rut 1, 8—17

Treue

„‚Kehrt um, eine jede zu ihrer Mutter! Der Herr möge euch Liebe erweisen, wie ihr sie den Verstorbenen und mir erwiesen habt!' Die eine Schwiegertochter namens Orpa küßte ihre Schwiegermutter und kehrte zu ihrem Volke heim. Rut hingegen blieb und sprach: ‚Dräng mich nicht, dich zu verlassen! Denn wo du hingehst, da geh auch ich hin, und wo du bleibst, da bleibe auch ich. Dein Volk ist mein Volk und dein Gott ist mein Gott. Nur der Tod soll mich von dir scheiden!' “

Fleiß

So wanderten nun beide in Richtung Betlehem, wo Rut auf den schon *abgeernteten Feldern Nachlese* hielt; dies war den Armen ausdrücklich gestattet. Dabei wurde sie vom reichen Besitzer dieses Getreidefeldes, von *Boas,* beobachtet. Er war ein entfernter Verwandter der seinerzeit ins Ostjordanland ausgewanderten Familie, in die Rut hineingeheiratet hatte. Das damalige israelitische Recht kannte die Leviratsehe, d. h. die *Heirat einer Witwe durch einen Verwandten* des früh verstorbenen Gatten. Boas nahm Rut zur Frau, aber nicht nur wegen dieser Gesetzesbestimmung, sondern er erklärte ausdrücklich: „Die ganze Stadt weiß, daß du ein tugendhaftes Weib bist!“

Tugendhaftigkeit

Der Herr segnete ihre Ehe und schenkte ihnen einen Sohn, der Obed hieß. Von diesem *stammt Isai* (=Jesse) ab, der *Vater Davids.* So wurde *eine Frau aus dem Heidenland Stamm-Mutter des Erlösers.*

Die Rut-Erzählung soll zwei Lehren geben:

a) Eine Frau aus einem heidnischen Volk gibt ein rührendes Beispiel vorbildlicher Liebe zu ihrer Schwiegermutter; sie läßt die altgewordene Mutter ihres verstorbenen Mannes nicht allein im fremden Land, sondern sie geht mit der Schwiegermutter in deren frühere Heimat. Zugleich bekennt sich Rut zum Glauben ihres verstorbenen Mannes, der sie offenbar vom Heidentum zum Glauben an den einen Gott bekehrt hatte.

Messias auch für die Heiden

b) Die Israeliten erfahren durch diese Begebenheit: Das *Heil ist nicht abhängig* von der Zugehörigkeit zu einer bestimmten *Rasse oder Religion;* auch die Heiden können des messianischen Heiles teilhaftig werden, ja eine Heidin wird sogar Stamm-Mutter des Messias. Denn Rut ist die Urgroßmutter des David. Mit ihr wurde eine Heidin in den Stammbaum des Erlösers eingefügt.

VI. ELI UND SAMUEL

Gegen das *Ende der Richterzeit*, um 1050 v. Chr., zerfiel der Zusammenhalt der einzelnen Stämme immer mehr; dementsprechend gerieten immer größere Teile des israelitischen Volkes unter *fremde Herrschaft.* Besonders die *Philister* fielen von der Küste aus oft ins Innere Kanaans ein und bedrohten die Israeliten mit Tod und Plünderung.

In dieser Verfallszeit war *Eli Hoherpriester;* als er alt geworden war, besorgten seine *zwei Söhne* den Dienst im „Heiligen Zelt". Aber diese beiden waren *nur dem Namen nach Priester; innerlich* waren sie *ungläubig:* Sie stahlen das Opferfleisch und gaben sich im Tempel der Ausschweifung hin. Die Pilger waren darüber entsetzt und berichteten es dem Eli. Der aber war viel zu kraftlos und von falscher Liebe zu seinen beiden Söhnen erfüllt; statt sie aus dem Heiligtum zu entfernen, das sie entweihten, machte er ihnen nur immer wieder erfolglos seine Vorhaltungen, indem er zu ihnen sprach: „Meine lieben Söhne, tut das doch nicht!" Die aber lachten den 90jährigen, fast blinden Vater nur aus, statt von ihrem sündhaften Treiben abzulassen.

Falsche Vaterliebe deckt jede Verfehlung des Kindes

Weil Eli sich zu keiner entschiedenen Haltung gegen seine mißratenen Söhne aufraffen konnte, verkündete ihm zuerst ein unbekannter Prophet und dann auch noch Samuel, daß beide Söhne an *einem* Tag sterben müssen und daß die Bundeslade in die Hände der Feinde fallen werde. *Das* war Gottes Strafe für einen Mann, der persönlich zwar korrekt war, aber seinen Söhnen gegenüber viel zu nachgiebig.

Gott straft

Beim nächsten Philistereinfall trugen seine beiden Söhne dem israelitischen Heere die Bundeslade voran; so nahm die von dem unbekannten Propheten und von Samuel vorhergesagte Katastrophe ihren Lauf: Beide *Söhne* Elis wurden *erschlagen,* die *Bundeslade* fiel in *die Hände der Philister,* und Eli starb vor Schreck, als man ihm diese Unglücksbotschaft überbrachte.

Samuel, der von Gott zum Nachfolger Elis berufene Prophet, versuchte nun in 20jähriger, geduldiger Arbeit, *die Israeliten vom Götzendienst zum Eingott-Glauben* zu bekehren. Allmählich gelang ihm dies bei vielen Einsichtigen, die in dem *nationalen Unglück Gottes Strafe* für den Abfall erkannten. Da die Philister an jedem ihrer Orte, wo sie die erbeutete Bundeslade aufstellten, bald von der schrecklichen Beulenpest geplagt wurden, schickten sie die Bundeslade schließlich an die Israeliten zurück. Wegen der Zerstörung des früheren Heiligtums Schilo wurde sie nunmehr in Kírjat-Jearím aufgestellt, etwa 20 km nordwestlich von Jerusalem.

Samuel bekehrt viele zum EINEN Gott

Jerusalem war um 1050 v. Chr. noch in den Händen der Jebusiter; erst im Jahre 1000 v. Chr. wurde es von David erobert.

Ein Kind soll immer Vertrauen zu seinen Eltern haben!

Wenn ein Kind Vertrauen zu seinen Eltern und Vorgesetzten *bewahrt, auch dann,* wenn diese einmal *nein* sagen müssen und das Kind das Warum doch noch nicht begreift, wenn es trotzdem gehorcht in der Überzeugung: „Meine Eltern meinen es sicher gut mit mir", dann werden solche Eltern ihr Kind kaum jemals strafen müssen! Nach längstens zehn Jahren wird das Kind es verstehen, warum damals in *seinem Interesse* nein gesagt werden mußte.

Eli hatte es unterlassen, durch rechtzeitige, offene Aussprache mit seinen beiden Söhnen ein solches Vertrauensverhältnis zu schaffen und zu erhalten.

FRAGEN

Wer wurde Richter und was waren seine Aufgaben? — Nach wem heißt das Heilige Land „Palästina"? — Welche guten Eigenschaften Gideons sollten uns ein Vorbild sein? — Was weißt du von Simson, und wovor soll uns die Simsonerzählung warnen? — Welche zwei Lehren gibt uns die Ruterzählung? — Was machte Eli falsch bei der Erziehung seiner beiden Söhne? — Was wäre die richtige Haltung eines Kindes seinen Eltern gegenüber, wenn sie nein sagen zum Wunsch des Kindes? — Eine Frage, für dich ganz privat: Wann hast du das letztemal für deine Eltern die heilige Kommunion aufgeopfert?

30. Lehrstück

KÖNIG SAUL

Schon der Richter Samuel war praktisch beim gesamten Volke Israel als oberster Führer der Stämme anerkannt. Er führte im Jahre 1020 v. Chr. das Königtum ein, um die Einheit des Volkes und die Geschlossenheit des Reiches wiederherzustellen und zu festigen.

Israel wird Königreich

In den nächsten 90 Jahren, etwa 1020—931 v. Chr., übernahmen drei allgemein bekannte Männer die Geschicke des Volkes Israel, *die Könige*

1. *Saul* (etwa 1020—1012 v. Chr.),
2. *David* (etwa 1012—972 v. Chr.) und
3. *Salomo* (972—931 v. Chr.).

Israel ging in dieser Zeit den Weg von einem losen Verband der zwölf Stämme zum Königtum. Das System der Richter hatte zwar den Vorteil, daß meist tüchtige Leute an der Spitze standen, aber zugleich den großen Nachteil, daß nach dem Tod des einen tüchtigen Richters nicht sofort auch schon ein Nachfolger da war; der als nächster Richter in Frage kommende Stammesführer mußte sich ja nun erst durch besondere Heldentaten empfehlen und sich bei allen zwölf Stämmen durchsetzen; zumindest einige Stämme mußten ihn als gemeinsamen Richter anerkennen.

Vorteile

Beim Königtum hingegen stand der Nachfolger schon zu Lebzeiten des früheren Königs eindeutig fest, es gab also keine gefährliche Übergangszeit ohne gemeinsame Regierung.

Nachteile

Freilich war es andererseits ein Nachteil des Königtums, daß man einen Herrscher, der zwar gut begann, der sich aber im Verlauf der Jahre zu einem Verächter der Zehn Gebote und zu einem selbstherrlichen Despoten entwickelte, nicht mehr so leicht loswerden konnte. Samuel machte das Volk auf weitere Schattenseiten des Königtums bei den Nachbarvölkern aufmerksam: Paläste, Leibwachen, Steuern, Eroberungszüge. Überdies könnte es schwierig werden, den für die Herrschaft vielleicht wenig geeigneten Sohn des regierenden Königs auszuschalten. Aber der Herr sprach zu Samuel: **„Willfahre ihnen! Denn sie haben nicht dich verworfen, sondern Mich. Ich soll nicht mehr König sein über sie!"**

1 Sam 8, 1—15, 35 **„Als Samuel alt geworden war, setzte er seine beiden Söhne zu Richtern über Israel ein. Aber sie wandelten nicht auf den Wegen ihres Vaters; sie waren bestechlich und beugten das Recht. Deshalb sprachen die Ältesten Israels zu Samuel in Rama: ‚Gib uns einen König, wie alle Völker Könige haben!' "**

Samuel salbt Saul zum König

Gott offenbarte dem Samuel, daß *Saul* aus dem Stamme Benjamin *zum König ausersehen* sei; Samuel goß Öl über das Haupt des Saul und salbte ihn so zum Fürsten über Israel. Aber außer Saul und Samuel wußte niemand etwas davon.

Dann berief Samuel das Volk nach Mizpa und ließ dort den König *durch das Los* ermitteln. Und wieder fiel es auf *Saul.* Der konnte sich so wenig mit dem Gedanken vertraut machen, daß gerade er König über ganz Israel sein solle, daß er sich versteckt hielt. Man fand ihn aber, und Samuel stellte Saul dem Volke vor. Allgemein anerkannt wurde Saul aber erst nach seinem Sieg über die Ammoniter.

Bald nach dem Volkstag von Mizpa war Saul wieder nach Gíbea heimgekehrt und arbeitete auf seinen Feldern wie zuvor. Als man ihm aber die Kunde von der Bedrängnis der *Stadt Jábesch* brachte, war er sofort bereit, die Verantwortung für einen in Not geratenen Teil seines Volkes zu übernehmen. Ein Bote aus Jábesch berichtete ihm von einer *sehr grausamen Bedingung,* die *der Ammoniter* Náchas den israelitischen Bürgern der Stadt gestellt habe, damit der die Belagerung der Stadt aufgebe: **„‚Unter der Bedingung will ich einen Vertrag mit euch schließen, daß ich euch allen das rechte Auge aussteche und damit Israel Schimpf und Schande antue!' Die Ältesten von Jábesch erwiderten: ‚Gewähre uns eine Frist von sieben Tagen, damit wir Boten in das ganze Gebiet von Israel senden. Hilft uns niemand, so wollen wir uns dir ergeben!' "**

Saul rettet die Stadt Jábesch

Damit lag nun plötzlich die Verantwortung für eine ganze Stadt bei Saul; er zögerte keinen Augenblick, der so schwer bedrängten Stadt so rasch als möglich zu helfen. Er ergriff ein paar *Rinder, zerstückelte sie* und sandte die Stücke durch dieselben *Boten* zu den anderen Stämmen, und zwar mit der folgenden, sehr drastischen Aufforderung zum sofortigen Kriegsdienst: **„Wer nicht mit auszieht, hinter Saul und Samuel her, dessen Rindern soll es geradeso ergehen!"**

Da befiel große Furcht das Volk, und alle kamen, die noch kämpfen konnten. Einen Tag vor Ablauf der Frist befreite Saul die Stadt Jábesch und besiegte die Ammoniter.

Durch diesen ebenso raschen Entschluß zur Hilfeleistung wie durch den grandiosen Sieg über einen mächtigen und hochmütigen Feind wurde *Saul allgemein ein anerkannter König.* Samuel lud das Volk nach Gilgal ein und sagte bei der feierlichen Einsetzung Sauls zum König über ganz Israel: **„Der Herr hat einen König über euch gesetzt. Wenn ihr und euer König auf IHN hört, wird es euch gut gehen. Wenn ihr aber Böses tut, werdet ihr samt eurem König hinweggerafft werden.“**

Saul als König anerkannt

Saul besiegte nun der Reihe nach die Moabiter, die Edomiter und die Amalekiter. Nur mit den Philistern konnte er nicht recht fertig werden. Darum sammelte er ein großes Heer gegen die Philister. In Gilgal wartete er mit den Kriegern auf Samuel, der die vor dem Kampfe üblichen Opfer darbringen sollte. Als er nicht erschien, maßte sich Saul die Priesterwürde an und vollzog selber das Brandopfer.

Saul maßt sich priesterliche Vollmacht an

„Da kam Samuel und stellte ihn zur Rede. Saul entgegnete: ‚Immer mehr Leute laufen von mir weg. Auch fürchtete ich, die Philister könnten hierher vordringen, ehe ich den Herrn gnädig gestimmt hätte. Da faßte ich ein Herz und opferte.‘ Samuel antwortete: ‚Du hast den Befehl Gottes nicht befolgt. Nun wird dein Königtum nicht Bestand haben. Der Herr hat sich einen Mann nach Seinem Herzen ausersehen.‘ “

Der Krieg gegen die Philister blieb schwer, solange Saul lebte. Sauls Zitadelle Tell-el-Fríl liegt etwa 5 km nördlich vom heutigen Jerusalem.

Eines Tages verkündete Samuel dem Saul: **„‚So spricht der Herr der Heerscharen: Ich will die Amalekiter bestrafen für das, was sie Israel angetan bei seinem Zug von Ägypten hierher. Ziehe hin, schlage sie und vernichte sie mit all ihrer Habe!‘ Saul errang einen gewaltigen Sieg, ließ aber von den Tieren nur die töten, die unansehnlich und minderwertig waren. Auch ließ er sich ein Denkmal errichten.**

Saul behält Banngut

Als Samuel zu Saul kam, sagte dieser: ‚Ich habe den Befehl des Herrn ausgeführt.‘ Samuel aber fragte: ‚Was höre ich da für ein Blöken von Schafen und ein Brüllen von Rindern?‘ Saul antwortete: ‚Das Volk verschonte die besten Schafe und Rinder, um sie dem Herrn zu opfern.‘ Da sprach Samuel: ‚Laß das! Ich will dir künden, was der Herr diese Nacht zu mir sagte: Gehorsam ist besser als Opfer! Weil du das Wort des Herrn verworfen hast, hat der Herr auch dein Königtum verworfen!‘ “

Samuel verkündet Sauls Untergang

Das Leben Sauls ist die Tragödie (= Trauerspiel) eines Menschen, der den Aufstieg vom wenig geachteten Angehörigen des kleinen Stammes Benjamin zum König von ganz Israel nicht vertragen hat. Zunächst wollte Saul dem Samuel gar nicht glauben, daß ausgerechnet er König von Israel werden solle. Er versteckte sich. Dennoch bestand er glänzend die erste

Saul vertrug nicht Ruhm und Macht

Bewährungsprobe, als ihm plötzlich die Verantwortung für eine ganze Stadt zufiel; er handelte rasch, umsichtig und richtig. Auch die weiteren Siege über Israels Feinde bewiesen seine großen Fähigkeiten.

Hochmut Unglaube Aberglaube

Doch stiegen ihm seine Erfolge bald in den Kopf; sein Hochmut ließ ihn nur mehr an seine eigene Tüchtigkeit glauben und führte ihn damit immer stärker in Unglauben und Aberglauben hinein. Sein steil abwärts verlaufender zweiter Lebensabschnitt bringt genug Beispiele dafür:

1. Er maßte sich vor dem Kampf gegen die Philister priesterliche Vollmacht an.
2. Er eignet sich Banngut aus der Amalekiter-Beute an und gebraucht Samuel gegenüber die Ausrede, er habe es für ein späteres Opfer an Jahwe bereitgehalten.
3. Er wird immer mißtrauischer gegenüber dem Hirtenknaben David, den Samuel inzwischen zum König gesalbt hat. Bei der Verfolgung des David läßt Saul eine ganze Priesterstadt ausrotten.
4. Obwohl er selbst am Beginn seiner Regierung die Wahrsagerei verboten hatte, ging er kurz vor seinem Tod zur Wahrsagerin von En-Dor beim Berge Tabor.

Als ein riesenhafter Philister namens Goliat die Israeliten verspottete, weil keiner es wagte, gegen ihn zum Zweikampf anzutreten, fragte der mit Brot und Käse für seine Brüder ins Heerlager gekommene junge

1 Sam 17, 26

David: **„Wer ist denn dieser Philister, daß er die Schlachtreihen des lebendigen Gottes verhöhnen darf?"** Trotz seiner Jugend meldete sich

David besiegt Goliat

David im Vertrauen auf Gottes Hilfe freiwillig zum Kampf mit Goliat und besiegte ihn treffsicher mit seiner Steinschleuder. Dieser Sieg über den gefürchteten Philister machte David sehr populär. Aber gerade das ärgerte Saul; er konnte es eben nicht vertragen, daß neben ihm noch ein anderer die Gunst des Volkes habe. Er wurde immer trübsinniger.

Saul will David töten

Man holte schließlich David, der den mißmutigen König Saul durch Harfenspiel und Lieder aufheitern sollte; aber zweimal versuchte Saul bei dieser Gelegenheit, David mit einem Speer zu treffen und zu töten. So eifersüchtig war er auf den Hirtenknaben.

David schont zweimal den Saul

David mußte in die Einsamkeit des Gebirges von Judäa flüchten und Saul folgte ihm mit 3000 Kriegern. Dennoch gelang es David, zweimal ganz nahe an Saul heranzukommen, so daß er ihn leicht hätte töten können. Er wollte aber dem Gesalbten des Herrn kein Leid antun.

1 Sam 26, 21—25

Da erkannte Saul sein Unrecht und sprach: „**‚Ich habe unrecht getan. Kehre zurück, mein Sohn David! Denn ich will dir nie mehr ein Leid antun, weil mein Leben heute kostbar war in deinen Augen. Siehe, ich habe töricht gehandelt und mich schwer vergangen!'**

David ließ dem Saul durch einen Diener den Speer zurückgeben, worauf

Saul dem David zurief: ‚Sei gesegnet, mein Sohn David! Du wirst es ausführen und Erfolg haben.' Hieraus ging David seines Weges, Saul kehrte nach Hause zurück."

Saul war aber ein sehr unbeständiger Mann geworden, unberechenbar in seinem Hochmut und in seiner Einbildung: einmal so, dann bald wieder ganz anders ...

Als die Philister wieder einmal einen Einfall ins Landesinnere planten, ging Saul sogar zur Hexe von En-Dor, einer Wahrsagerin, um sich das zukünftige Schicksal voraussagen zu lassen.

Das traurige Ende dieses von Gott abgefallenen und abwechselnd von Eifersucht, Hochmut, Einbildung und Aberglauben geplagten Königs war der Selbstmord; nachdem Saul in einer unglücklichen Schlacht gegen die Philister den Tod seiner drei Söhne hatte mitansehen müssen, stürzte er sich in sein eigenes Schwert.

FÜRS LEBEN

Sauls Schicksal mahnt zum Nachdenken. Rein äußerlich gesehen, hat er seinem Volk viel Gutes getan. Er hat die Feinde vertrieben, und er ist furchtlos immer wieder gegen neue Bedrohungen ins Feld gezogen. Aber innerlich war er mit Gott zerfallen und hat seine eigentliche Aufgabe als König verraten: den Willen des Herrn zu tun.

Samuel sagte ihm dies deutlich mit den Worten: „Gehorsam ist besser als Opfer!" Saul hatte also eine schlechte Gesinnung: Hochmut, Habsucht, Eifersucht, Aberglaube. Gott sieht aber nicht sosehr auf unser äußeres Tun als auf unsere innere Einstellung, auf unsere Absichten. Wenn uns auch nach außen hin nicht immer alles gut gelingt, wenn nur unser guter Wille dabei war, wenn unsere Gesinnung anständig war, dann werden wir einmal vor Gott bestehen können. Aber „Theaterspielen" auf religiösem Gebiet und Scheinheiligkeit sind ein Greuel vor Gott.

FRAGEN

Welche Vor- bzw. Nachteile hatte die Einführung des Königtums in Israel? — Welche guten Eigenschaften zeigte Saul am Beginn seiner Regierung? — Wie verhielt David sich dem König Saul gegenüber? — Was könnten wir aus dem Schicksal Sauls lernen?

31. Lehrstück

KÖNIG DAVID

1. DAVID EROBERT JERUSALEM UND MACHT ES ZUR HAUPTSTADT

2 Sam 2, 1—10, 19; 15—22

„Nach dem Tode Sauls wies der Herr dem David Hébron als Königssitz an; dorthin kamen nun die Ältesten von ganz Israel, und er schloß mit ihnen einen Bund vor dem Herrn. Sie salbten ihn zum König über ganz Israel. David war beim Tode Sauls 30 Jahre alt. Sieben Jahre regierte er in Hébron, dann noch 33 in Jerusalem."

Er besiegt die Philister

Die Philister suchten ihn in ihre Gewalt zu bekommen und fielen zweimal in die Ebene zwischen Jerusalem und Betlehem ein. Jedesmal besiegte sie David, das zweitemal verfolgte er sie von Gibeon bis Géser.

Er erobert Jerusalem

Vor allem gelang es ihm, Zion, die Burg von Jerusalem, *den Jebusitern zu entreißen. Er verlegte dorthin seinen Königssitz* und nannte Jerusalem „Stadt Davids". Er wurde immer mächtiger; denn Gott, der Herr der Heerscharen, war mit ihm. So erkannte er, daß der Herr ihn als König über Israel bestätigt und sein Königtum um seines Volkes Israel willen aufgerichtet hatte.

Er beseitigt die Philistergefahr

David führte noch viele Kriege mit den Philistern und besiegte sie so, daß sie nie mehr eine ernste Gefahr für Israel wurden. Die übrigen Staaten rings um sein Reich rang er nieder und machte sie teils zu Provinzen, teils tributpflichtig, so die Edomiter, Moabiter und Ammoniter im Osten und die aramäischen Staaten im Norden. *Hiram*, der *König von Tyrus,* war ihm freundschaftlich gesinnt und schickte ihm für den Bau seines Palastes auf Zion Zedernholz, Zimmerleute und Steinmetze.

Jerusalem

Jerusalem ist seit dem Jahre 1000 v. Chr. das geistige Zentrum des Volkes Israel.

Betlehem

Nach *Betlehem,* zur Geburtsstadt Davids und Jesu Christi, sind es von Jerusalem in südlicher Richtung elf Kilometer Luftlinie. Maria zog bekanntlich deshalb zur Volkszählung nach Betlehem, weil sie dem

Königsgeschlecht Davids entstammte. Der Messias ist ja ein „Sproß Davids".

2. DAVID KÜMMERT SICH AUCH UM RELIGIÖSE FRAGEN

Jerusalem wird auch religiöser Mittelpunkt

David erinnerte sich nun der Bundeslade, die noch immer zu Kírjat-Jearím im Hause Abinadabs stand. Er ließ sie in feierlichem Zug nach Jerusalem übertragen. Spielleute und Sänger gaben das Geleit, viel Volk zog mit. Der König selbst schritt vor der Bundeslade und spielte auf der Harfe.

In Jerusalem wurde die Bundeslade in einem neuen Zelt auf dem Berge Morija aufgestellt. David nahm sich auch der Ordnung des Gottesdienstes an. Die Priester teilte er in 24 Dienstklassen mit je einem Oberhaupt ein. Eine Gruppe von Leviten wurde dazu bestimmt, beim Gottesdienst zu singen und auf Harfen, Zithern und Zimbeln zu spielen.

Davids Psalmen: zeitlos gültige Gebete

David machte *Jerusalem* nicht nur zum politischen, sondern auch *zum religiösen Mittelpunkt.* Einen Tempel allerdings sollte erst sein Sohn Salomo erbauen. David zeigte aber durch ein anderes Werk, daß er als König ganz im Dienste Jahwes stehen wolle, nämlich durch seine *Psalmen*-Dichtungen. Diese herrlichen Gebete werden auch jetzt, 3000 Jahre nach David, täglich noch von Hunderttausenden in Messe und Brevier nachgebetet. Einige dieser Psalmen enthalten einen *Hinweis auf den kommenden Messias,* wie z. B. folgende:

Psalm 2

„Den Beschluß des Herrn will ich künden; der Herr sprach zu mir: ‚Mein Sohn bist du, Ich habe dich heute gezeugt.' "

David sagt damit die Gottheit des Messias, des Erlösers voraus; für Gott gibt es nur ein ununterbrochenes „Heute", keine Vergangenheit und keine Zukunft. Diese Worte bedeuten daher: Der kommende Erlöser ist der ewige Sohn Gottes.

Psalm 21

Der leidende Heiland am Kreuz: Des Messias Gebet am Kreuz: **„Mein Gott, mein Gott, was hast Du mich verlassen? Denn alle, die mich sehen, verhöhnen mich, verziehen ihre Lippen und schütteln ihren Kopf: ‚Er hat auf Gott vertraut, der soll ihn retten!' Meine Zunge klebt mir am Gaumen, und mich umdrängt der Frevler Rotte. Sie haben Händ' und Füße mir durchbohrt, gezählt an mir all mein Gebein. Sie gaffen her und weiden sich an mir; sie teilen meine Kleider unter sich und werfen über mein Gewand das Los."**

Christus betete diesen Psalm am Kreuz und brachte damit zum Ausdruck, daß sich nun an Ihm erfüllt, was David 1000 Jahre zuvor vom Messias vorausgesagt hatte.

3. DAVID SÜNDIGT SCHWER, TUT ABER AUFRICHTIG BUSSE

2 Sam 11, 1—12, 23

„Es war zu Frühlingsanfang in einem der Jahre, da David mit den Ammonitern Krieg führte. Er schickte seinen Feldherrn Jóab mit dem Heere gegen sie. Sie verwüsteten das Land der Feinde und belagerten die Hauptstadt Rabba in Ammón. David selber blieb in Jerusalem. Eines Abends lustwandelte er auf dem Dache seines Palastes. Da sah er in der Nachbarschaft eine Frau, die ihm wegen ihrer Schönheit sehr gefiel. Sie hieß Batséba und war die Frau des Uríja, der mit Jóab in den Krieg

Ehebruch

gezogen war. David ließ sie rufen und verleitete sie zur Untreue gegen ihren Mann. Dann schrieb er an Jóab folgenden Brief: ‚Stellt Uríja in die vorderste Reihe, dorthin, wo der Kampf am heftigsten tobt! Dann

Mord

laßt ihn im Stiche, damit er falle!' Jóab tat so. Bei einem Ausfall der Belagerten fanden mehrere Leute Davids den Tod, auch Uríja. David nahm nun Batséba zum Weibe.

Natan vor dem König

Da schickte der Herr den Propheten Nátan zum König. Dieser trat vor ihn und sprach: ‚In einer Stadt lebten zwei Männer. Der eine war reich, der andere war arm. Der Reiche besaß viele Schafe und Rinder. Der Arme hatte nur ein einziges kleines Schäfchen. Es aß von seinem Bissen, trank aus seinem Becher, schlief auf seinem Schoß und war ihm wie eine Tochter. Da bekam der Reiche Besuch. Ihm tat es weh, eines von seinen vielen Schafen und Rindern zu nehmen und den Gast damit zu bewirten. So nahm er dem Armen sein Schäfchen weg und ließ es dem Gaste zubereiten.' David rief empört aus: ‚So wahr der Herr lebt: Der Mann, der das verübt hat, ist des Todes, und das Lamm muß er vierfach ersetzen!'

David gesteht seine Schuld ein

Nátan erwiderte: ‚Der Mann — das bist du! Und so spricht der Herr: Ich habe dich zum König über Israel gesalbt, habe dich vor Saul gerettet, habe dir das Haus Israel und Juda gegeben! Wäre es zuwenig, Ich täte noch mehr! Warum hast du das Gebot des Herrn mißachtet und getan, was böse ist in Seinen Augen? Den Uríja hast du durch das Schwert umkommen lassen, um seine Frau dir zur Frau zu nehmen! Dafür soll das Schwert von deinem Hause nimmer lassen! Aus deinem eigenen Hause bring Ich Unheil über dich!' Da bekannte David vor Nátan: ‚Ich habe

21 Pharao Schéschonk, Schwiegervater Salomons (Goldene Totenmaske, Museum Kairo)

22 Die Mésche-Stele. Althebräischer Paralleltext zu 2 Kön 3, 4 (etwa 850 v. Chr., Louvre, Paris)

wider den Herrn gesündigt.‘ Nátan antwortete: ‚Der Herr vergibt dir deine Sünde, du mußt nicht sterben. Weil du aber durch deine Tat den Feinden des Herrn zum Lästern Anlaß gabst, soll der Sohn, den Batséba dir schenkt, des Todes sein!‘

Als das Kind geboren war, wurde es bald schwer krank. David betete und fastete Tag und Nacht. Doch das Kind starb am siebenten Tage.“

Die *Bibel berichtet ganz offen* und ehrlich *auch das Böse* der in der Heilsgeschichte wichtigen Personen, nicht, damit wir es nachmachen, sondern, damit wir aus den schlimmen Folgen eine Lehre ziehen.

Die Bibel beschönigt nichts

Nach den vielen Kämpfen liebte David offenbar die behagliche Ruhe und blieb deshalb in Jerusalem, als sein Heer gegen die Ammoniter auszog. Aber auch bei ihm bewahrheitete sich: „Müßiggang ist aller Laster Anfang!“ Die Frau eines im Feld befindlichen Soldaten erregte seine Leidenschaft. Zum Ehebruch kam dann aus Angst davor, daß seine Schandtat bekannt werden könnte, bald auch noch ein Mordbefehl. Und der oberste Feldherr Jóab tat bereitwilligst mit...

Wir sollen aus den Folgen der Sünden anderer lernen

Die Zehn Gebote gelten aber auch für den Herrscher, und darum scheute sich der Prophet *Nátan* nicht, den König zur Rede zu stellen, als er von diesem Verbrechen erfuhr. David sprach sich selbst das Urteil, als Nátan ihm in einem das Herz ergreifenden Gleichnis Armut und Liebe beim einen, Reichtum und Grausamkeit hingegen beim anderen vor Augen führte.

Die 10 Gebote gelten auch für den König

Die Reue Davids war tief und aufrichtig; er nahm auch eine schwere Buße auf sich. In dieser Bußgesinnung verfaßte er den *Psalm 50,* der in der Bibel die Überschrift trägt:

Psalm 50

„Ein Psalm von David, als der Prophet Nátan zu ihm kam, nachdem David mit Batséba gesündigt hatte:

‚Erbarme Dich meiner, o Gott, der Du barmherzig bist und gnädig; nach dem Übermaß Deiner Gnade lösche aus meine Schuld. Bis auf den Grund wasche ab meine Missetat, von meiner Sünde mache mich rein! Denn meine Bosheit erkenne ich wohl, immer steht sie mir vor Augen die Sünde. Ich habe gesündigt an Dir allein; was böse ist vor Dir, ich hab’ es getan! Wende ab von meinen Sünden Dein Angesicht und tilge alle meine Frevel. Ein reines Herz erschaffe mir, o Gott, erneuere in mir den Geist der Beständigkeit. Von Deinem Angesichte verwirf mich nicht, und Deinen heiligen Geist nimm nicht von mir! Mein Opfer, o Gott, ist ein reuiger Sinn; ein Herz voll Demut und Reue wirst Du, o Gott, nicht verschmähen.‘ “

als Beichtvorbereitung sehr geeignet!

4. NATAN VERHEISST DAVID FORTDAUER SEINER DYNASTIE

Schon bei der Ablehnung des Tempelbaues durch Gott prophezeite Nátan König David etwas sehr Erfreuliches:

Davids Sohn wird einen Tempel bauen

„Wenn einst deine Tage voll sind und du dich bei deinen Vätern zur Ruhe gelegt hast, will Ich deinen leiblichen Sohn zu deinem Nachfolger bestimmen und ihm sein Königtum bestätigen. Er soll Meinem Namen ein Haus bauen, und Ich will seinen königlichen Thron für alle Zeiten festigen... Dein Haus und dein Königtum sollen auf ewig Bestand haben“ (2 Sam 7, 12—16).

1. Natan: Politische Herrschaft der Dynastie Davids

Diese aus dem 2. Samuelbuch zitierte Vorhersage Natans bezieht sich auf den Tempelbau durch Salomo und auf die *Fortdauer der politischen* Herrschaft der *Dynastie Davids.* In dem 600 Jahre später abgefaßten Buch der Chronik wurde die inzwischen eingetretene geschichtliche Entwicklung berücksichtigt (586 v. Chr. ging die politische Herrschaft der Dynastie Davids zu Ende).

Die Natan-Prophezeiung wurde nun so gedeutet, daß sie sich auf die dauernde, universale (sich auf die ganze Erde erstreckende) und geistige Herrschaft eines Nachkommen Davids bezieht:

2. Chronik: Geistige Herrschaft

„Für immer will Ich ihn über Mein Haus und Mein Königtum setzen, und sein Thron wird feststehen für immer!“ (1 Chr 17, 14). Das heißt: Die Verheißung ewiger Herrschaft wird ihre eigentliche Erfüllung erst in Christus finden, der seiner Menschheit nach von David abstammt und dessen geistiges Reich ewige Dauer hat.

Die *Inspiration,* d. h. die Führung der Verfasser der Bibel durch Gottes Geist bezieht sich auch darauf, daß spätere Autoren biblischer Bücher frühere Bibeltexte ihrem Sinn nach besser erfassen und eine richtigere Interpretation der im damaligen Text eigentlich enthaltenen Verkündigungsabsicht bringen. In *drei Stufen* läßt sich dieses fortschreitend immer bessere Verständnis der Natan-Prophezeiung beim Vergleich von drei Schriftstellen verfolgen:

1. Natan-Prophezeiung, um 1000 v. Chr. (2 Sam 7, 12—16)
2. Chronik, um 300 v. Chr. (1 Chr 17, 14), und schließlich
3. Lk 1, 32 f (um 80 n. Chr.).

3. Lukas: Erfüllung in Jesus

Lukas berichtet, wie die dem Hause David gegebene Verheißung ihre eigentliche und vollständige Erfüllung in Jesus Christus gefunden hat, der seiner Menschheit nach von David abstammt und dessen geistiges Reich ewige Dauer hat:

„Er (Jesus) wird groß sein und Sohn des Höchsten genannt werden. Gott, der Herr, wird ihm den Thron seines Vaters David geben.

Er wird über das Haus Jakob in Ewigkeit herrschen, und seine Herrschaft wird kein Ende haben“ (Lk 1, 32 f; vgl. Mt 1, 21 f).

Dem Propheten Natan selbst war dieser tiefste Sinn seiner Vorhersage noch verschlossen; erst vom Neuen Testament aus auf das AT zurückblickend können wir manche Prophetenworte in ihrer wahren Bedeutung begreifen. **AT erst vom NT aus zu begreifen**

5. DAVID BESTIMMT SALOMO ZUM NACHFOLGER

„Als David alt geworden war, ließ er seinen Sohn Salomo durch den Priester Zadók und den Propheten Natan an der Gíhon-Quelle zum König salben.“ **1 Kön 1, 1—2, 12**

Darin liegt der Unterschied zwischen Saul und David: SAUL war im Grunde seines Herzens hochmütig; er begann mit der Anmaßung hohepriesterlicher Vollmachten, er lehnte sich immer wieder gegen Gott und gegen sein Schicksal auf und endete in Verzweiflung und Selbstmord. Oft hatte Saul in seinem Leben gemordet: z. B. den Hohenpriester Ahimelech und seine 85 Priester, weil sie angeblich zu David hielten: Sauls Neid führte zum Massaker in der Priesterstadt und zum Mordversuch an David.

Auch König DAVID war ein sündiger Mensch wie wir alle. Aber er bemühte sich trotz aller menschlichen Schwäche, sein Königtum nicht nur zur Mehrung der persönlichen Macht zu mißbrauchen: David richtete wieder einen geregelten Gottesdienst ein, er ließ für den Tempelbau sammeln, er verfaßte viele echt männliche und zugleich tief fromme Gebete, er bekannte öffentlich seine Sünden und tat Buße.

Davids Sünde soll uns eine Warnung sein: Keiner ist vor einem tiefen Fall gefeit, wenn er nicht die Gelegenheit zur Sünde meidet. **FÜRS LEBEN**

Seit wann ist Jerusalem Hauptstadt und religiöses Zentrum der Israeliten? — Welche Bedeutung hat der Zions-Hügel für die Christen? — Worin liegt der Unterschied im Charakter des Saul und des David? — Was können wir vom Lebensweg des David lernen? **FRAGEN**

32. Lehrstück

KÖNIG SALOMO (972—926)

Wie wir schon hörten, ließ David noch zu Lebzeiten seinen Sohn Salomo (= der „Friedensreiche" = Friedrich) zum König salben. So gab es keinerlei Interregnum (= regierungslose Zwischenzeit).

1. DER WEISE HERRSCHER

1 Kön 2, 12—3, 28

„Salomo hatte nun den Thron seines Vaters David inne. Sein Königtum war sehr gefestigt. Er liebte den Herrn und wandelte nach den Weisungen seines Vaters. Er ging nach Gibeon, um dem Herrn zu opfern. Da sprach der Herr zu Salomo nachts im Traum: ‚Begehre, was Ich dir geben soll!' Salomo erwiderte: ‚Du hast, o Herr, Deinen Knecht zum König gemacht. Ich bin aber noch jung und weiß nicht aus noch ein mit dem Volke, das Du erwählt hast, das unsagbar groß ist. Gib daher Deinem Diener ein gelehriges Herz, daß ich immer einen Unterschied mache zwischen Gut und Böse und danach Dein Volk leite.'

Salomo erbittet sich Weisheit

Dieses Gebet gefiel dem Herrn, und er sprach: ‚Weil du nicht langes Leben begehrtest, noch Reichtum, noch den Untergang deiner Feinde, sondern Sinn und Verständnis für das Recht, so gebe Ich dir ein weises und verständiges Herz, wie es kein König vor dir gehabt hat und keiner nach dir haben wird. Aber auch das, worum du nicht gebeten hast, gebe Ich dir: Reichtum und Ehre, wie sie kein König zu deinen Lebzeiten haben soll! Und wenn du meinen Geboten nachlebst wie dein Vater, so werde Ich dir auch ein langes Leben verleihen.'

Der weise Richter

Bald darauf kamen zwei Frauen zum König. Die eine sprach: ‚Ich und diese Frau wohnen allein zusammen im gleichen Haus. In der Nacht starb ihr Knäblein; sie hatte es im Schlafe erdrückt. Während ich schlief, stand sie mitten in der Nacht auf, nahm mir mein Knäblein weg und legte ihr totes neben mich. Am Morgen fand ich ein totes Kind neben mir. Bei näherem Zusehen erkannte ich, daß es nicht mein Kind war.' Die andere Frau entgegnete: ‚Nein, mein Kind lebt, und dein Kind ist tot!‘ Dagegen sagte die erste: ‚Nein, dein Kind ist tot und meines lebt.‘ So stritten sie vor dem König.

Salomo sprach: ‚Holt mir ein Schwert!‘ Dann befahl er: ‚Teilt das lebende Kind in zwei Teile und gebt jeder die Hälfte!‘ Voll Mitleid sprach da die Mutter des lebenden Kindes zum König: ‚Bitte, Herr, gebt ihr das lebende Kind, aber tötet es nicht!‘ Dagegen sagte die andere: ‚Es sei weder mein noch dein! Teilt es!‘ 1 Kön 4, 21

Nun entschied der König: ‚Gebt jener das lebende Kind, tötet es nicht! Sie ist die Mutter!‘ Ganz Israel vernahm das Urteil und hatte Ehrfurcht vor dem König. Denn man erkannte, daß Gottes Weisheit in ihm wohnte.“

Die Bibel zeichnet Salomo zunächst als idealen König, der nicht nach Reichtum, Macht oder nach langem, ruhigem Leben strebt, sondern nach Weisheit, um das Volk gut regieren zu können. Schließlich war er ja erst 20 Jahre alt, als er die Verantwortung für das israelitische Volk übernehmen mußte.

Sein weises Urteil im Streit der beiden Frauen baut auf der Mutterliebe auf: Eine richtige Mutter wird ja eher auf ihr Kind verzichten, als zusehen, wie man es in Stücke zerhaut.

Auch in anderer Hinsicht zeigten sich Salomos große Talente zum Regieren: Er wurde bald ein recht guter Diplomat, der durch Handelsbeziehungen viel mehr erreichte als alle früheren israelitischen Herrscher durch ihre Kriege.

„Salomo herrschte über das ganze Gebiet vom Eufrat bis Gáza und dem Bache Ägyptens. Er hatte mit allen Nachbarvölkern ringsum Frieden. Die Israeliten wohnten, solange Salomo lebte, in Sicherheit, ein jeder unter seinem Weinstock und Feigenbaum, von Dan bis Béerscheba.“ 1 Kön 5, 4 f

Tochter des Pharao wird Salomos Frau

Statt einen Konflikt mit Ägyptern zu riskieren, bewarb er sich lieber um die Hand der Tochter des Pharao Schischak (vgl. Bild Nr. 21 = Scheschak, Schéschonk), so daß zum erstenmal eine Ausländerin, noch dazu eine Pharaonentochter, Königin in Israel wurde. Als „Hochzeitsgeschenk“ erhielt Salomo vom Pharao die Stadt Géser, die letzte kanaanäische Festung, die Schéschonk (950—929) für ihn eroberte. Bald stellte auch Salomo ein starkes Heer auf, dessen Rückgrat über 1000 Streitwagen waren; in Megíddo, am Westende der sehr fruchtbaren Jésreel-Ebene, wurden die Ställe Salomos ausgegraben, die herrlich ausgestattet waren und für mindestens 450 Pferde Platz boten.

und ebenso eine Königstochter aus Tyrus

Auch nach Norden hin sicherte sich Salomo, indem er eine Tochter des Königs Híram von Tyrus (979—946) ehelichte; mit diesem König Híram, der schon mit David zusammengearbeitet hatte, verbanden ihn bald rege Handelsbeziehungen. Salomo belieferte die damalige Welt mit arabischen Parfums und Gewürzen, mit ägyptischem Papyrus, mit Vasen aus Mykénä und aus Kreta. Nach phönikischem Vorbild wurden Hafenanlagen in Edom, Jaffa und Ezjon-Géber (= das heutige Eílath am Golf von Ákaba) errichtet; die Schiffe Salomos, die ihm Hírams phönikische Arbeiter erbaut hatten, erreichten Indien und Madagaskar und brachten Edelsteine, Purpurstoffe, Gold, Elfenbein und exotische Tiere an den Hof Israels. Grundlage des Reichtums von Salomo war also der Zwischenhandel und die Ausbeutung der Kupferlager bei Ezjon-Géber; übrigens arbeiten die Israelis unserer Tage in den gleichen Kupferbergwerken bei Eílath weiter, wo man noch die Schmelzöfen aus Salomos Zeit besichtigen kann. (Vgl. Bild Nr. 18.)

Handel

Die 40jährige Regierungszeit des Salomo brachte für Israel einen gewaltigen wirtschaftlichen Aufschwung. Dieser materielle Reichtum war freilich ebenso rasch wieder dahin, wie er gekommen war. Ein Schatz an geistigen Werten überdauerte aber die fast drei Jahrtausende seit damals; denn die Nachwelt rühmt Salomo besonders als Verfasser von *Weisheitssprüchen*, die wohl nicht alle von ihm selbst stammen. Sie werden aber ihm zugeschrieben, weil er nach ägyptischem Vorbild das gesamte erfahrbare *Wissen seiner Zeit in Form von Lebensregeln* zusammenstellen ließ. Ausgewählte Beispiele aus dieser Spruchsammlung Salomos sind diesem Kapitel am Ende angefügt (vergleiche dazu „FÜRS LEBEN“). Diese Sprüche sollten der männlichen Jugend praktische Lebensregeln vermitteln; in der heute vorliegenden Form wurden sie zwischen 500—300 vor Christus zusammengestellt.

Spruchsammlung

2. DER TEMPELBAU

Nach dem Muster des Heiligen Zeltes ließ Salomo auf dem Berge Morija, dem heutigen Tempelplatz in Jerusalem, ein mächtiges Gotteshaus errichten. Es sollte ein Abbild der Welt sein, die nach dem antiken Weltbild aus Meer, Erde und Himmel bestand. Ebenso hatte der Tempel Salomos drei Teile (vgl. dazu Bild Nr. 20):

Drei Teile

1. einen äußeren Vorhof für das Volk und einen *inneren Vorhof* für die Priester; in diesem standen der *Brandopfer-Altar* und ein großes

Waschbecken für die Priester, „*Ehernes Meer*" genannt. Im Weltbild der Antike versinnbildete das Meer die bedrohenden, chaotischen Mächte. (Chaos = Durcheinander = auf griechisch „diábolos", d. h. der Durcheinanderwerfer = der Teufel; Kosmos = Ordnung = Gottes Werk.)

2. Das *Heiligtum* war ein Sinnbild dieser Erde; denn dort brachte man Gott die Produkte dieser Erde als Opfergaben dar: Schaubrote, Räucherwerk, Leuchter.
3. Das *Allerheiligste* symbolisierte den Himmel, die Wohnung Gottes. Dort stand die Bundeslade.

Davids Plan

Schon David hatte für den Tempelbau durch Geldsammlungen und durch Bereitstellung wertvoller Materialien vorgearbeitet. Salomo ließ sich vom König Híram tüchtige Bauleute und Libanon-Zedern senden, wofür Salomo 20 galiläische Ortschaften an Tyrus abtrat. Unter der Anleitung fremdländischer Fachkräfte arbeiteten israelitische Fronarbeiter, so daß der Tempel einerseits in seiner großen Planung die oben beschriebene Übereinstimmung mit dem Heiligen Zelt aufwies, während andererseits in der Detail-Ausführung phönikische und ägyptische Baukunst verwertet wurde.

1 Kön 6

„Nach sieben Jahren waren der Bau und seine ganze Einrichtung vollendet. Nun versammelte Salomo die Fürsten und Ältesten des Volkes. In feierlichem Zuge ließ er die Bundeslade aus Zion, der Davidsstadt, an die neue Stätte übertragen.

1 Kön 8, Salomos Tempelweihegebet

Salomo trat angesichts der Festgemeinde vor den Brandopferaltar, breitete seine Hände gegen den Himmel aus und betete: ‚Herr, Gott Israels! Kann Gott wirklich auf Erden Wohnung nehmen? Siehe, der Himmel und die Himmel der Himmel können Dich nicht fassen! Um wieviel weniger dieses Haus, das ich erbaut habe. Aber sieh auf das Gebet Deines Knechtes und auf sein Flehen, Herr, mein Gott!

Wenn der Himmel verschlossen ist und es nicht regnet, weil sie gesündigt gegen Dich, und sie beten an diesem Ort und bekehren sich von ihren Sünden, weil Du sie demütigst, so wollest Du sie erhören im Himmel und die Sünden Deiner Knechte und Deines Volkes Israel verzeihen und wollest ihnen einen guten Weg zeigen, auf dem sie wandeln sollen . . . Auch wenn ein Fremder, der nicht von Deinem Volke Israel ist, aus fernen Landen kommt um Deines Namens willen und betet an diesem Orte, so wollest Du ihn hören im Himmel und alles tun, um was der Fremde

Universale Heilshoffnung

Dich anruft, auf daß alle Völker der Erde kennenlernen Deinen Namen ...' "

Aus diesem herrlichen Gebet Salomos kommt deutlich sein Glaube an einen einzigen, überirdischen und unsichtbaren Gott zum Ausdruck, der zugleich Herr *aller* Völker ist: Auch der Fremde soll an dieser Stätte erhört werden; Salomos Tempelweihegebet verkündet also eine *universale Heilserwartung*, d. h., alle Menschen dieser Erde dürfen auf den einen, einzigen und höchsten Herrn und Lenker aller Dinge hoffen. Diese universale Heilserwartung (im Gegensatz zu einer Nationalreligion) zeigte sich schon in einer messianischen Verheißung an Abraham:

Gen 12, 3

„In dir sollen gesegnet werden alle Völker der Erde!"

Salomo mußte den Tempelplatz, den Hügel Moríja, der sich von Westen nach Osten hin zum Kídrontal stark senkt, zuerst einebnen lassen. Die heute noch nach ihm benannten „Hallen Salomos" sind aber aus späterer Zeit, doch existierten sie schon zur Zeit Christi. Salomos Tempel stand bis zum babylonischen Exil (586 v. Chr.); heute befindet sich an seiner Stelle der Felsendom (= Omarmoschee, vgl. Bild Nr. 29).

Heute ist dort der Felsendom

3. SALOMOS HERRLICHKEIT GEHT ZU ENDE

Nach dem Tempelbau ließ Salomo noch in dreizehnjähriger Arbeit einen herrlichen *Königspalast* errichten und ein besonders reichgeschmücktes Haus für die Pharaonentochter, die er geheiratet hatte.

Besuch der Königin von Saba

Sein hohes Ansehen zeigte sich beim Besuch der *Königin von Saba* aus Südarabien. Sie stellte ihn nach orientalischer Art durch scharfsinnige Fragen und Rätsel auf die Probe; Salomo gab so geschickte Antworten, daß die Königin voll Staunen bekannte:

1 Kön 10, 6—9

„Deine Weisheit und dein Reichtum übertreffen alles, was ich davon gehört habe. Selig sind deine Leute, die deine Weisheit hören. Gepriesen sei der Herr, dein Gott, der dich auf den Thron Israels setzte."

Äußerer Glanz ist trügerisch

Das lange Wohlleben, der Reichtum, die sorglose Friedenszeit, der häufige Verkehr mit heidnischen Nachbarvölkern, besonders aber seine *Verehelichung mit mehreren Frauen aus dem Heidenland*, wurden Salomo allmählich zum Verhängnis. Er hatte damit gegen das allgemeingültige Verbot verstoßen, eine Mischehe einzugehen. Die Strafe folgte bald: Immer größer wurden seine wirtschaftlichen Schwierigkeiten: Die Einkünfte aus seinem Handel reichten zur Deckung seiner umfangreichen Bautätigkeit nicht mehr aus; so mußte er durch seine Vögte immer höhere

Steuern eintreiben lassen. Überhaupt nahm Salomo, als er älter wurde, immer mehr die Allüren anderer orientalischer Despoten an. Für seine Bauten beschäftigte er schließlich 150.000 Fronarbeiter, die von 3600 Aufsehern zur Arbeit gezwungen wurden. Da er überdies seinen eigenen Stamm Juda sowohl von der Steuerzahlung als auch von den Fronarbeiten ausnahm, machte er sich bei den elf anderen Stämmen sehr unbeliebt.

Salomo wird Despot und Götzendiener

Aber noch stand die Priesterschaft zu ihm, denn er war der Sohn des frommen David und der Erbauer des Tempels. Als er aber anfing, Götzendienst zu treiben, da er seinen heidnischen Frauen zuliebe *Götzentempel* in Jerusalem erbauen ließ, verlor er die Unterstützung der noch zu ihm stehenden Kreise. Es kam zu einer *Verschwörung* gegen den König, die jedoch von der Polizei Salomos aufgedeckt wurde. Der *Rädelsführer* war einer seiner Aufseher namens *Jeróbeam,* dem die Flucht nach Ägypten gelang; dort wurde ihm trotz eines Vertrages zwischen dem Pharao und Salomo politisches Asyl gewährt; solange Salomo noch lebte, unternahm Schischak nichts gegen seinen Schwiegersohn; noch heute aber berichten uns die Reliefs am Karnak-Tempel vom Kriegszug des Schischak gegen Salomos Sohn Rehábeam, übereinstimmend mit dem 1. Königsbuch der Bibel.

Als Salomo nach 40jähriger Regierung im Alter von 60 Jahren starb, hinterließ er seinem *Sohn* und Nachfolger Rehábeam ein innerlich morsches und vom Zerfall bedrohtes Erbe. Er starb in dem Bewußtsein, daß sich nun erfüllen werde, was ihm der Herr angedroht hatte:

„Weil du Meinen Bund nicht gehalten hast, zerreiße Ich dein Königreich und gebe es deinem Knechte. Um deines Vaters David willen aber nicht, solange du lebst. Erst deinem Sohne werde Ich es entreißen, doch nicht das ganze Reich. Ihm soll ein Stamm verbleiben um Davids willen und Jerusalem zuliebe, das Ich erwählt habe." **1 Kön 11, 11—13**

Überlege, welche der folgenden *„Sprüche Salomos"* für *deine Selbsterziehung* Bedeutung haben können:

FÜRS LEBEN

1. **Ein weiser Sohn macht seinem Vater Freude, ein törichter ist seiner Mutter Gram.** **Spr 10, 1**
2. **Wer auf einen Verweis hört, der gewinnt neue Erkenntnis; doch wer die Rüge haßt, der ist ein Tor.** **Spr 12, 1**
3. **Wer die Rute schont, hat seinen Sohn nicht lieb, doch wer ihn liebt, der züchtigt ihn.** **Spr 13, 24**
4. **Klug ist, wer schon im Sommer sammelt, ein Nichtsnutz ist, wer schläft zur Zeit der Ernte.** **Spr 10, 5**

Spr 13, 20 5. Verkehr mit Weisen, dann wirst du selber weise; wer's mit den Toren hält, dem geht es schlecht.

Spr 12, 23 6. Der kluge Mann verbirgt sein Wissen, der Narren Herz hingegen sprudelt Dummheit.

Spr 12, 19 7. Die wahre Rede hat für immer Geltung, die falsche nur für einen Augenblick.

Spr 14, 30 8. Ein ruhiges Gemüt bringt seinem Leib Gedeihen, die Leidenschaft jedoch ist Wurmfraß in den Knochen.

Spr 16, 18 9. Hochmut kommt vor dem Fall und vor dem Sturz der Übermut.

Spr 16, 9 10. Des Menschen Herz plant seinen Weg, der Herr jedoch lenkt seine Schritte.

FRAGEN *Wie heißt „Friedrich" auf hebräisch? — Wodurch erhielt sich Salomo den Frieden mit Nord und Süd? — Was strebt ein Herrscher normalerweise an, und was erbat sich Salomo vom Herrn? — Bringe ein Beispiel für seine Weisheit als Richter! — Betet Salomo im Tempel-Weihegebet nur für die Juden? — Welche Gefahren brachte sein häufiger Umgang mit den Heiden und besonders seine Heirat heidnischer Frauen mit sich?*

33. Lehrstück

WIEDERHOLUNG DER ZEIT VON MOSE BIS SALOMO

Zur Veranschaulichung könnte nun der Farbbildvortrag AT III: Auszug aus Ägypten — Dekalog — Landnahme (Uf 1622) vorgeführt werden (vgl. Seite 6!).

34. Lehrstück

TEILUNG DES REICHES (926 v. Chr.)

Gegen Ende der Regierungszeit Salomos war wegen der rücksichtslosen Aushebung der Fronarbeiter, wegen der starken Steuerlast und wegen der Ausnahmegesetze zugunsten des Stammes Juda die Unzufriedenheit in den anderen Stammesgebieten sehr groß. Es hätte einer besonderen Klugheit und Zurückhaltung Rehábeams bedurft, um die Einheit des Staates zu erhalten.

Salomo hatte aber infolge zu starker Inanspruchnahme mit den Regierungsgeschäften die Erziehung seines Sohnes vernachlässigt; der jugendliche Prinz konnte zwar alles haben, wonach sein Herz begehrte, aber er hatte es nie gelernt, sich in die schwierige Lage anderer hineinzudenken und schon gar nicht, selbst ein Opfer zu bringen. Darum kam es bald nach seinem Regierungsantritt zur Staatskrise.

Wer alles hat, dem bedeutet die Not der anderen nichts

„Nach Salomo wurde sein Sohn Rehábeam König. Ganz Israel kam zu ihm nach Sichem und sprach: ‚Dein Vater hat uns ein hartes Joch auferlegt. Mache du es leichter, dann sind wir dir untertan!' Rehábeam entgegnete: ‚Kommt nach drei Tagen wieder!' Darauf besprach er sich mit den Ältesten, die Berater seines Vaters waren. Diese sagten: ‚Leistest du diesen einen Tag dem Volke den Dienst, daß du zu ihm freundliche Worte sprichst, so werden sie dir alle Tage zu Diensten sein.'

1 Kön 11, 43—12, 11

Rehábeam aber verwarf diesen Rat. Er folgte den jungen Leuten, die mit ihm groß geworden waren und die nun sein Gefolge bildeten. Er gab dem Volke den Bescheid: ‚Mein Vater hat euch ein schweres Joch auferlegt; ich aber will es noch schwerer machen! Mein Vater hat euch mit Geißeln geschlagen; ich aber will euch mit Skorpionen peitschen!' "

Machtfimmel und Gewalt bringen keine gute Lösung

Damit meinte er Geißeln mit Widerhaken, die dem Gepeinigten das Fleisch herausreißen, d. h., er *drohte* ihnen ganz offen, *er werde* die *Bedrückung noch steigern.* Er hatte zu seinem und des Volkes Verderben nicht auf die weisen, älteren Ratgeber gehört, sondern auf seine noch unerfahrenen Alterskameraden, die gleich ihm von Hochmut und Torheit verblendet waren und die ernste Situation nicht erkannten. Das Volk ließ

Eine Dummheit — und nie mehr gutzumachen!

sich nicht einschüchtern; die meisten waren vielmehr derart entrüstet über seine ungeschickte Antwort, daß zehneinhalb Stämme ihm den Gehorsam aufkündeten; nur Juda und der halbe Stamm Benjamin blieben ihm treu.

Das väterliche Erbe war damit vertan, kaum, daß er es angetreten hatte, und das israelitische Volk war von nun an in zwei Reiche geteilt:

1. das *Nordreich Israel* (zehneinhalb Stämme, Hauptstadt *Samaria*, König der aus dem Exil in Ägypten zurückgekehrte und von Scheschonk gestützte *Jerobeam)* und
2. das *Südreich* (eineinhalb Stämme, Hauptstadt *Jerusalem*, König Rehábeam, der Sohn Salomos).

Das *Nordreich* hatte viel mehr Einwohner und benannte sich deswegen mit dem Namen des Gesamtvolkes „Israel“, das Südreich hingegen hatte mit Jerusalem und mit dem Stamm Juda, aus dem der Messias hervorgehen sollte, das größere religiöse und politische Gewicht. Zwischen diesen beiden Reichen gab es nun oft Bruderkrieg.

Jahwe wird im Nordreich unter der Gestalt eines Stieres verehrt

Zur politischen Entzweiung kam bald noch der *religiöse Abfall des Nordreiches.* Um Pilgerfahrten von Angehörigen des Nordreiches nach Jerusalem zu verhindern, ließ Jerobeam in Dan im Norden und in Bet-El an der Südgrenze je ein Heiligtum errichten, in dem *Jahwe unter der Gestalt eines Stieres verehrt* wurde. Der Kult des Apisstiers, den die Israeliten im Ostdelta des Nils erlebt hatten, machte auf sie offenbar großen Eindruck; in Krisenzeiten, wie z. B. am Sinai oder auch nun bei der Reichsteilung, drängte er sich wieder vor.

Zunächst wollte Jerobeam mit dem Stierbild wohl kaum den ägyptischen Götzendienst einführen, denn ausdrücklich wies er bei der Einweihung der neuen Kultstätten hin auf „Gott, der euch aus Ägypten geführt hat“; in der Folgezeit freilich wurden die Kulte Kanaans und Phöniziens immer stärker mitgefeiert, so daß es zu einer Mischreligion (= Synkretismus) kam.

König = Hoherpriester

Jerobeam maßte sich übrigens auch die *Würde eines Hohenpriesters* an, und diese *„Sünde Jerobeams“* wiederholten alle 18 weiteren Könige des Nordreiches; zur Strafe für diesen Abfall vom einen Gott starben alle 18 eines gewaltsamen Todes: Eine Dynastie rottete die andere aus, bis die Assyrer im Jahre 720 den einflußreichen Teil der Bevölkerung deportierten, wie wir noch hören werden.

Südreich Juda

Auch das *Südreich* erlebte keine guten Tage. Im Jahre 926 v. Chr. unternahm der Pharao Schéschonk (vgl. Bild Nr. 21) einen Plünderungszug nach Jerusalem und andere Städte, und Rehábeam mußte trotz

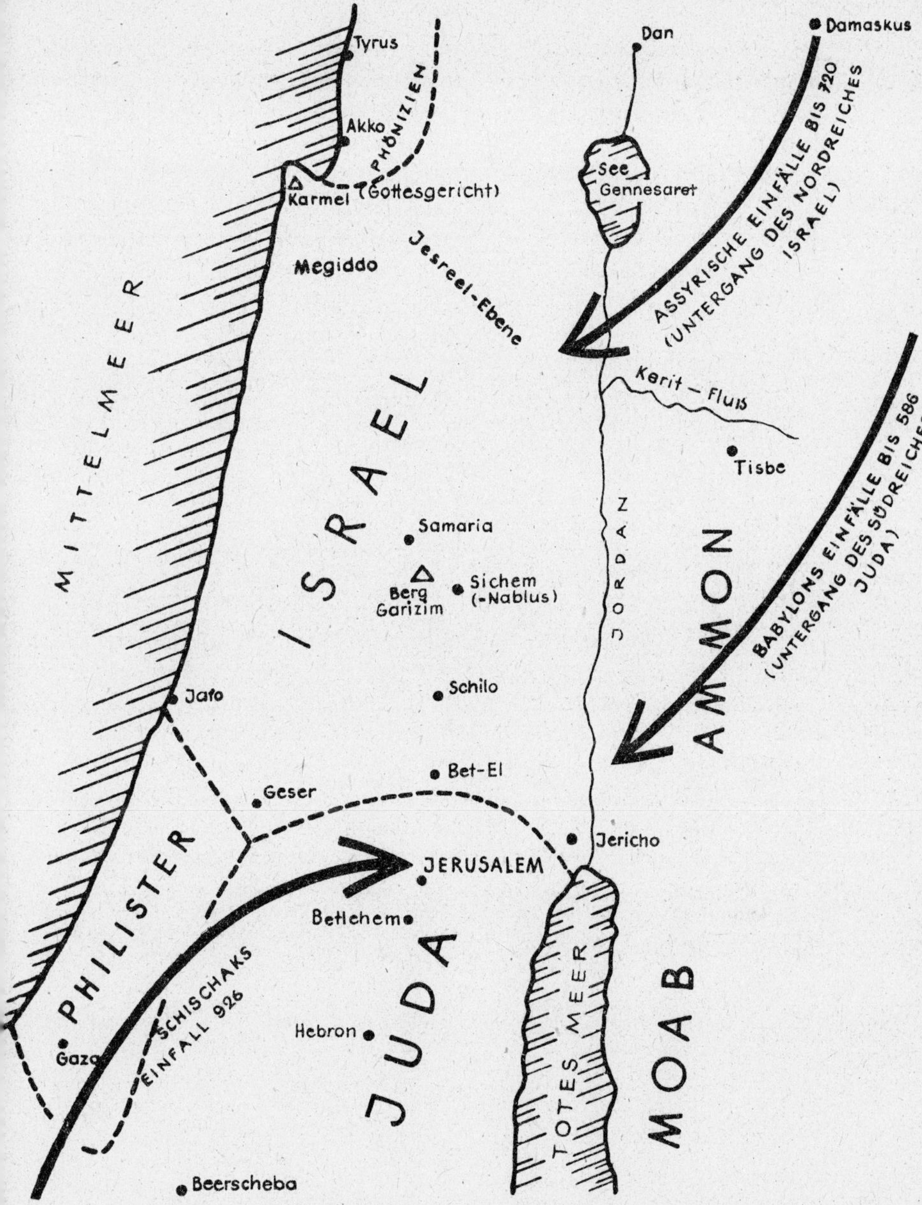

Skizze 12 Teilung der Reiche Juda und Israel 926 v. Chr.

seiner verwandtschaftlichen Beziehungen zum Pharao die Schätze des Tempels und des Palastes ausliefern. Im Südreich gab es allerdings keinen Kampf von Dynastien; es wurde die Erbfolge im Hause David eingehalten; aber von den 20 Königen bis zum babylonischen Exil werden von der Bibel nur acht als gut bezeichnet.

Könige versagen

Im großen und ganzen gesehen, versagte also das Königtum beider Reiche in seiner eigentlichen Aufgabe, Statthalter des Gott-Königs im auserwählten Volke zu sein und das Volk in der wahren Religion zu erhalten. Diese Aufgabe übernehmen in der Folgezeit immer mehr die *Propheten.*

FÜRS LEBEN

Rehábeam hatte eine sorgenfreie Jugendzeit verlebt und konnte sich als königlicher Prinz am Hofe Salomos alles leisten; jeder Wunsch wurde ihm erfüllt. Demut und Selbstbeherrschung lernte er dabei natürlich nicht.

Aber auch der mächtigste und reichste Vater kann seine Kinder nicht ihr ganzes Leben lang vor allen Schwierigkeiten bewahren. Rehábeam hatte es nie notwendig gehabt, mit Schwierigkeiten fertig zu werden. Als nun gleich beim Regierungsantritt ein Zurückschrauben seiner Ansprüche, Bescheidenheit und Geduld mit den aufgebrachten Leuten nötig gewesen wäre, folgte er nicht dem weisen Rat der Mitarbeiter seines verstorbenen Vaters, sondern er hörte auf die angeberischen Reden seiner unerfahrenen Altersgenossen. Er hat dann in dem einzigen günstigen Augenblick, in dem er seine Regierung dauernd hätte befestigen können, ganz falsch gehandelt und damit sich und seinem ganzen Volk schwer geschadet; es gab später keine Möglichkeit mehr für ihn, diesen Fehler wiedergutzumachen. — So wird Gott vielleicht auch dich in irgendeine schwerwiegende Entscheidung hineinstellen, und du wirst andere um Rat fragen. Was solltest du aus dem Schicksal Rehábeams für dein Leben lernen?

FRAGEN

Warum kam es zur Reichsteilung (Fehler Salomos, Fehler Rehábeams)? — In welche zwei Staaten zerfiel das Volk Israel, wie hießen die Hauptstädte, wie die ersten Könige? — Worin bestand die „Sünde Jerobeams", und wo gab es das später wieder in der Geschichte? — Welches Schicksal erlebte das Südreich Juda schon einige Jahre nach der Reichsteilung? — Wir sprachen in der letzten Zeit von zwei biblischen Persönlichkeiten, die ihre Kinder schlecht erzogen haben (Eli, Salomo); was haben sie falsch gemacht?

35. Lehrstück

DIE PROPHETEN DES NORDREICHS ISRAEL

Was ist ein Prophet?

Meist stellt man sich unter einem „*Propheten*" einen von Gott berufenen und beauftragten Verkünder seiner Offenbarungen und Verheißungen vor; die Propheten waren aber nicht nur das. Sie wurden vielmehr zum religiösen Führer des Volkes in einer Krisenzeit, zum *Bewahrer des Eingott-Glaubens,* zum Verteidiger der Zehn Gebote auch gegen das jeweilige Königshaus. Sie waren das „Gewissen des Volkes"; sie drohen für den Abfall zum Götzendienst die härteste Strafe an, die es für einen Israeliten gibt: das Aussterben seiner **Familie.**

Jeróbeam (931—910), der frühere Aufseher Salomos, der wegen seines Aufstandsversuches zu Pharao Scheschonk hatte flüchten müssen, wurde nach Salomos Tod durch Scheschonks „Vorsorge" erster König des Nordreichs; er regierte einundzwanzig Jahre, sein Sohn Nadab nur ein Jahr; die Dynastie des Empörers gegen das Haus David existierte also nicht einmal ein Menschenalter, denn um 910 wurden alle Angehörigen der Familie Jeróbeams ermordet. Nach mehreren, meist auch recht kurz regierenden Königen, machte ein Heerführer namens Ómri im Jahre 886 das elf Kilometer von Síchem entfernte Samaria zur Hauptstadt des Nordreichs. Ein Sohn dieses Ómri, der 874—853 regierende Áhab, führte auf Betreiben seiner Frau Isebel das offene Heidentum ein, wie die Bibel berichtet:

1 Kön 16—19
Jahwe- und Baalskult nebeneinander

„Áhab tat mehr als alle seine sechs Vorgänger, was dem Herrn mißfiel. Nicht nur, daß er in den Sünden Jeróbeams wandelte, er nahm auch Isebel, eine Königstochter aus Sidon (= Saida, 40 km südlich vom heutigen Beirut) zur Frau und führte ihre Baalsreligion in seinem Reiche ein. Er baute dem Baal von Sidon einen Tempel in Samaria. Isebel ließ die Propheten des Herrn, deren sie habhaft werden konnte, töten und berief 450 Baalspriester.

Da trat der Prophet Elija aus Tisbe vor den König und sprach: ‚So wahr der Herr, der Gott Israels, lebt, in dessen Dienst ich stehe: Es soll in diesen Jahren weder Tau noch Regen fallen, bis ich es sage!' " — Elija wirkte bei einer Witwe in Sarépta mehrere große Wunder: In der

Hungersnot ging ihr Mehl und Öl nicht aus, ihr verstorbener Sohn wurde vom Tod erweckt.

Elija ruft zum Gottesgericht

„Bis ins dritte Jahr hatte es nicht mehr geregnet. In Samaria herrschte große Hungersnot. Da erging das Wort des Herrn an Elija. ‚Geh hin und zeige dich dem Áhab; denn Ich will dem Erdboden wieder Regen geben.' Elija ging hin und sprach zu Áhab: ‚Sende Boten umher und entbiete ganz Israel zu mir auf den Berg Karmel, dazu die 450 Baalspriester!'

Zwei Altäre

Als sie alle mit dem König zusammen versammelt waren, trat Elija vor sie hin und sprach: ‚Wie lange noch hinkt ihr nach beiden Seiten? Ist der Herr der Gott, so folgt Ihm! Ist es aber Baal, so folgt diesem!' Das Volk gab keine Antwort. Elija fuhr fort: „Ich allein bin als Prophet des Herrn noch übrig, der Baalspriester aber sind es 450. Man gebe uns zwei Stiere! Sie sollen sich den einen Stier wählen, ihn zerteilen und auf das Holz legen, aber kein Feuer anzünden. Den anderen Stier will ich zurichten und auf das Holz legen, aber auch kein Feuer anzünden. Ihr ruft den Namen eures Gottes an, ich rufe den Namen des Herrn an. Der Gott, der mit Feuer antwortet, ist der wahre Gott!' Alles Volk antwortete: ‚Der Vorschlag ist gut!'

Wer sendet Feuer?

Die Baalspriester machten nun einen Stier zum Opfer fertig. Dann tanzten sie um den Altar und riefen vom Morgen bis zum Mittag: ‚Baal, erhöre uns!' Doch niemand war, der antwortete. Da verhöhnte sie Elija und sprach: ‚Ruft lauter! Vielleicht ist er gar eingeschlafen und muß erst geweckt werden!' Da riefen sie noch lauter und brachten sich ihrer Sitte gemäß mit Messern Einschnitte bei, bis das Blut an ihnen herabrann. Aber es kam keine Antwort.

Die Baalspriester rasen

Elija betet

Nun sprach Elija zum Volke: ‚Tretet her zu mir!' Er baute aus zwölf Steinen — entsprechend der Zahl der Stämme Israels — den niedergerissenen Altar des Herrn wieder auf und zog rings um ihn einen Graben. Dann schichtete er das Holz auf, hieb den Stier in Stücke, legte ihn auf das Holz und ließ so viel Wasser darauf gießen, daß selbst der Graben ringsum angefüllt wurde. Hierauf betete er: ‚Herr! Gott Abrahams, Isaaks und Jakobs! Laß heute kund werden, daß Du Gott bist in Israel, ich aber Dein Knecht, der auf Dein Wort hin dies alles tut. Erhöre mich, Herr, erhöre mich! Dies Volk möge erkennen, daß Du der wahre Gott bist und die Herzen zur Umkehr bringst!'

Ein Blitz zündet das Opfer des Elija,

Da zuckte Feuer vom Herrn herab und verzehrte das Brandopfer, das Holz und die Steine und leckte sogar das Wasser im Graben auf. Das Volk warf sich nieder aufs Angesicht und rief: ‚Der Herr ist der Gott, der Herr ist der Gott!' Elija ließ die Baalspriester hinrichten.

Alsdann stieg er auf den Gipfel des Karmel, neigte sich zur Erde und verweilte im Gebet. Siehe, da stieg zuerst ein Wölkchen auf, so klein wie eine Menschenhand. Bald aber wurde der Himmel dunkel, und ein gewaltiger Regen rauschte nieder.

der nun die Baalspriester hinrichten läßt

Áhab berichtete Isebel alles, was Elija getan. Sie aber drohte ihm den Tod an, weil er die Baalspriester hatte hinrichten lassen. Elija floh daher in die Wüste bei Béerscheba. Er ließ sich unter einem Ginsterstrauch nieder und betete, Gott möge ihn sterben lassen."

Nachdem Gott ihn in wunderbarer Weise gestärkt hatte, wanderte er zum *Berg der Zehn Gebote* auf der Sinai-Halbinsel und nächtigte in einer Höhle am Berge Hóreb.

„Da sprach der Herr zu ihm: ‚Komm heraus und stelle dich auf den Berg vor dem Herrn!' Der Herr wollte vorüberziehen. Ein gewaltiger Sturm brauste vor dem Herrn her, Berge spaltend und Felsen sprengend; doch der Herr war nicht im Sturm. Nach dem Sturm kam ein Erdbeben; doch der Herr war nicht im Erdbeben. Nach dem Erdbeben brach Feuer los; aber der Herr war nicht im Feuer. Nach dem Feuer kam das Säuseln eines sanften Windes. Da verhüllte Elija sein Gesicht mit dem Mantel und trat an den Eingang der Höhle. Eine Stimme fragte: ‚Was willst du hier, Elija?'

Gott ist nicht mit der Gewalt, sondern mit der Milde und Güte

Er antwortete: ‚Ich habe für den Herrn, den Gott der Heerscharen, geeifert. Denn die Israeliten haben Deinen Bund verlassen, Deine Altäre niedergerissen und Deine Propheten mit dem Schwert getötet. Ich allein bin übriggeblieben, doch auch mir trachten sie nach dem Leben.' Der Herr erwiderte: ‚Kehre um und salbe Elischa zum Propheten an deiner Statt. Und 7000 Mann lasse ich übrig in Israel, die vor dem Baal ihr Knie nicht beugen!' "

Elija war sicher ein mutiger Mann gewesen; denn schließlich riskierte er, eingesperrt, gemartert oder gar umgebracht zu werden, als er dem Ruf Gottes zum Prophetenamt Folge leistete. Als Gott sich gegenüber den Baalspriestern so mächtig erwiesen hatte, verlor aber Elija in seiner Begeisterung die ruhige Überlegung und veranlaßte die Tötung der 450 Baalspriester.

Da nahm ihn Gott in der Einsamkeit des Sinai in seine Schule; im Erleben der eindrucksvollsten Naturgewalten ließ er ihn erkennen, daß Gott nicht dabei ist, wenn die Gewalt losgelassen ist; Elija verspürt vielmehr im sanften Säuseln eines leichten Windes Gottes Nähe und Gegenwart und verhüllt darum ehrfurchtsvoll sein Angesicht. So wurde Elija von Gott belehrt, er möge in Hinkunft nicht mehr wie ein zerstörender

Sturmwind, nicht wie ein vernichtendes Erdbeben oder wie Feuersbrand gegen die Andersgesinnten vorgehen; ein sanfter Wind soll ihm Sinnbild sein für die Liebe und Güte Gottes, denn blinder Eifer und Fanatismus sind nicht der richtige Stil für Gottes Mitarbeiter.

Kein Fanatismus!

Elija galt den Juden als der größte Prophet. Sie sahen später Johannes den Täufer als den wiedererstandenen Elija. Bei der Verklärung Christi auf dem Berg *Tabor* erscheint er mit Mose den Aposteln.

Sein Werk als Prophet führt Elícha weiter. Christus erwähnt ein Wunder, das Elícha wirkte, die Heilung des aussätzigen Naaman, eines heidnischen Feldherrn aus Syrien.

Ahabs Familie und der Baalskult verschwinden unter Jehu

Recht drastisch schildert die Bibel dann die Strafe Gottes am Hause Áhab, das die Hauptverantwortung trägt für den religiösen Abfall; abermals kommt eine neue Dynastie im Nordreich zur Macht, wobei wie auch früher in solchen Fällen alle Angehörigen des früheren Königs, auch die inzwischen alt gewordene Isebel, getötet werden.

Der neue König Jéhu ließ überdies den Baalstempel in Samaria zerstören und führte wieder den Jahwe-Kult ein; von „der Sünde Jeróbeams" kam freilich auch er nicht los, d. h., er machte sich als König zugleich zum Hohenpriester; darum bestrafte ihn Gott zunächst mit dem Verlust des Ostjordanlandes, und schließlich mußte er sogar noch dem Assyrerkönig Salmanássar III. (859—824) die Füße küssen. Diese Szene ist auch auf dem berühmten „*Schwarzen Obelisken*" dargestellt, den man in Nimrud fand und der jetzt im Museum von Bagdad steht (vgl. Bild Nr. 23).

Außerbiblische Parallelberichte

Ein anderer außerbiblischer Parallelbericht zu den geschichtlichen Ereignissen im Nordreich ist die MÉSCHA-STÉLE, die, ebenso wie das 2. Königsbuch der Bibel, von den wechselvollen Kämpfen mit dem Moabiterkönig Méscha berichtet (um 850 v. Chr. — vgl. Bild Nr. 22).

Untergang des Nordreichs 720

Den endgültigen *Untergang des Nordreichs* Israel führte der *Assyrerkönig Sargon II.* im Jahre 720 herbei, als er die Hauptstadt Samaria nach langer Belagerung einnahm und alle einflußreichen Bewohner, die noch am Leben waren, nach Assyrien deportierte. Ein weiterer außerbiblischer Parallelbericht, der *Siegeszylinder Sargons II.* (vgl. Bild Nr. 24) bestätigt ebenso wie die bisher genannten assyrischen bzw. moabitischen Urkunden die biblische Darstellung. Assyrische Texte sprechen von 27.290 aus Samaria für immer in die Fremde Deportierten; da man sie im großen assyrischen Reich verteilte, gingen sie unter.

Aus den zurückgebliebenen Bewohnern, meist einfachen Bauern, und den von den siegreichen Assyrern in Samaria angesiedelten assyrischen

Soldaten entstand das *Mischvolk der Samariter*. Weil sie keine reinrassigen Juden mehr waren, verachtete man sie in Jerusalem. Noch zur Zeit Christi vermied man es, durch ihr Gebiet zu gehen; darum zog man von Galiläa nicht am direkten Weg, durch Samaria hindurch, nach Judäa, sondern durchs Jordantal oder durch das Ostjordanland. Mit einem Angehörigen dieses halbheidnischen Mischvolkes der Samariter sprach ein rechtgläubiger Jude gar nicht; darum das Erstaunen der Jünger, als sich Jesus am Jakobsbrunnen, noch dazu mit einer Frau, in ein Gespräch einläßt (Joh 4, 7—27). Aus dieser Abneigung gegen die Samariter erklärt sich auch der Ärger der Gesetzeslehrer, als Jesus im Gleichnis vom *„Barmherzigen Samariter“* gerade einen Bewohner dieser halbheidnischen Provinz als nachahmenswertes Vorbild hinstellte (Lk 10, 25—37).

Mischvolk der Samariter

Diese Samariter errichteten ihr Heiligtum auf dem Berge Gárizim bei Síchem, wo sich ihre kleine, im heutigen Nablús wohnende Gemeinde noch in unseren Zeiten einmal im Jahr versammelt, um mehrere Tage hindurch das Osterfest neben ihrer Tempelruine zu feiern.

Heiligtum am Garizim

JONA

Ein Prophet dieses Namens lebte unter König Jeróbeam II. (Mitregent 793—783, Alleinherrscher 783—753) im Nordreich Israel. Die Erzählungen aus dem Leben dieses Propheten stammen aber erst aus der Zeit *nach* dem babylonischen Exil (= 538 v. Chr.).

Sie sind *kein geschichtlicher Bericht*, sie sollen vielmehr den nachexilischen Juden klarmachen, daß Gott sich auch um die Heiden kümmere, da er auch das große, heidnische Ninive nicht aufgegeben habe. Wir sollen also eine allzu engherzige Gottesvorstellung ablegen und dürfen ebensowenig wie die nachexilischen Juden meinen, Gott wolle nur „das auserwählte Volk“ retten, während alle anderen „heidnischen“ Völker von vornherein zur Verdammnis bestimmt wären.

Ein lehrhafter Bericht

Jona wehrt sich lange Zeit dagegen, nach Osten, nach Ninive, zu gehen; er wendet sich lieber nach Westen und versucht, dem Auftrag Gottes zu entgehen, indem er mit einem Schiff aus der Gegend von Jafo nach Westen fährt. Gott gibt aber seinen Plan nicht auf, daß Jona sein Werkzeug als Prophet sein soll, um das ungläubige Ninive zu bekehren. Der Bericht schildert alle Schwierigkeiten, die den ungehorsamen Jona bewegen, seine Engstirnigkeit und Angst aufzuheben und, dem Willen Gottes entsprechend, in der gegnerischen, heidnischen Hauptstadt zu predigen.

An dieser Jona-Erzählung ist also wenig interessant, ob Jona **drei Tage** in einem Fischleib war oder ob er sich drei Tage lang an einer **Holzplanke,** einem Schiffswrack, festgehalten und dann wieder palästinensischen **Boden** erreicht habe. *Jona* selbst ist eine geschichtliche Persönlichkeit des **8. Jahrhunderts** v. Chr., wie schon einleitend bemerkt wurde. Die erst **nach** dem babylonischen Exil verfaßte Schilderung, wie er sich gegen einen **Missionsauftrag** wehrt, ist hingegen kein geschichtlicher Bericht, sondern eine *lehrhafte Erzählung, deren Sinn* wohl der ist:

Sinn: Auch die Heiden sollen Gottes Botschaft hören und sie werden sich bekehren

Auch die Heiden sollen Gottes Botschaft hören, damit sie sich bekehren und von ihren Sünden erlöst werden; ebenso wie in der Verheißung an Abraham und wie im Tempelweihegebet Salomos soll auch durch die Jona-Erzählung der *universale Heilswille Gottes* verkündet werden, d. h.: Gott erbarmt sich auch der Sünder im Heidenland, wenn sie so wie die Bewohner Ninives Buße tun „in Sack und Asche". Gott ist nicht bloß der Herr einer einzigen Nation, sondern der Herr und Erbarmer für alle Menschen, auch für die Heiden.

Wie sollen wir uns also *richtig verhalten, wenn uns ein Mensch* begegnet, der *anderer Meinung ist* als wir selber?

FÜRS LEBEN

1. Ihm zuhören, ihn ausreden lassen, ihn also nicht unterbrechen, nicht dazwischenreden, wenn er seine Meinung vorträgt;
2. ihm recht geben, wo er nach unserer Überzeugung recht hat;
3. ihm aber von dem Punkt an, wo wir nicht mehr zustimmen können, ebenso offen, unerschrocken und höflich (siehe: „sanftes Säuseln des Windes") unsere Meinung sagen und sie begründen;
4. auf keinen Fall aber wegen einer Meinungsverschiedenheit handgreiflich werden oder gar trachten, den anderen für immer mundtot zu machen. Gott zeigte bei Elija deutlich, daß Er gegen blinden Eifer ist und gegen jeden Fanatismus.

FRAGEN

Was ist ein Prophet? — Wie belehrt Gott den Elija, daß er mit der Tötung der 450 Baalspriester falsch gehandelt habe? — Was ereignete sich mit den zehn Stämmen des Nordreichs Israel um 720 v. Chr.? — Welchen Sinn hat die Jona-Erzählung der Bibel? — Wie sollte man sich gegenüber einem Menschen mit ganz anderen Auffassungen verhalten?

36. Lehrstück

DIE PROPHETEN DES SÜDREICHS JUDA

I. JESAJA

1. Seine Berufung zum Propheten

Während die zehneinhalb Stämme des Nordreichs Israel um 720 v. Chr. aus der Geschichte verschwanden, hielt sich das Südreich Juda noch 135 Jahre länger, also bis 586 v. Chr.

Südreich Juda hält sich bis 586

Jesaja entstammte dem Königshaus von Juda und war daher mit dem damaligen König Usija verwandt. Im 6. Kapitel seines Buches berichtet er, wie Gott ihn zum Propheten berief:

Berufung zum Propheten

Jes 6, 1—8

„Im Todesjahr des Königs Usija (= 740 v. Chr.) sah ich den Herrn auf einem hohen und erhabenen Throne sitzen. Serafim schwebten über ihm; ein jeder hatte sechs Flügel: Mit zweien bedeckte er sein Angesicht, mit zweien seine Füße, mit zweien schwebte er. Einer rief dem andern zu:

‚Heilig, heilig, heilig ist der Herr der Heerscharen! Die ganze Erde ist erfüllt von Seiner Herrlichkeit!'

Die Grundfesten der Schwellen erbebten vor dem Schall der Rufenden, und das Heiligtum ward mit Rauch erfüllt. Da rief ich:

‚Weh mir! Ich bin verloren! Denn ein Mann mit unreinen Lippen bin ich, unter einem Volk mit unreinen Lippen wohne ich. Und doch haben meine Augen den König gesehen, den Herrn der Heerscharen!'

Da flog einer der Serafim auf mich zu, in der Hand eine glühende Kohle, die er mit einer Zange vom Altare genommen hatte. Er berührte damit meinen Mund und sprach:

‚Sieh, dies hat deine Lippen berührt: Deine Schuld ist geschwunden, deine Sünde gesühnt!'

Da hörte ich die Stimme des Herrn, die da sprach:

‚Wen soll Ich senden? Wer soll für Uns gehen?' — Ich antwortete: ‚Herr, hier bin ich, sende mich!' "

Jesaja beginnt seine Prophetenlaufbahn mit dem Bekenntnis seiner Unwürdigkeit, seiner Sündhaftigkeit; die „glühende Kohle", mit der ein Engel seine Lippen berührt, ist ein Sinnbild der göttlichen Gnade, die wie Feuer alle Schlacken der Sünde ausbrennt.

Sanctus in der Messe

An die Berufungs-Vision des Jesaja erinnert das *Sanctus* jeder Messe:
**„Heilig, heilig, heilig, Gott, Herr aller Mächte und Gewalten.
Himmel und Erde sind erfüllt von Deiner Herrlichkeit."**

Ahas, der Vielgötterei verfallen

Am Beginn seiner Predigttätigkeit regierte im Südreich der götzendienerische König Ahas (735—728), der ebenso wie der schon genannte König Ahab des Nordreiches den Baalskult einführte; Ahas opferte darüber hinaus noch anderen heidnischen Göttern, indem er z. B. seinen eigenen Sohn dem „Gott" Moloch darbrachte.

Tempel Salomos zugesperrt

Daß dieser König Ahas, der den heidnischen Göttern Kultstätten errichtete und Opfer darbrachte, für den Jahwe-Kult wenig übrig hatte, ist wohl klar; er ließ darum den Salomonischen Tempel einfach zusperren.

Gott strafte Ahas schwer: Von drei Seiten stürmten die Feinde auf Jerusalem; es drohte eine schwere Belagerung. Als er gerade Festungsanlagen und die Wasserleitung überprüfte, trat Jesaja auf ihn zu und verkündete ihm:

Jes 7, 4—12

Gott wird Jerusalem beschützen

„‚Bleibe ruhig! Sei ohne Furcht! Dein Herz bange nicht wegen dieser beiden qualmenden Brandscheitstummel da, die Unheil gegen dich planen. Dazu spricht der Herr: ‚Nimmer wird es gelingen! Nimmer wird's geschehen! So ihr aber nicht glaubt, bleibet ihr nicht!'

Und weiter sprach der Herr durch Jesaja zu Ahas: ‚Erbitte dir ein Zeichen vom Herrn, deinem Gott, tief aus der Unterwelt drunten oder hoch droben aus der Höhe!'

Der König aber erwiderte: ‚Dieses Verlangen stelle ich nicht, ich will den Herrn nicht versuchen!' "

2. *Seine Vorhersage von der Geburt des Messias*

1. Jes 7, 13—16

„Die junge Frau"

„Da sprach Jesaja: ‚Höret doch, ihr vom Hause David! Ist es euch nicht genug, Menschen zu ermüden, daß ihr auch noch meinen Gott ermüdet? So wird der Herr selber euch ein Zeichen geben: Siehe, die junge Frau wird empfangen und einen Sohn gebären und seinen Namen Immanuel (= Gott mit uns!) nennen!' "

Wir werden nicht daran vorbeikommen, zunächst jenen Sinn dieser Stelle zu bedenken, den Jesaja vermutlich im Jahre 734 v. Chr. damit ausdrücken wollte: er bezog sie wahrscheinlich auf Hiskija (= Ezechias,

725—697), den Sohn des Ahas; Hiskija war von Ahas schon 12 Jahre zum Mitregenten berufen worden. Auch dieser Thronfolger Hiskija entstammte der Dynastie David und war daher Träger der dem Hause David gegebenen Verheißungen über den kommenden Messias, den wirklichen Immanuel.

Prophezeiung meint den Thronfolger

Jes 9, 5—6

Immanuel

Jesaja dürfte auch das *„Immanuel-Wort"* auf den Sohn des damaligen Königs bezogen haben: **„Ein Kind ist uns geboren, ein Sohn ist uns geschenkt, auf seinen Schultern ruht die Herrschaft, und man nennt seinen Namen: Wunderbarer, Ratgeber, starker Gott, ewiger Vater, Friedensfürst. Groß ist seine Herrschaft und des Friedens kein Ende . . ."**

„7 Gaben des Hl. Geistes": Firmung

Die sehr naheliegende messianische Deutung könnte jedoch schon auf die Jesaja-Jünger zurückgehen, die aus der Denkschrift und aus anderen Texten ihres Meisters das jetzige Jesaja-Buch zusammenstellten und sich dabei gleichfalls der Führung durch den Heiligen Geist erfreuen durften. Sie haben kurz hinter der Denkschrift ein Gedicht untergebracht, das zum erstenmal die sogenannten *„7 Gaben des Hl. Geistes"* nennt und sich wohl schon auf den künftigen Messias bezieht:

2. Jes 11, 1—3

„Ein *Reis* wird hervorwachsen aus dem Wurzelstumpf Isai (Jesse), ein Schößling bricht aus seinen Wurzeln hervor. Auf ihm wird ruhen der Geist des Herrn: der Geist der *Weisheit* und des *Verstandes,* der Geist des *Rates* und der *Stärke,* der Geist der *Erkenntnis* und der *Furcht des Herrn!"*

Das Reis aus dem Wurzelstock: jungfräuliche Geburt des Messias

Erst vom Neuen Testament aus verstehen wir den vollen *Sinn* dieser Prophezeiung: Der Immanuel wird zwar aus dem „Wurzelstock Isai" kommen, d. h. aus dem Hause Davids; Gott braucht aber keinen so hochmütigen Mann wie Ahas, um seinen Heilsplan zu verwirklichen. Der männliche Stamm des Hauses David wird verworfen. Nur ein bescheidener „Wurzelstock" erinnert noch an den früher so herrlichen Baum, das Königshaus David, nachdem es einmal alle äußere Macht verloren hat. Aus einem „Wurzelstock" wird ein zartes Reis heraussprießen, Jesus, der *Messias, geboren aus einer Jungfrau.*

Mt 1, 22 f

Wie schon früher bei der Natan-Prophezeiung erkennen wir auch bei den Vorhersagen des Propheten Jesaja, daß es unter der Führung des Heiligen Geistes eine fortschreitende Entwicklung zu einem immer besseren Verständnis der Bibel gibt, und daß Jesaja, ohne es selbst schon ganz zu begreifen, die Menschwerdung Jesu Christi ankündete:

In drei Stufen stets klarere Erkenntnis

1. Jesaja, um 734: „die junge Frau wird empfangen" = (Jes 7, 13—16) bezogen auf den damaligen Königssohn
   Jesaja: „Immanuel"-Wort: bezogen auf den damaligen Königssohn (Jes 9, 5—6)

2. Jesaja-Jünger, um 700, „Wurzelstumpf Isai" (Jes 11, 1 ff), vielleicht schon messianische Deutung

3. Mt 1, 22 f: „Die Jungfrau ..." klare messianische Deutung. **„Dies geschah, damit in Erfüllung ging, was Gott durch den Propheten vorausgesagt hatte: ‚Die Jungfrau wird einen Sohn zur Welt bringen, der Immanuel heißen wird'. Dieser Name bedeutet: ‚Gott ist mit uns!'"** (Mt 1, 22 f).

Die Inspiration befähigt spätere Autoren zu tieferem Verständnis

Eine früher auf ein zeitgeschichtliches Ereignis bezogene Bibelstelle wird in ihrem tiefsten Gehalt erst in der Zeit der Erfüllung, im Neuen Testament erkannt. Was Jesaja um 734 v. Chr. vom damaligen Königssohn vorhersagte, müssen wir im AT zunächst so auslegen, wie es um 734 vom Propheten gemeint war. *Christlich* müssen wir diese Stelle *auslegen,* weil es uns bei der Bibel um das Wort Gottes geht und wir nicht annehmen können, daß Gott nicht imstande wäre, durch einen Propheten schon 700 Jahre vor einem heilsgeschichtlichen Ereignis Dinge ankünden zu lassen, deren letzter Sinn dem Propheten selbst damals noch nicht klar gewesen ist. Erst rückschauend vom Neuen Testament begreifen wir einzelne kleine Teile vom Plan Gottes mit der Menschheit. Gott allein ist der Herr der Zeiten: er kennt seine Pläne und deren Verwirklichung. Es gibt also für einen an Gottes Weisheit glaubenden Menschen eine unter dem Einfluß der Inspiration stehende Entwicklung in Richtung auf ein stets besseres Verständnis der Bibel.

Zu Weihnachten erinnern wir uns an diese Prophezeiung des Jesaja, wenn wir singen: „Es ist ein Reis entsprungen aus einer Wurzel zart ..."

Über den Messias lesen wir im Buch Jesaja:

Jes 35, 4—6
Der Messias wird Wunder wirken, vgl. Lk 7, 22

„Sprecht zu den Verzagten: Seid stark und getrost! Fürchtet nichts! Gott selbst wird kommen und euch helfen: dann werden geöffnet die Augen der Blinden, und der Tauben Ohren werden sich auftun; dann springt der Lahme wie ein Hirsch und die Zunge des Stummen wird jauchzen!" Jesus Christus zitierte diese Jesajastelle wörtlich als Antwort auf die Anfrage Johannes des Täufers, ob er, Christus, der verheißene Messias sei.

Über die *spätere Verherrlichung des Messias* verkündet Jesaja:

Jes 11, 10

„Die Völker werden zu Ihm beten. Sein Grab wird glorreich sein!"

II. MICHA, DER „PROPHET DES GEBURTSORTES"

Ziemlich gleichzeitig mit Jesaja, also auch um 700 v. Chr., wirkte im Südreich Juda noch ein weiterer Prophet, *der Betlehem als Geburtsort* des kommenden Messias vorausgesagt hat:

„Du aber, Betlehem, Efrata, bist zwar klein unter den Städten Israels, doch aus dir wird mir hervorgehen, der über Israel herrschen soll. Sein Ursprung geht zurück bis in die Vorzeit, bis in längst entschwundene Tage." (Vgl. dazu Mt 2, 6.) **Mich 5, 1**

FÜRS LEBEN

Nach dem zweiten Weltkrieg entdeckte ein Hirtenknabe in einer Höhle am Toten Meer eine Anzahl gutverschlossener Krüge, in denen man Handschriften fand; darunter war ein kompletter Jesaja-Text, etwa um 100 *vor* Christus niedergeschrieben; die bisher älteste Jesaja-Handschrift stammte aus dem 9. nachchristlichen Jahrhundert. Es wurde also eine Lücke in der Textüberlieferung von etwa 1000 Jahren geschlossen. Der in Qumrán gefundene Jesaja-Text stimmt mit dem uns bisher bekannten Jesaja überein. Dieser Fund zeigt:

a) die Unversehrtheit des Bibeltextes, der zwar immer wieder abgeschrieben, aber inhaltlich nicht geändert wurde;

b) kein vernünftiger Mensch kann heutzutage mehr bezweifeln, daß die Vorhersagungen über den kommenden Messias, die sich alle in Christus erfüllten, tatsächlich schon Jahrhunderte *vor* Christus schriftlich fixiert wurden. Unser Bild Nr. 4 zeigt ein Papyrus-Fragment, das in Qumrán gefunden worden ist.

FRAGEN

Wann war die Reichsteilung, wie lange bestand das Nordreich Israel, wie lange das Südreich Juda? — Welche Stelle der heiligen Messe erinnert an die Berufungsvision des Propheten Jesaja? — Welche Bedeutung hat der in einer Höhle am Toten Meer gefundene Jesaja-Text ebenso wie viele andere dort gefundene AT-Texte? — Welcher Prophet verkündete den Ort, an dem der Messias geboren werden sollte? — Zähle die „Sieben Gaben des Hl. Geistes" auf, die wir bei der Firmung erbitten, und erkläre sie! — Erläutere den Zusammenhang zwischen einer Prophezeiung Jesajas über den Immanuel mit dem Bildwort der Jesaja-Jünger vom „Wurzelstock" und dem Bericht des Evangelisten Mattäus über die jungfräuliche Geburt Jesu! Zeige dabei auf, wie sich in drei Stufen ein immer besseres und tieferes Verständnis des Jesaja-Wortes ergibt.

DIE PROPHETEN WÄHREND DES EXILS: JEREMIA — EZECHIEL

I. JEREMIA — DER „PROPHET DES UNTERGANGES VON JERUSALEM“

Die Bewohner der Heiligen Stadt fielen immer wieder zum Götzendienst ab; als aber der *König Joschija* (640—609 v. Chr.) zur Regierung kam, *ließ er alle Götzenbilder aus dem Tempel und im Lande Juda entfernen;* dabei wurde im Tempel von Jerusalem eine Sammlung mosaischer Gesetze gefunden, welche Flüchtlinge aus dem Nordreich hinterlegt hatten und die in Vergessenheit geraten war; es handelte sich wohl um das 5. Buch des Mose = Deuteronómium. Joschija ließ es bekanntmachen und den Gottesdienst entsprechend den Vorschriften abhalten.

Um 640 wurden Götzenbilder aus dem Tempel entfernt

Berufung des Jeremia

Um diese Zeit (etwa um 626 v. Chr.) berief Gott *Jeremia,* einen Priester, zum Propheten.

Jeremia unterstützte den König Joschija bei der Wiedereinführung des Jahwe-Kults:

Jer 2, 4—11

„Höret das Wort des Herrn, Haus Jakob und alle Geschlechter vom Hause Israel! So spricht der Herr:

‚Was fanden eure Väter Unrechtes an Mir, daß sie von Mir sich entfernten, hinter dem Nichts herliefen und ein Nichts selber wurden? Hat je ein Volk die Götter vertauscht? — Dabei sind's nicht einmal Götter! — Doch Mein Volk hat die Herrlichkeit seines Gottes vertauscht gegen einen, der nichts vermag!‘ “

Offen und klar verkündete Jeremia dem Volke, welche *Strafen* Gott *bei weiterem Andauern des Götzendienstes* schicken werde:

Jer 4, 1—18

„Willst du umkehren, Israel, darfst du zu Mir zurück. Schaffst du deine Götzen-Scheusale Mir aus den Augen, dann fällst du nicht der Vertreibung anheim!“

Das assyrische Weltreich war 612 v. Chr. untergegangen, der Schwerpunkt der Macht verlagerte sich vom zerstörten Ninive nach Babylon, wo um 600 v. Chr. König Nebukadnezzar regierte. Als sich der Götzendienst in Jerusalem immer mehr breitmachte, versuchte Jeremia, das Volk mit einer *drastischen Vorhersage* zur Besinnung zu bringen:

„So sprach der Herr: ‚Geh, kaufe dir einen irdenen Krug! Nimm einige der Ältesten des Volkes und der Priester mit dir! Geh hinaus in das Tal Ben-Hínnom, das vor dem Scherbentor liegt. Jer 19, 1—11; 20, 4—6; 25, 11

Zerschlage den Krug vor den Augen der Männer, die mit dir gegangen sind, und sage zu ihnen: So spricht der Herr der Heerscharen: Siehe, so zerschmettere Ich dieses Volk und diese Stadt, wie man ein Töpfergeschirr zerschmettert, daß man es nicht wiederherstellen kann! Ganz Juda gebe Ich in die Gewalt des Königs von Babel. Er führt die Bewohner gefangen nach Babel und läßt sie mit dem Schwerte erschlagen. Allen Reichtum dieser Stadt gebe Ich preis! Dieses ganze Land wird zur Wüste werden, und diese Völker, auch Juda, müssen dienstbar sein dem König von Babel 70 Jahre!' "

Überlebende gefangen nach Babel!

Dieses von Jeremia so anschaulich vorherverkündete nationale Unglück brach über die Juden herein, als Nebukadnézzar (in der lateinischen Bibel „Nabuchodónosor) am 7. September 605 v. Chr. König von Babylon geworden war. Schon ein Jahr später kamen babylonische Heere in die Philister-Ebene an der Küste, doch unterwarf sich Jójakim, der damalige König von Juda, freiwillig, und wurde sogar als König bestätigt. Als die Juden ihre Schaukelpolitik aber weiterhin fortsetzten, kam Nebukadnézzar im Jahre 597 zu einer *Strafexpedition* nach Palästina, *eroberte am 15. März 597 Jerusalem* und brachte den König Jojachin und die führenden Schichten ins *Exil nach Babylon.* Als Jerusalems Restbevölkerung neuerdings gegen Babylon konspirierte, gab Nebukadnézzar der Heiligen Stadt am 17. August 586 den Todesstoß: Er ließ die Stadt abermals einnehmen, die *Gold- und Silbergeräte aus dem Tempel* holen, um sie *als Beute nach Babylon zu* schaffen, dann wurde alles angezündet, auch der *Tempel Salomos ging in Feuer und Asche auf:*

Nebukadnezzar eroberte am 15. März 597 Jerusalem

Untergang von Jerusalem am 17. August 586 (Brand des Salomonischen Tempels)

Jeremia hatte gerade noch die Bundeslade wegschaffen und außerhalb von Jerusalem verstecken lassen können — sie ist seither verschollen. Der letzte König von Jerusalem, Zidkija, mußte eine grausame Strafe erleiden: Zunächst ließ man ihn zusehen, wie man vor seinen Augen seine ganze Familie niedermetzelte, dann wurde ihm nach assyrischer Gepflogenheit das Augenlicht genommen; so sollte sein letzter Blick eine furchtbare Erinnerung bleiben . . .

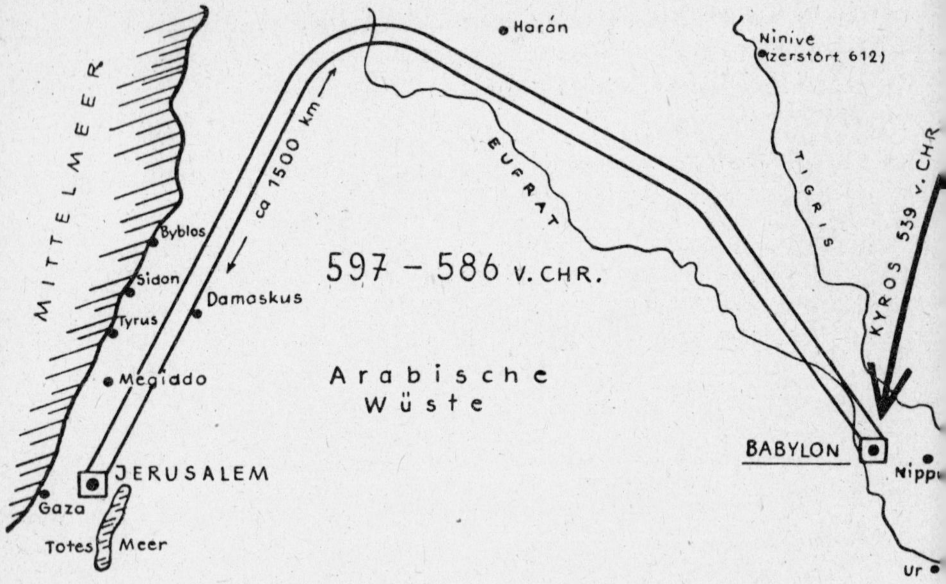

Skizze 13 Der Weg der Juden ins babylonische Exil

Die Zeit der Juden beginnt

Die Geschichte hatte ein neues Blatt aufgeschlagen: denn *die Zeit der „Israeliten"* ist vorbei, die Zeit der *„Juden" hat begonnen.* Ihre Stimmung in der Fremde zwischen Eufrat und Tigris gibt der Psalm 136 wieder:

Ps 136, 1—6

„Wir saßen an Babylons Flüssen und weinten,
da unsre Gedanken nach Zion gingen.
An den Weiden in jenem Land hingen wir unsere Harfen auf,
denn Lieder verlangten sie dort von uns,
die uns davongeführt, und die uns quälten, forderten Fröhlichkeit:
‚Singt uns von Zions Gesängen!'

Wie sollen wir singen des Herrn Lied im fremden Land?
Vergeß ich dich je, Jerusalem,
soll meine Rechte ihres Dienstes vergessen.
Am Gaumen soll mir die Zunge haften,
denke ich nicht mehr dein, setze ich nicht mehr Jerusalem über alle meine Freude..."

Jeremia behielt mit seinen Prophezeiungen recht. 586 stellte ihm Nebukadnezzar frei, nach Babylonien mitzukommen oder zu bleiben. Jeremia entschied sich dafür, in seiner alten Heimat zu bleiben. Später betreute er auch jüdische Flüchtlinge in Ägypten. Er ist vielleicht der innerlichste aller Propheten gewesen, ein Vorbild Christi am Ölberg. Die ihm zugeschriebenen *Klagelieder* über den Untergang Jerusalems werden in der Karwochenliturgie verwendet.

Jeremia blieb in Jerusalem

Klagelieder

II. EZECHIEL

Ezechiel war bei der ersten Deportation 597 v. Chr. nach Babylon gekommen; er konnte sich dort ein Haus erwerben, das bald ein religiöser Mittelpunkt der Verbannten war. Seine Predigten stärkten die Heimatvertriebenen gegen die aufkommende Verzweiflung und Hoffnungslosigkeit; er tröstete die Verbannten besonders in Tel-Aviv (davon der Name der heutigen Hauptstadt des Staates Israel) am Flusse Kebar, südöstlich von Babylon, bei Nippur. In großartigen Visionen zeigte er dem Rest des auserwählten Volkes, daß Gott sie nicht ganz verworfen hat.

1. Gott ist auch bei den Gefangenen in Babylonien

Die heidnischen Götterfeste und die eindrucksvollen Prozessionen zum Marduktempel (zum Gott Merodach) waren eine große Versuchung für die Juden, am Glauben an Jahwe irre zu werden. Da durfte Ezechiel den herrlichen Thron Gottes schauen, der von vier lebenden Wesen getragen wird:

Stier — Löwe — Adler — Mensch.

Damit ist gemeint: Das Stärkste und Höchstgestellte, was es auf Erden gibt, ist gerade noch gut genug, Gott zu dienen. Diese vier Wesen werden im NT zu den Sinnbildern der vier Evangelisten:

Sinnbilder der Evangelisten

Stier: Sinnbild der Kraft; im NT: Lukas beginnt sein Evangelium mit dem Opfer des Zacharias; darum wird der Stier als Opfertier das Symbol des Lukas.

Löwe: Sinnbild der Majestät; im NT: Markus beginnt mit dem Auftreten von Johannes dem Täufer in der Wüste; der Löwe ist der „Herr der Steppe".

Adler: Sinnbild der Allgegenwart, im NT: Johannes erhebt sich am Beginn seines Evangeliums zu hochgeistigen Gedanken, gleich einem Adler, in die Lüfte.

Mensch: Sinnbild der Geistigkeit; im NT: Mattäus bringt am Beginn seines Evangeliums den Stammbaum Jesu Christi; darum ein Mensch das Symbol des Mattäus.

Also das Mächtigste auf Erden muß Gott dienen: Auch der babylonische *König ist* nur *ein Werkzeug Gottes, Seine Zuchtrute für die abtrünnigen Juden.* Aber Ezechiel fügt hinzu, daß der zum Glauben Bekehrte wieder hoffen darf:

Ez 18, 23 **„So wahr Ich lebe, spricht der Herr: Ich habe kein Wohlgefallen am Tod des Gottlosen, sondern daran, daß der Gottlose von seinem Wege abgehe und lebe."**

2. Die mit einem Kreuz Gekennzeichneten

Ezechiel war schon 597, also elf Jahre vor der Zerstörung Jerusalems, in der Verbannung. Da sah er in einer Vision den Tempel von Jerusalem, voll von Götzenbildern und von Götzendienern: Jahwe verläßt Jerusalem. Zuvor aber sendet Gott Seine heiligen Engel in die Stadt, um allen treugebliebenen Bewohnern ein *Kreuz auf die Stirn* zu zeichnen (genauer: den hebräischen Buchstaben für das „T", also ein „Taw", das einem Kreuze gleicht, vgl. Seite 11):

Ez 9, 4—6 **„Dem Engel aber befahl der Herr: ‚Geh mitten durch die Stadt und zeichne ein Taw denen auf die Stirne, die seufzen und wehklagen ob all der Frevel, die in ihrer Mitte geschehen!' Zu den anderen Engeln aber sagte Er, daß ich es hören konnte: ‚Geht hinter ihm her durch die Stadt und schlaget zu ohne Schonung und ohne Erbarmen! ... Rührt aber keinen an, der das Taw-Zeichen trägt!' "**

Damit wird die Vernichtung des größten Teils der Bewohner Jerusalems vorausgesagt; 586 wurde nur ein kleiner Rest gerettet, aus dem nach der Wegführung in die Gefangenschaft das neue Volk der Juden erstand. Zugleich ist diese Vision ein erster Hinweis auf das Gericht am Ende der Tage, wenn die mit dem Zeichen des Kreuzes *Getauften* gerettet werden.

3. Gottes Geist wird die Toten wieder lebendig machen

Die Geschichte der Menschen gleicht einem großen *Leichenfeld:* Seuchen, Kriege, Hungersnöte raffen die Leute hinweg. Kann man da noch an eine bessere Zukunft glauben? Um diese Frage richtig zu verstehen, müßte man sich von älteren Leuten erzählen lassen, wie es bei uns im Jahre 1945 aussah ...

Die Antwort gibt Ezechiel wieder mit einer Vision: Er schaut ein gewaltiges Leichenfeld, als Gott ihn fragt:

„‚Glaubst du, daß diese alle wieder lebendig werden können?‘ Vorsichtig antwortet Ezechiel: ‚Herr, Du weißt es!‘ Da fuhr der Geist Gottes auf die Menschen hinab wie ein Sturmwind, und sie standen auf, eine große Heerschar.“ — Diese Vision läßt uns an das *Pfingstfest* und an die Firmung ebenso denken wie an die Auferstehung am Jüngsten Tag. Ezechiel will den Heimatvertriebenen damit sagen: Geradeso, wie die Gebeine wieder zu Leibern zusammenkamen und diese durch den Geist Gottes lebendig wurden, so werden die in Babylonien lebenden Juden wieder zusammenkommen und heimkehren nach Jerusalem. **Ez 37, 1—14**

4. Gottes Geist wird die Lebenden bekehren

„Ich werde reines Wasser sprengen über euch, daß ihr rein werdet! Von allen euren Unreinheiten, von allen euren Götzen werde Ich euch reinigen! **Ez 36, 25—27**

Das Herz aus Stein werde Ich aus eurem Fleisch entfernen und euch ein Herz von Fleisch verleihen. Ich werde Meinen Geist in euer Inneres legen und so bewirken, daß ihr hinfort wandelt nach Meiner Satzung, daß ihr achtet auf Meine Rechte und nach ihnen handelt.“

Über 20 Jahre lang wirkte Ezechiel als Prophet bei seinen Landsleuten in der Gefangenschaft. Er tröstete sie, er hielt die Hoffnung auf die Heimkehr wach.

FRAGEN

Welche Propheten trösteten das Volk während des babylonischen Exils und erhielten es im Glauben an Gott? — Wann war das babylonische Exil der Juden und welcher Prophet hatte seine Dauer vorausgesagt? — Warum spricht man von 586 v. Chr. an nur mehr von den Juden, nicht mehr von „Israeliten“? — Wann verwenden wir in unserer Liturgie die Klagelieder des Jeremia? — Ezechiel spricht in einer Vision von vier lebenden Wesen, die den Thron Gottes tragen, und die später im NT zu Sinnbildern für die vier Evangelisten werden.

TON-BILD

Zur Veranschaulichung könnte nun das Tonbild AT IV: „Die Israeliten in Palästina“ von Prof. Dr. Beck vorgeführt werden (= Uf 1630) (vgl. S. 6).

DER „ZWEITE JESAJA"

1. DER „ZWEITE JESAJA" — EIN TROSTBUCH

Ähnlich wie Ezechiel bestärkte noch ein anderer unbekannter Prophet, den man gewöhnlich den „zweiten Jesaja" nennt, die Juden im Exil. Auch er kündete ihnen die Heimkehr aus der Verbannung und einen Heiland an. Ein Gebet dieses „zweiten Jesaja" um das Kommen des Heils wurde zum *Adventsruf der Kirche:*

Jes 45, 8 **„Tauet, ihr Himmel, von oben! Die Wolken mögen regnen das Recht! Die Erde tue sich auf, damit reife das Heil und sprosse Gerechtigkeit zumal!"**

In vier Liedern besingt der „zweite Jesaja" den Heiland:

Jes 42, 1—7 **„Sieh da, Mein Knecht, den Ich stütze, Mein Erwählter, an dem Ich Mein Wohlgefallen habe. Ich lege auf Ihn Meinen Geist, daß Er bringe den Völkern göttliches Recht. Nicht wird Er schreien und lärmen, nicht auf den Gassen Seine Stimme hören lassen. Das geknickte Rohr wird Er nicht brechen, den glimmenden Docht nicht verlöschen. In Treue wird Er hinaustragen das Recht, nicht wird Er ermatten, nicht zusammenbrechen, bis daß Er das Recht auf Erden begründet — Seiner Lehre harren ja die fernsten Gestade.**

So spricht der Herr, dein Gott, der den Himmel erschaffen und ausgespannt, der hingebreitet die Erde samt ihren Gewächsen, der Odem gibt den Völkern auf ihr, Geist denen, die auf ihr wandeln. Ich, der Herr, hab' Dich in Gnaden gerufen, hab' Dich gemacht für das Volk zum Bundesmittler, zum Licht für die Heiden, erblindete Augen zu öffnen, Gefangene aus dem Kerker zu führen, aus dem Gefängnis, die im Finstern sitzen."

Erlöser auch für die Heiden

Der Heiland wird die wahre Religion in gütiger und verständnisvoller Art den Juden, aber auch den Heiden verkünden („Er wird den glimmenden Docht nicht löschen"); Er ist zugleich Mittler des Bundes, den Gott mit Juden, darüber hinaus aber auch mit den *Heiden* schließen will, die sich aus ihrer geistigen Blindheit und aus der Gefangenschaft der Sünde

23 „Schwarzer Obelisk": Israels König Jehu wirft sich vor dem Assyrerkönig Salmanássar III. zu Boden (853 v. Chr., Museum Bagdad)

24 Siegeszylinder Sargons II. Bericht vom Ende des Nordreiches: Fall von Samaria (720 v. Chr., Britisches Museum, London)

25 Kyrosgrab in Pasargadä bei Persépolis, Iran

26 Ältester hebräischer Bibeltext auf Pergament (Britisches Museum, London)

herausführen lassen. — Bei der Darstellung im Tempel wird Jesus als „Licht zur Erleuchtung der Heiden“ gefeiert (Lk 2, 32; Lichtmeßfest mit Kerzenweihe!).

Den *Höhepunkt der messianischen Weissagungen des AT* bildet die Prophezeiung vom *stellvertretenden Sühneleiden des Messias:*

„Verachtet war Er, von den Menschen verlassen, ein Mann der Schmerzen, mit Leiden vertraut; Er litt, was wir verdienten, ja unsere Strafe nahm Er auf sich. Er ließ sich mißhandeln und tat den Mund nicht auf. Wie ein Lamm, das man zur Schlachtbank führt, blieb Er stumm und tat Seinen Mund nicht auf. Gerechtigkeit schafft ja mein Knecht den vielen, denn ihre Schuld nimmt Er auf sich.“ **Jes 53, 3—11**

Der Prophet sieht hier die Ereignisse des *ersten Karfreitags* voraus und läßt Israel ein Schuldbekenntnis ablegen: „Er war verachtet“, „unsere Strafe nahm Er an“, „Er ließ sich mißhandeln“. **Messias leistet stellvertretende Sühne**

Der Prophet sagt die *Erlösung von sittlicher Schuld (= Sünde) durch stellvertretendes Sühneleid* voraus.

2. DANIEL — EIN TROSTBUCH DER NACHEXILISCHEN GEMEINDE

Jeremia sorgte sich um die in Palästina zurückgebliebenen Juden. Ezechiel tröstete ebenso wie der „Zweite Jesaja“ die in die Gefangenschaft Verschleppten.

Das Buch *Daniel* macht wohl den Eindruck eines prophetischen Buches, ist aber in Wirklichkeit ein lange nach dem Ende der prophetischen Bewegung entstandenes *Trostbuch während* der großen *Religionsverfolgung* um 164 v. Chr.; die Erzählungen dieses Buches sollen den Verfolgten zeigen, wie ein gottesfürchtiger Jude kritische Lebenssituationen zu meistern imstande ist. Der Held dieses Buches, Daniel, wird dabei in das heidnische Milieu eines fremden Königshofes hineingestellt. **Das Buch Daniel erst um 164 v. Chr. entstanden**

Wer in der besonderen Gnade Gottes steht, kann auch einen heidnischen König und viele Bewohner eines fremden Landes zu großer Ehrfurcht dem *einen* höchsten Gott gegenüber bringen, dem die Juden dienen.

1. Den Heiden wird Gottes Größe offenbar

Der König Nebukadnezzar hatte im Traum eine *Bildsäule* gesehen, deren Haupt aus Gold war, Brust und Arme hingegen aus Silber, die **Dan 2, 1—49**

Oberschenkel und der Bauch aus Erz, die Beine wieder aus Eisen und die Füße teils aus Eisen, teils von Ton. Da löste sich ohne Zutun von Menschenhand ein *Stein* von einem Berg, *stieß an die Füße der Bildsäule* und *zermalmte sie.* Eisen, Ton, Silber und Gold zerstoben, der Wind verwehte sie, keine Spur mehr fand sich von ihnen. Der Stein aber wurde zum großen Berg und füllte die ganze Erde aus.

Keiner von den Weisen Babylons konnte den Traum, an den sich der König nur mehr undeutlich erinnerte, erraten oder gar deuten. Daniel betete mit seinen Freunden, und in der Nacht wurde ihm in einem Gesicht der Traum des Königs und seine Deutung geoffenbart. So trat er nun vor den babylonischen König hin und sprach:

Die vier Weltreiche

„‚Der Traum ist so zu deuten: Du, o Herrscher, König der Könige, du bist das goldene Haupt. Nach dir wird ein anderes Reich erstehen, schwächer als das deine, und danach ein drittes Reich, das ehern ist und das sich über die ganze Erde erstreckt. Ein viertes Reich wird nachher sein, so stark wie Eisen. Wie Eisen alles bezwingt, so wird dieses Reich alle jene Reiche zerschmettern. Doch wird es zugleich schwach sein; darum sahst du die Füße teils von Eisen, teils von Ton. In den Tagen jener Könige wird der Gott des Himmels ein Reich aufrichten. Es wird alle jene Reiche zertrümmern, selbst aber in Ewigkeit bestehen. Das bedeutet jener Stein, der sich vom Berge löste und der Eisen, Erz, Ton, Silber und Gold zermalmte.‘

Da fiel Nebukadnezzar auf sein Angesicht nieder und sprach: ‚Wahrhaftig, euer Gott ist der Gott der Götter und der Herr der Könige, der die Geheimnisse offenbart!‘ Er gab Daniel reiche Geschenke und wollte ihn in hohe Ämter erheben. Daniel aber bat, seinen Freunden die Verwaltung der Provinz Babel zu übergeben. Er selbst blieb am Königshofe.“

Der Heiland für alle

Der *Stein* schließlich, der sich „ohne Zutun von Menschenhand“ vom Berge löst und der alle diese Reiche zerschmettert und überdauert, ist der *Messias,* der Heiland der Völker, der ein ewiges, geistiges Reich für alle Völker der Erde aufrichten wird.

Die drei Freunde Daniels bekamen bald Gelegenheit, sich in ihrer Glaubenstreue auch im Amt als Statthalter zu bewähren: Nebukadnezzar ließ eine hohe, goldene *Siegessäule* errichten und bei ihrer Einweihung verkünden: „Wer nicht niederfällt und die Bildsäule anbetet, wird in einen *Feuerofen* geworfen.“

Der König verlangt Anbetung seiner Bildsäule

Daniels Freunde namens Hananja, Asarja und Mischaël weigerten sich aber, ein Werk aus Menschenhand anzubeten; als man sie gebunden in einen stark geheizten Feuerofen warf, wurden sie wunderbar gerettet und priesen Gott.

Als der König in den Ofen hineinsah, war er entsetzt, daß die drei Jünglinge unversehrt blieben, mitten in den Flammen. Er ließ sie herauskommen, und alle sahen nun, daß das Feuer keine Macht über sie gehabt hatte. Nebukadnezzar aber sprach:

„‚Gepriesen sei ihr Gott! Er hat Seinen Engel gesandt und Seine Diener errettet. Es ist kein anderer Gott, der so befreien könnte!' Der König berief sie wieder in ihre hohen Ämter und befahl, jeden mit dem Tode zu bestrafen, der ihren Gott lästere." Dan 3, 95—97

2. *Die geheimnisvolle Schrift an der Wand*

Die Geschichte berichtet uns vom letzten babylonischen König Naboníd, er sei ziemlich weltfremd gewesen und habe sich um die Regierungsgeschäfte wenig gekümmert. Darum war schon zu seinen Lebzeiten sein Sohn Belschazzar (= Bálthassar) Mitregent. Dan 5, 1—6, 1

Dieser Bálthassar veranstaltete nun eines Tages für die Großen seines Reiches ein *festliches Gelage* im Königspalast von Babylon. In jugendlicher Unbekümmertheit und wohl auch schon etwas vom Wein berauscht, befahl er, die goldenen und silbernen Gefäße herbeizuholen, die Nebukadnezzar seinerzeit aus dem Tempel zu Jerusalem hatte wegschleppen lassen. Und er trank daraus mit den Großen des Reiches und den Frauen. **Mißbrauch geheiligter Geräte**

Plötzlich kamen *Finger einer Menschenhand* zum Vorschein, die einige *Worte auf die Wand des Saales* schrieben. Der König erbleichte und zitterte am ganzen Leibe. Er rief die Weisen seines Hofes herbei. Doch konnten sie die Schrift weder lesen noch deuten. Der König und seine Großen waren sehr bestürzt. **Strafe**

Da wurde Daniel herbeigerufen, an dessen früher gezeigte Weisheit man sich noch erinnerte. Der König Belschazzar versprach ihm kostbare Geschenke und höchste Würden, wenn er ihm die Schrift lese und deute.

„Daniel sagte: ‚Deine Geschenke gib einem anderen! Die Schrift aber will ich dir erklären: Du hast dich, o König, gegen den Herrn des Himmels erhoben. Die Gefäße seines Tempels hat man vor dich bringen müssen. Du hast mit deinen Großen und mit deinen Frauen Wein daraus getrunken und die Götter aus Silber und Gold, aus Erz, Eisen und Holz und Stein gepriesen, die weder sehen noch hören können und die keinen Verstand haben; dem Gott aber, in dessen Gewalt dein Odem liegt und bei dem dein ganzes Geschick steht, hast du die Ehre versagt. Darum hat Er jene Hand

Mene, tekel, upharsin

erscheinen und sie jene Worte an die Wand schreiben lassen. Sie lauten: ‚mene, tekel, upharsin', d. h. gezählt, gewogen, geteilt . . .

Gezählt hat Gott die Tage deines Königtums und macht ihm ein Ende! Gewogen wurdest du auf der Waage und für zu leicht befunden! Geteilt wird darum dein Reich und den Medern und Persern gegeben!' "

Noch in derselben Nacht begann das Unheil: Der König der Perser und Meder, der Achämenide Kyros (Cyrus) I., nahm Babylon in Besitz (539 v. Chr.).

3. Daniel schaut das Kommen des „Menschensohnes"

Dan 7, 13

„In meinem nächtlichen Gesichte sah ich dann: Auf den Wolken des Himmels kam einer wie ein Menschensohn. Er gelangte bis zum Hochbetagten und ward ihm zugeführt. Ihm wurde Herrschaft und Ehre und ein Reich verliehen; Ihm dienten die Völker, Nationen und Zungen. Seine Herrschaft ist ewige Herrschaft, die nie vergeht. Sein Reich wird niemals zerstört . . ."

Mt 26, 64

Von dieser Daniel-Stelle kommt die im NT häufigste Messias-Bezeichnung „Menschensohn"; Jesus Christus antwortete dem Hohenpriester Kaiphas: **„Ich versichere euch: Von nun an werdet ihr den Menschensohn zur Rechten der Kraft sitzen und auf den Wolken des Himmels kommen sehen!"** (Mt 26, 64).

FRAGEN

Welche Stelle aus dem Buch des „Zweiten Jesaja" wurde zur Vorlage für ein bekanntes Adventslied? — Wo und wie wirkten die Propheten Jeremia und Ezechiel? — Wie erfüllte sich Daniels Deutung der geheimnisvoll an die Wand des königlichen Speisesaals geschriebenen Worte: „mene, tekel, upharsin"? — Mit welchem Ausdruck wird der Messias gewöhnlich im NT benannt und woher stammt diese Messiasbezeichnung?

39. Lehrstück

DIE PROPHETEN NACH DER RÜCKKEHR AUS DEM EXIL: HAGGAI — SACHARJA — MALEACHI

I. KYROS ERLAUBT DIE RÜCKKEHR NACH JERUSALEM

Gesinnungsänderung der Juden

Der Prophet Jeremia hatte den Bewohnern von Jerusalem angedroht, ihre Stadt würde verwüstet werden wie seinerzeit Schilo, die Schätze Jerusalems aber und die überlebenden Bewohner würden zur Strafe für den wiederholten Abfall zum Heidentum auf 70 Jahre nach Babylon gebracht werden. Sie hatten ihn damals zuerst ausgelacht und verspottet, dann wollten sie ihn umbringen.

Ps 136, 1

Als sich aber nun alles in schrecklicher Weise an ihnen erfüllte, war ihnen das Lachen vergangen: **„An Babels Flüssen saßen wir und weinten..."** *Sie erkannten die Wegführung ins Exil als Strafe Gottes,* und sie mußten einsehen und zugeben: Wir haben es anders nicht verdient! Nun aber waren sie durch das Leid in der Gefangenschaft und durch die geduldige Arbeit der Propheten auf einige Zeit von ihrer Hinneigung zum Götzendienst geheilt... Die Zeit der Buße war vorbei.

Gottes Werkzeug Kyros

Die Rückkehr aus der Gefangenschaft war also nicht nur das Ergebnis politischer Entwicklungen; der Perserkönig *Kyros* war vielmehr, ohne daß er selbst es ahnte, ein *Werkzeug in Gottes Hand,* um Seinen Heilsplan mit dem durch das Unglück geläuterten Volk weiterzuführen. Kyros hatte um 550 v. Chr. durch seinen Sieg über die Meder die Herrschaft der Achämeniden begründet, und zwar in derselben Ebene, in der noch heutzutage sein großartiges Grabmal steht (vgl. Bild Nr. 25). Dieser Kyros I. (559—529) galt im Altertum als Vorbild eines guten Monarchen. Er war anderen Religionen gegenüber sehr tolerant (= duldsam).

Die Perser waren tolerant

Eine Auswirkung dieser Gesinnung war das *Befreiungsedikt des Kyros,* das den Juden im Jahre 538 v. Chr. die Erlaubnis zur Rückkehr nach Jerusalem gab (vgl. Seite 188).

Kyros gab auch die Tempelgeräte heraus, die Nebukadnezzar weggeschleppt und nach Babylon gebracht hatte. *Tausende Juden machten von der Erlaubnis zur Heimkehr Gebrauch;* viele hingegen wollten sich von ihrem inzwischen in Mesopotamien erworbenen Besitz nicht trennen, oder sie fürchteten sich vor einem neuen Anfang und vor dem ungewissen Schicksal in einer zerstörten Stadt.

Nicht alle wollten zurück nach Jerusalem

Um 446 v. Chr. konnte *Nehemia,* der Mundschenk des Perserkönigs Artaxerxes I., mit weitreichenden Vollmachten versehen, nach Jerusalem kommen und die Fertigstellung der Stadtmauern und der Stadttore erreichen.

Heimkehrertransport

Mit ausdrücklicher Erlaubnis des Perserkönigs Artaxerxes I. (464—424) brachte ein in Mesopotamien aufgewachsener Priester namens *Esra* um 430 v. Chr. eine weitere Gruppe jüdischer Rückwanderer nach Jerusalem, wo er dann für die religiöse Erneuerung arbeitete.

II. DIE PROPHETEN HAGGAI, SACHARJA UND MALEACHI UNTERSTÜTZEN DEN MATERIELLEN UND GEISTIGEN WIEDERAUFBAU

1. Haggai rügt die Verzögerung im Aufbau des Tempels

Schwierigkeiten beim Aufbau

Schwierigkeiten beim Wiederaufbau des Tempels kamen vom Nordreich her; dort lebte seit dem Untergang von Samaria, also seit 722 vor Christus, ein von den Juden nicht mehr als vollwertige Israeliten betrachtetes Mischvolk, hervorgegangen aus etlichen überlebenden Israeliten und den von den Assyrern herangebrachten Volksscharen. Diese halbheidnische Bevölkerung im Gebiet des früheren Nordreichs Israel, die man zur Zeit Christi als „*Samariter*" bezeichnete, versuchte den Wiederaufbau des Tempels von Jerusalem zu verhindern.

Außerdem hatte auch der erste Eifer der aus Babylon Heimgekehrten inzwischen nachgelassen: Sie bauten lieber an ihren Privathäusern als am Haus Gottes. Da erging im Jahre 520, also 18 Jahre nach dem Kyros-Edikt, das Wort des Herrn durch den Propheten Haggai an Serubbabel, der diese Juden heimgeführt hatte und der inzwischen von den Persern als ihr *Statthalter in Jerusalem* eingesetzt worden war:

Hag 1, 1—10

„So spricht der Herr der Heerscharen: Dieses Volk da sagt: Jetzt ist die Zeit noch nicht gekommen, das Haus des Herrn wiederaufzubauen!... Ihr da, ist es etwa für euch an der Zeit, in euren getäfelten Häusern zu

wohnen, während der Tempel da noch in Trümmern liegt? Steigt auf das Gebirge hinauf, schlagt Holz und baut den Tempel auf, daß Ich Wohlgefallen daran habe und verherrlicht werde! ... Wegen Meines Hauses, das in Trümmern liegt — während jeder von euch für sein Haus rennt —, darum hält der Himmel über euch den Tau zurück und die Erde ihren Ertrag ...“

So erweckte der Herr den Eifer Serubbabels, des Hohenpriesters Jeschua und des ganzen Volkes, das übrig war. Sie kamen und nahmen die Arbeit am Hause des Herrn wieder auf.

2. Sacharja spricht vom Kommen des Heils in Jerusalem

Etwa 20 Jahre nach der Rückkehr, *um 515 v. Chr., war der neue Tempel vollendet,* freilich viel kleiner als der 586 v. Chr. zerstörte Tempel Salomos. Mit Gebeten und mit Tieropfern wurde das Haus Jahwes wieder eingeweiht und der Dienst der Priester und Leviten entsprechend den Vorschriften des mosaischen Gesetzes wiederaufgenommen.

Der Prophet Sacharja verkündete, daß *alle* Völker, nicht nur die Juden, von Jerusalem aus erlöst werden sollen. *Der Messias wird diese Erlösung nicht als politischer Befreier,* also nicht mit Waffengewalt *bringen.* Er wird vielmehr in friedlicher Weise auf einem Esel in Jerusalem einziehen. Die etwas eigenwilligen und langsamen Esel wären als Reittiere in einem Kampf kaum zu verwenden. Der Erlöser braucht keine irdischen Waffen; er begründet ein Reich des Friedens; denn in dem nach Sacharja benannten Buch heißt es:

„Laut frohlocke, Tochter Sion! Jauchze, Tochter Jerusalem! Sieh, dein König kommt zu dir, gerecht und siegreich ist Er, demütig, Er reitet auf einem Esel, auf dem Füllen einer Eselin. Er schafft fort die Streitwagen aus Efraim und die Streitrosse aus Jerusalem; die Kriegsbogen werden vernichtet. Er kündet Frieden den Völkern. Seine Herrschaft reicht von Meer zu Meer, vom Strom bis an der Erde Grenzen.“ (Vgl. Joh 12, 14 f)

Sach 9, 9—10 Palmsonntag

Sacharja sagte auch den Verrat des Heilands um 30 Silberlinge voraus, die einem Töpfer hingeworfen werden. — Dieser Friedenskönig muß aber zuvor leiden:

30 Silberlinge

„An jenem Tage werd' Ich zu vernichten trachten all die Völker, die heranziehn gegen Jerusalem. Aber über Davids Haus und Jerusalems Bewohner werd' Ich ausgießen der Gnade und des Flehens Geist. Aufblicken werden sie zu dem, den sie durchbohrten, klagen werden sie um Ihn, wie

Lanzenstich

man um den Einz'gen klagt, bitter um Ihn weinen, wie man um den Erstgeborenen weint.“ (Vgl. dazu Joh 19, 33—37.)

3. Maleachi verkündet das Speiseopfer der Heilszeit

Etwa um 470 v. Chr. trat der Prophet Maleachi auf und rügte allerlei Mißstände, z. B. *daß die Priester beim Opfer verkrüppelte Tiere verwenden lassen.*

Mal 1, 10—11

„‚Kein Wohlgefallen hab' Ich an euch‘, spricht der Herr der Heerscharen, ‚und keine Opfer mag Ich aus euren Händen.

Denn vom Aufgang der Sonne bis zu ihrem Niedergang wird Mein Name groß sein unter den Völkern, und überall wird Meinem Namen geopfert und ein reines Speiseopfer dargebracht.

Denn groß wird Mein Name sein unter den Völkern‘, spricht der Herr der Heerscharen.“

Meßopfer

In der Heilszeit wird Gott an *allen* Orten in der ganzen Welt, nicht mehr nur in Jerusalem, durch Opfer verehrt werden, und nicht mehr durch Tieropfer, sondern ausschließlich durch ein reines Speiseopfer. Anlaß für diese Drohweissagung des Maleachi war die ehrfurchtslose Haltung der Opfernden, die kranke und verkrüppelte Tiere Gott als Opfer darbrachten. Nach dem Grundsatz: „Was du tun willst, tue ganz oder gar nicht!“ empfiehlt Maleachi, lieber den Tempel zuzusperren, statt weiterhin Ärgernis zu geben. Die Kirche sieht in der Maleachi-Weissagung einen *ersten Hinweis auf das Meßopfer.*

Maleachi sagte auch noch das Auftreten des Vorläufers, des Herolds des Messias (Johannes des Täufers), voraus:

Mal 3, 1 Ankündigung eines Herolds

„Siehe, Ich sende Meinen Boten aus, auf daß Er vor Mir den Weg bereite. Und alsbald wird zu Seinem Tempel der Herr kommen, nach dem ihr Verlangen tragt, und der Bote des Bundes, den ihr erwartet.“

Nach Maleachi gab es durch 400 Jahre keinen Propheten mehr bis zum Vorläufer Christi, bis zu Johannes dem Täufer.

Gott führt das erwählte Volk

Von Mose bis Maleachi, in einem Zeitraum von etwa 800 Jahren, waren meist die *Propheten die geistigen Führer des auserwählten Volkes* gewesen und nur selten seine Regenten.

Einzigartigkeit des israeliti-

Das gegenüber Mesopotamien oder Ägypten kulturell rückständige, militärisch unbedeutende und mit irdischen Glücksgütern wenig gesegnete auserwählte Volk hingegen hält trotz aller Verführungen und Versuchungen letztlich doch am bildlosen Jahwekult, am Eingottglauben fest und wird durch die Propheten immer wieder zur Anerkennung und Einhaltung der Zehn Gebote ermahnt. Auch für dieses in seiner sittlichen Höhe heute noch nicht übertroffene und für alle Zeit gültige Zehn-Gebote-Gesetz gibt es keine Parallele außerhalb der Religion Israels.

schen Eingott-glaubens und der Zehn Gebote

Wer die Geschichte des israelitischen Volkes genauer studiert, muß erkennen und zugeben, daß bei vielen Ereignissen deutlich Gottes Hand mit im Spiele ist, daß es sich letztlich um SEINE Heilsgeschichte mit einem von IHM auserwählten Volk handelt. Ziel dieser historischen Begebenheiten und aller Vorhersagungen der Propheten ist es, in diesem Volk dem kommenden *Heiland der Völker den Weg zu bereiten;* so ist das Studium des AT ein Weg zu Christus, und im besonderen ist das Studium der alttestamentlichen Vorhersagungen, die sich alle in Christus erfüllen, ein eindeutiges Zeugnis für Seine Gottes-Sohnschaft (vgl. dazu Psalm 2, S. 143). Christus ist der von den Propheten des AT vorherverkündete Messias. Mit dieser Botschaft haben auch die Apostel die Verkündigung des Evangeliums begonnen.

FÜRS LEBEN

FRAGEN

Welche Haltung nahmen die Perserkönige anderen Religionen gegenüber ein? — Was sagte Sacharja im Zusammenhang mit dem kommenden Erlöser aller Völker voraus? — Welche Mißstände rügte der Prophet Maleachi? — Worauf weist er mit seiner Ankündigung einer „reinen Opfergabe“ hin?

40. Lehrstück

WIEDERHOLUNG: DIE PROPHETEN

Nochmalige Durcharbeitung der Fragen am Ende der Lehrstücke 35—39

41. Lehrstück

DIE NACHEXILISCHEN GESCHICHTSBÜCHER DES AT: CHRONIK — ESRA UND NEHEMIA — TOBIAS — JUDIT

I. CHRONIK

Die beiden Bücher der Chronik sind etwa um 350 v. Chr. abgefaßt und sollen dem nachexilischen Judentum den Zusammenhang mit den vor dem babylonischen Exil lebenden Israeliten aufzeigen. Die Chronik beginnt mit Adam und endet mit dem Kyros-Edikt.

II. ESRA UND NEHEMIA

Heimkehrertransport unter Serubbabel 538 v. Chr.

Sie waren ursprünglich ein Werk und sie behandeln beide die Wiederherstellung des jüdischen Staates mit der Hauptstadt Jerusalem nach dem babylonischen Exil. Ihr Verfasser ist wahrscheinlich mit dem der beiden Bücher der Chronik gleichzusetzen.

Heimkehrertransport unter Esra 430 v. Chr.

Esra beginnt mit dem unten abgedruckten *Kyros-Edikt,* das die Erlaubnis zur Rückkehr gibt, und schildert dann den *ersten Heimkehrertransport unter Serubbabel* im Jahre 538 v. Chr., weiter den Wiederaufbau des Tempels unter Kyros (vgl. sein Grabmal, Bild Nr. 25) und unter Darius I.; schließlich wird von einem weiteren *großen Heimkehrertransport,* allerdings erst etwa 100 Jahre *nach* dem ersten, berichtet, mit dem *Esra* um 430 v. Chr. weitere Juden nach Jerusalem zurückbrachte. Wir hören dann von der Reformtätigkeit des Esra, besonders von seinem Kampf *gegen die Mischehen.*

Das *Buch Nehemía* schildert die Rückkehr des Nehemía (446), den *Wiederaufbau der Stadtmauern von Jerusalem* sowie die Neuordnung des sittlich-religiösen Lebens.

Bewirkt durch Gottes Vorsehung

Beide Bücher sollen zeigen, daß Gottes Vorsehung das auserwählte Volk aus Babylonien in die alte Heimat zurückgeführt hat und daß damit die *Verheißungen der Propheten erfüllt* wurden. Als Beispiel hören wir den

Beginn des Esra-Buches mit dem berühmten königlichen *Edikt des Kyros*, das den *Juden die Erlaubnis zur Rückkehr gab.*

„Im ersten Jahre der Regierung des Perserkönigs Kyros (gemeint ist das erste Jahr seiner Herrschaft in Babylon, also 538 v. Chr.; über Persien regierte er seit 558 v. Chr.) **gab der Herr — damit die Verheißung des Herrn, die Jeremias verkündete, in Erfüllung gehe — dem Perserkönig Kyros ein, in seinem ganzen Reich folgendes auszurufen und auch schriftlich bekanntgeben zu lassen:** Esr 1, 1—4

Folgendes läßt Kyros, der König von Persien, zur Kenntnis bringen: Alle Reiche der Erde hat Gott, der Herr, mir übergeben. Er hat mich nun beauftragt, Ihm zu Jerusalem in Juda einen Tempel zu erbauen. Wer unter euch allen zu Seinem Volke gehört, der ziehe mit Gottes Segen nach Jerusalem in Juda und baue dort den Tempel des Herrn, des Gottes Israels, des Gottes, der in Jerusalem wohnt. Überall, wo sich noch Volksreste aufhalten, sollen die Ortsbewohner sie mit Silber und Gold, mit Habe und Vieh nebst Gaben für das Gotteshaus in Jerusalem unterstützen.“

Wortlaut des Befreiungsedikts des Kyros

III. TOBIAS

Unter den im Jahre 720 v. Chr. aus dem Nordreich Israel Deportierten befanden sich auch Männer, die Gott und seinem Gesetz treu waren. Von einem solchen erzählt das Buch Tobias. Tobit erlangte vom assyrischen König die Erlaubnis, sich im assyrischen Reiche frei zu bewegen. Dies nützte er dazu aus, um seine verschleppten Mitbürger zu trösten und ihnen zu helfen. So kam er einmal auch nach Ráges, dem heutigen Rhéi (25 km südlich von Teheran, wo heute noch Felsinschriften an die altpersische Zeit erinnern).

Tobit war 720 v. Chr. deportiert worden

Ráges, heute Rhéi

In Ráges/Rhéi gab Tobit einem armen Landsmann namens Gabael gegen einfache schriftliche Bestätigung eine größere Geldsumme. Unter Sargons Nachfolger wurden viele Israeliten getötet und ihre Beerdigung verboten. *Tobit verbarg die Leichen seiner Landsleute,* die erschlagen worden waren, tagsüber in seinem Haus und *begrub sie in der Nacht.* Von dieser Arbeit ermüdet, kam er einmal nach Hause, legte sich an eine Wand und schlief ein. Da fiel aus einem Vogelnest der warme Kot in seine Augen, wodurch er erblindete. Die kränkende Frage seiner Frau: „Wo sind jetzt deine Almosen und deine guten Werke?“ erwiderte er mit Gebet.

Er bestattete getötete Landsleute

Die in nachexilischer Zeit verfaßte Tobit-Erzählung soll also zeigen, daß Gott auch den *Frommen schwere Prüfungen nicht erspart,* daß er sie aber zuletzt in Freude und Trost verwandelt.

Auch die Frommen werden von Gott geprüft

Von besonderer Bedeutung ist das Buch Tobias für die Lehre von den *Engeln:* In Gottes Auftrag hilft der Erzengel Rafael in der Gestalt eines Jünglings der Familie des Tobit aus allen irdischen Nöten; er führt den Sohn Tobias den gefahrvollen Weg zu Gabael, wählt ihm eine strenggläubige Braut und rettet ihn aus Todesgefahr; er verabschiedet sich schließlich mit den Worten:

Tob 12, 6—22

„‚Preiset Gott und danket Ihm! Verkündet rühmend Gottes Werke und zögert nicht, Ihm zu danken! Es ist zwar gut, das Geheimnis des Königs zu verbergen. Gottes Werke aber zu enthüllen, ist ehrenvoll.

Gebet, Fasten, Almosen

Gut ist Gebet mit Fasten, Almosen und Gerechtigkeit. Besser ist wenig mit Gerechtigkeit, als viel mit Unrecht. Schöner ist es, Almosen zu geben, als Gold aufzuhäufen. Wie du gebetet und die Toten begraben hast, war ich bei dir. Nun sandte mich Gott, dich zu heilen.

Ich bin Rafael, einer von den sieben Engeln, welche die Gebete der Heiligen emporgetragen und die vor die Herrlichkeit des Heiligen hintreten dürfen.‘

Da erschraken die beiden und fielen aufs Angesicht nieder. Er sprach zu ihnen: ‚Fürchtet euch nicht! Friede sei mit euch! Gott aber preist in Ewigkeit! Nach dem Willen Unseres Gottes bin ich zu euch gekommen. Ich steige jetzt wieder zu Dem auf, der mich gesandt hat.‘ “

IV. JUDIT

Die Witwe Judit tötet den feindlichen Feldherrn und rettet damit ihre Heimat

Das Buch Judit berichtet von der *Heldentat einer Witwe;* als die Assyrer ihre Heimatstadt Betúlia belagerten, begab sie sich ins feindliche Lager und tötete den Feldherrn Holofernes. Damit wurde ihre Vaterstadt und ganz Palästina vom Feinde befreit.

Das Buch ist wohl einige Zeit nach der Babylonischen Gefangenschaft verfaßt worden; es handelt aber von einem Ereignis der vorexilischen Zeit, wahrscheinlich im Zusammenhang mit einem Einfall des Assyrerkönigs Assurbánipal (669—626 v. Chr.).

Dieser entsandte seinen Feldherrn Holofernes zur Unterwerfung Judas aus. Er schloß die jüdische Grenzfestung Betúlia ein und schnitt ihr die Wasserzufuhr ab, so daß die Belagerten nach drei Wochen an Übergabe dachten. Eine fromme und schöne Witwe namens Judit bat aber den jüdischen Festungskommandanten, die Stadt noch weiterhin zu verteidigen und auf Gott zu vertrauen. Man möge auch für sie beten, da sie etwas Besonderes zur Rettung der Stadt unternehmen wolle. Auch sie selbst betete um das Gelingen ihres Planes und *begab sich* dann in reichem Schmuck, begleitet von ihrer Dienerin, direkt *in das Lager der Feinde.* Sie wurde vor Holofernes geführt und erklärte, sie sei geflohen, weil die Stadt ja doch bald in die Gewalt der Belagerer fallen werde...

Holofernes ließ sich von der Schönheit der Frau blenden und erlaubte ihr, im Lager frei herumzugehen. Er lud sie auch zu einem Mahle ein, bei dem sich der Feldherr reichlichem Weingenusse hingab. Als sich die anderen Gäste entfernt hatten und der Betrunkene in tiefen Schlaf gesunken war, schlug ihm Judit mit seinem eigenen Schwert das Haupt ab. Sie *brachte den Kopf des Holofernes nach Betúlia,* wo er tags darauf an der Stadtmauer aufgehängt wurde. Dann machten die Belagerten einen Ausfall.

Die Feinde suchten ihren Befehlshaber. Sie fanden aber nur seinen blutbefleckten Rumpf. Da gerieten sie in schreckliche Verwirrung und wandten sich zur Flucht. Betúlia war gerettet, die Gefahr eines Einfalls nach Juda beseitigt. Judit wurde hoch gefeiert.

Unterschied in der Wertung dieser Tat im AT und im NT!

Nach christlicher Auffassung war die Tat der Judit ein Mord; wir ersehen daraus, wie die christliche Religion die alttestamentliche an sittlicher Höhe überragt. Auch die spätere Synagoge nahm daran Anstoß; sie hat darum das Buch Judit nicht in die Sammlung der Bücher des AT aufgenommen. — Die katholische Kirche, die gerne mit den Worten der Bibel betet, wendet den Zuruf des Volkes an Judit: „Du Ruhm Jerusalems..." auf die Muttergottes an, auf die er ja auch unvergleichlich besser paßt.

FRAGEN

Wer gab den Juden die Erlaubnis zur Rückkehr aus dem Exil (wann, wie heißt der Erlaß)? — Welche guten Werke, die Tobit übte, werden auch uns von der Kirche anempfohlen? — Warum feierten die Bewohner von Betúlia die Judit? — Wie beurteilen wir Christen ihre „Heldentat"?

42. Lehrstück

DIE NACHEXILISCHEN GESCHICHTSBÜCHER DES AT: ESTER, 1. u. 2. BUCH DER MAKKABÄER

I. ESTER

Nicht alle im Exil befindlichen Juden hatten von der Erlaubnis des Kyros Gebrauch gemacht, nach Palästina zurückkehren zu können. Viele blieben im Persischen Großreich, zu dem ja seit der Eroberung Mesopotamiens auch die Städte Babylon und Nippur gehörten. Und gar mancher brachte es zu Reichtum und Ansehen. *Ester*, eine Pflegetochter des Juden Mordechai, *wurde vom Perserkönig Xerxes sogar zur Königin erhoben;* wie sie in dieser hohen Stellung ihre Glaubensgenossen vor einem drohenden *Massenmord retten* konnte, berichtet das nach ihr benannte Buch. Es soll ein *Trostbuch* für Israel sein und zeigen, daß Gott Sein Volk nie verläßt. Darüber hinaus will es dem jüdischen Volk ein Beispiel der Frömmigkeit und Sittenreinheit inmitten der Üppigkeit des orientalischen Hoflebens geben. Die Abfassung des Buches fällt wohl in das 4. Jahrhundert v. Chr.

Eine Jüdin wird persische Königin

Sie rettet ihr Volk vor einem drohenden Massenmord

Das Ester-Buch erzählt, wie ein persischer Großwesir namens Háman, ein Günstling des Königs, alle im persischen Reich ansässigen Juden töten und ihre Güter einziehen wollte. Den Tag hatte er durch das Los schon bestimmt, und ebenso hatte er bereits die Erlaubnis des Königs für sein Vorhaben erlangt. Der Plan wurde aber nicht ausgeführt, weil Ester erreichen konnte, daß der Günstling Háman hingerichtet wurde.

Zur Erinnerung an ihre Errettung vor diesem Massenmord feiern die Juden seither alljährlich das *Púrim-Fest* („Púrim" = Lose, weil Háman ihren Todestag durch das Los bestimmt hatte). Im 3. Kapitel (Est 3, 1—8) wird darauf hingewiesen, daß die Anbetung des *einen*, unsichtbaren Gottes mit der göttlichen Verehrung irgendeines Menschen grundsätzlich unvereinbar ist.

Das Púrimfest erinnert alljährlich an die Errettung der Juden Persiens

Die Christen wandten schon in frühen Jahrhunderten Sätze, die von Ester in der Bibel gesagt werden, auf die Muttergottes an, auf die sie besser passen.

II. DIE ZWEI MAKKABÄERBÜCHER

Babylonier, Perser, Griechen, Römer, die vier „Befreier" der Juden

In der Deutung der Vision Nebukadnézzars wird von den *vier Weltreichen* gesprochen, die einander ablösen werden: Babylonier — Perser — Griechen — Römer. Palästina gehörte bis 333 v. Chr. den Persern, dann zum Alexanderreich, schließlich zum ägyptischen „Nachfolgestaat" Alexanders d. Gr., zum Herrschaftsgebiet der Ptolemäergenerale. Um 200 v. Chr. besiegten die gleichfalls aus dem Alexanderreich hervorgegangenen Seleukíden (Syrien) an den Jordanquellen die Ptolemäer (Ägypten), so daß Palästina nun dem Norden untertan wurde.

Diese Seleukíden versuchten, die Welt- und Lebensanschauung des klassischen, heidnischen Griechenland auf die eroberten Gebiete zu übertragen; man nennt diese griechische Lebensart *„Hellenismus"*, und viele Juden erlagen dem heidnischen Geist.

Eine Zeusstatue kam ins Allerheiligste

Zu arg wurde es aber den meisten Juden, als der Seleukíden-Herrscher Antíochus IV. Epíphanes (175—163) für sich *göttliche Ehren* in Anspruch nahm, die *Feier des Sabbats* sowie andere jüdische Sitten und Gebräuche *bei Todesstrafe verbot* und den *Tempel von Jerusalem* durch die Aufstellung einer Zeusstatue im Allerheiligsten *in eine heidnische Kultstätte verwandelte.*

Aufstand der Makkabäer: 142 v. Chr. frei!

Es kam zum bewaffneten Aufstand der Makkabäer, die nach ihrem Anführer, Judas, dem Makkabäer (= „makkáb = Hammer), so genannt werden. Nach wechselvollen Kämpfen führte dieser Aufruhr gegen die Besatzungsmacht endlich im Jahre 142 v. Chr. zur *Selbständigkeit der Juden,* die ihnen bekanntlich 586 v. Chr. genommen worden war.

Kostete viele Opfer

Freilich hatte es viele *Opfer gekostet, bis die* so wertvolle *Freiheit erkämpft war.* Und diese Opfer mußten nicht nur auf dem Schlachtfeld gebracht werden. Zwei Beispiele vom Widerstand der Gesetzestreuen sollen dies bezeugen:

1. *Eleásar erleidet den Märtyrertod aus Verantwortung der Jugend gegenüber:*

2 Makk 6, 18—31

„Eleásar, einer der angesehensten Schriftgelehrten, ein Mann in schon vorgerücktem Alter und von ehrwürdigem Aussehen, sollte in Jerusalem gezwungen werden, Schweinefleisch zu essen, indem man ihm gewaltsam den Mund öffnete. Er aber zog einen rühmlichen Tod einem Leben in Schande vor, spuckte es daher aus und schritt freiwillig zur Folterbank. Die Aufseher über diese Opferfeier, die ihn seit langem kannten, redeten

ihm heimlich zu, er solle sich anderes, erlaubtes Fleisch kommen lassen und es selber zubereiten, aber so tun, als esse er von dem vorgeschriebenen Opferfleisch. Dann entgehe er dem Tode.

Heucheln könnte die Jugend irremachen

Eleasar aber sprach: ‚Für unser Alter ziemt es sich nicht, zu heucheln. Sonst könnten viele junge Leute glauben, der 90jährige Eleásar sei zum Heidentum abgefallen. Durch meine Heuchelei würden sie irregeführt, ich selber aber hätte doch nur noch eine kurze Zeit zu leben und mein Alter noch mit Schimpf und Schande befleckt. Und sollte ich jetzt auch der Bestrafung von seiten der Menschen entgehen, den Händen des Allherrschers könnte ich weder lebend noch tot entfliehen. Darum will ich jetzt mannhaft mein Leben hingeben und mich des Alters würdig zeigen. Der Jugend hinterlasse ich ein edles Beispiel, wie man mutig und heldenhaft für die ehrwürdigen und heiligen Gesetze einen ehrenvollen Tod erleiden soll.‘

Abfall könnte ihn nicht vor dem ewigen Richter retten

Diese Worte erschienen denen, die ihm gerade noch Wohlwollen gezeigt hatten, als Wahnsinn. Sie vollzogen voll Haß die Strafe an ihm. Schon war er unter den Schlägen dem Tode nahe, da sagte er noch seufzend: ‚Dem Herrn ist es bekannt, daß ich dem Tode hätte entrinnen können, daß ich an meinem Leibe durch Geißelschläge grausame Schmerzen erdulde, daß ich aber in meiner Seele freudig ertrage, weil ich Ihn fürchte!‘

So starb er und hinterließ der Jugend und der Mehrheit seines Volkes ein Vorbild echter Tugend.“

2. Noch eindrucksvoller als das Sterben des greisen Eleásar ist der *heldenhafte Märtyrertod der sieben Brüder und ihrer Mutter in Antiochia.*

2 Makk 7, 1—42

Sieben Brüder bezeugen ihren Glauben an Gott und an die Auferstehung

„Es geschah auch, daß sieben Brüder mit der Mutter verhaftet wurden. Sie sollten vom König gezwungen werden, gesetzlich verbotenes Schweinefleisch zu essen, und sie wurden daher mit Geißeln und Riemen geschlagen. Einer von ihnen, der sich zum Wortführer machte, sprach so: ‚Wir sind bereit, lieber zu sterben, als die Gesetze der Väter zu übertreten!‘ Außer sich vor Zorn ließ ihn der König vor der Mutter und den anderen Brüdern grausam verstümmeln und noch lebend in der Pfanne braten. Die Seinen ermahnten sich gegenseitig, heldenhaft zu sterben.

Als der erste gestorben war, führten die Henker den zweiten heran. Sie rissen ihm die Kopfhaut samt den Haaren ab und fragten ihn: ‚Willst du essen, ehe dein Leib Glied für Glied gemartert wird?‘ Er erwiderte in seiner Muttersprache: ‚Nein!‘ Und so mußte er die gleichen Qualen erdulden wie der erste. Im Verröcheln rief er aus: ‚Du Verbrecher! Du kannst uns das

Literarische Eigenart und Entstehungszeit der 45 Bücher

Literarische Eigenart	VOR-EXILISCH 950—586	EXILISCH 586—537	NACH-EXILISCH 537—50 v. Chr.
HEILS-GESCHICHTE UND GESETZ	Entstehung der Pentateuch-Tradition (10. bis 7. Jh.) (Jahwist, Elohist, Deuteronomium)	Josua Richter 1. und 2. Samuel 1. und 2. Könige	Abschluß der Pentateuch-Tradition (um 450) (Priesterschrift; Endredaktion) 1. und 2. Chronik (vor 300) Esra Nehemia 1 Makkabäer (70) 2 Makkabäer (50)
PROPHETEN	Amos (760) Hosea (750—725) Micha (735—700) Jesaja (742—700) Zefanja (630) Jeremia (625—586) Habakuk (615) Nahum (613)	Ezechiel (bis 586) Obadja (587—538) Deutero-Jesaja (um 540)	Haggai (530) Sacharja (520—518) Tritojesaja (bis 515) Maleachi (445) Joel (um 400)
WEISHEIT			Ijob Sprüche (um 400) Kohelet (um 200) Sirach (190) Weisheit (100)
ERBAUUNG UND GEBET			Klagelieder Rut (um 400) Hoheslied (um 400) Ester (um 300) Psalmen (Endredaktion um 300) Tobias (um 200) Judit (um 200) Jona (um 200) Daniel (165) Baruch (um 100)

Bearbeitung: Dr. Ferdinand Dexinger

28 Der siebenarmige Leuchter (Titusbogen, Forum Romanum)

29 Blick auf Jerusalem mit der goldenen Kuppel des Felsendoms (hier stand früher der Tempel der Juden); Bildmitte: Grabeskirche mit schwarzer Kuppel

irdische Leben rauben. Aber der König der Welt wird uns zu neuem, ewigem Leben auferwecken, da wir für seine Gesetze sterben.' "

Tapfer und mit einem Bekenntnis der Treue zum ewigen Gott und dereinstigen Richter gingen auch die fünf anderen Brüder in den Tod. Die Mutter mußte zusehen, wie ihre sieben Söhne an *einem* Tag umgebracht wurden.

„Sie ertrug es frohen Mutes in der Hoffnung auf den Herrn. Als letzte starb nach den Söhnen auch die Mutter."

FÜRS LEBEN

Bevor der Jüngste unter den sieben Brüdern grausam getötet wurde, sagte er zum König:

„Wir leiden um unserer Sünden willen. Wenn auch der lebendige Herr uns kurze Zeit zürnt, so wird Er sich doch Seiner Diener wieder erbarmen. Du aber, Gottloser und Verruchtester aller Menschen, überhebe dich nicht in eitlem Stolz und in nichtigen Hoffnungen, da du an die Diener des Himmels Hand anlegst! Denn du bist dem Gerichte des allmächtigen und allsehenden Gottes noch nicht entronnen!"

Der feste Glaube an Gottes weise Führung, daran, daß Er den „längeren Atem hat", die Hoffnung auf ein Gericht über alle Menschen und die freudige Erwartung, zu einem neuen, ewigen Leben bei Gott zu kommen, spricht aus den in härtesten Krisenzeiten geschriebenen nachexilischen Geschichtsbüchern, besonders aus den Berichten über den Märtyrertod des greisen Eleasar und der sieben Brüder.

Für unsere christlichen Glaubensbrüder, die *heute* ihr Leben als Glaubenszeugen hingeben müssen, wollen wir nun beten.

FRAGEN

Was weißt du vom greisen Eleasar? — Welche christliche Tugend erkennen wir in der Haltung der sieben Brüder? — Was ist ein Märtyrer? (eine Art „Wahnsinniger"?)

43. Lehrstück

LEBENSERFAHRUNG IN DEN LEHRBÜCHERN DES AT I: IJOB — PSALMEN

Ijob 1, 21; 2, 10

„‚Der Herr hat es gegeben, der Herr hat es genommen. Der Name des Herrn sei gepriesen. Wir haben das Gute von Gott entgegengenommen! Warum sollten wir nicht auch das Böse entgegennehmen?‘ Bei all dem sündigte Ijob nicht mit seinen Lippen.“

I. IJOB

Geschichtliche Bücher

Die geschichtlichen Bücher des AT erzählen uns nicht nur, wie Gott die Menschheit und ab Abraham in besonderer Weise Sein auserwähltes Volk führte, bis der Messias kam, sie offenbaren uns auch Glaubens- und Sittenlehren, die durch den Erlöser Jesus Christus vervollkommnet und für immer verbindlich festgelegt wurden. Auch die Propheten bringen diese Lehren dem Volk immer wieder in Erinnerung, vor allem die in den fünf Büchern des Mose enthaltene Offenbarung.

Lehrbücher

Nicht für die Schule, sondern „FÜRS LEBEN“ lernen wir!

Daneben gibt es aber noch einige Schriften im AT, die geradezu *Lehrbücher* genannt werden, weil sie entweder *nur eine einzelne Wahrheit vortragen,* eine einzelne Frage behandeln, welche viele Menschen beschäftigt, oder weil sie *Lebensweisheit* im allgemeinen lehren. Ein vernünftiger junger Mensch wird dankbar dafür sein, wenn man ihm die Lebenserfahrung vieler früherer Generationen vermittelt. Nur der Unvernünftige studiert die Biographien der Großen erst nach seiner Pensionierung, im Rentenalter...

Vielleicht bewegt euch die *Frage des Ijob* momentan noch nicht, aber sie wird einmal auftauchen in eurem Leben, die brennende Frage: *„Woher das Leid?“* — *„Warum muß gerade ich das mitmachen?“*

„Hiobs“-Botschaft

Ijob (= hebr. ^{h}ijjob), ein reicher Nomadenfürst, ist unschuldig ins schwerste Unglück gekommen, das seine Diener in einer „Hiobs“-Botschaft nach der andern ihm melden. So sucht er Trost — aber statt dessen bringen ihm drei seiner Freunde nur Vorwürfe: Für sie war das Leid des Ijob eine Strafe für offene oder heimlich begangene Sünden.

Gegen diese althergebrachte, aber nicht immer zutreffende Meinung hält Ijob an seiner Unschuld fest, bis die Freunde schließlich nichts mehr zu erwidern wissen. *Leid ist also nicht immer als Strafe für Sünden zu erklären.* In der Beteuerung seiner Unschuld ruft Ijob den Allmächtigen selbst als Zeugen an; tatsächlich erscheint nun Gott, aber nicht, um Ijob zu rechtfertigen, wie er es sich gedacht hatte, sondern, um ihn zur Demut und zur Unterwerfung unter die dem Menschen unbegreiflichen Ratschlüsse Gottes zu bewegen. Dies geschieht dadurch, daß Gott den Ijob durch die Wunder der Natur führt und ihn jedesmal nach dem Schöpfer und nach dem Sinn der Schöpfung fragt:

Leid — eine Strafe für Sünden?

„Wer ist's, der planvolles Walten verdunkelt
mit Reden voll Unverstand? —
Wo warst du, als Ich die Erde gründete?
Sag an, wenn Einsicht du besitzest!
Wer hat ihre Maße bestimmt, wenn du's weißt?!"

Ijob 38, 2—5

Ijob wird immer bescheidener und erklärt, schweigen und nicht weiter klagen zu wollen. Er erfährt schmerzlich das Schriftwort an sich: **„Im Feuerofen wird das Gold geprüft — so prüft der Herr die Herzen"** (Spr 17, 3). Schließlich wirft er sich reu- und demutsvoll nieder, erkennt die überragende Weisheit Gottes an wie auch das eigene Unvermögen, Gottes Schickungen und Anordnungen zu begreifen. Er bekennt:

„‚Nun sehe ich ein, daß Du alles vermagst, und daß kein Vorhaben unmöglich Dir ist...

Ijob 42, 2—8

In Unverstand hab' ich geredet, zu wunderbar war es, als daß ich's begriff! — Nur durch Hörensagen wußt' ich von Dir! Jetzt aber sah Dich mein Auge! Darum leiste ich Widerruf und bereue recht die leeren, dummen Reden.'

Nun sprach der Herr zu den Freunden Jobs: ‚Mein Zorn ist gegen euch entbrannt. Ihr habt über Mich nicht recht geredet wie mein Knecht Ijob. Darum bringt ein Brandopfer dar für euch! Mein Knecht Ijob soll dann Fürbitte für euch einlegen. Nur in Rücksicht auf ihn will Ich euch eure Torheit nicht entgelten lassen.' Sie taten so. Der Herr aber nahm Rücksicht auf Ijob.

Leid als Erprobung unserer Treue zu Gott

Gott wandte das Schicksals Jobs, als er für seine Freunde bat, und gab ihm das Doppelte dessen zurück, was er besessen. Auch sieben Söhne und drei Töchter erhielt er wieder. Und Ijob starb, alt und lebenssatt."

Ijob 42, 10—17

So wird also im Buche Ijob nicht nur die Frage behandelt: *„Woher das Leid?“*, sondern *es wird am Beispiel des Ijob* zugleich *gezeigt, wie man das Leid ertragen soll.*

II. DIE PSALMEN

In der kirchlichen Liturgie in Verwendung

Zu den Lehrbüchern wird auch das Buch der 150 *Psalmen* (= der „Psalter“, das „Psaltérium“) gezählt. Diese Psalmen sind Lieder, die man meist unter Begleitung von Saitenspiel sang. Das Buch der Psalmen war also das amtliche Lieder- und Gebetbuch des alttestamentlichen Gottesreiches. Auch der Heiland und die Apostel sangen und beteten die Psalmen. Seit der Apostelzeit werden diese Psalmen in der katholischen Kirche verwendet, z. B. in der heiligen Messe, bei der Spendung der Sakramente und der Sakramentalien; das gesamte Psalterium ist im Verlauf einer Woche auf das kirchliche Stundengebet (Chorgebet, Brevier) aufgeteilt.

Nach 3000 Jahren noch nicht veraltet!

Einen Teil dieser 150 Psalmen hat König David verfaßt, d. h., diese Gebete sind jetzt fast 3000 Jahre alt und immer noch echter und lebensnaher Ausdruck unserer Frömmigkeit. Sie eignen sich für alle Lagen des menschlichen Lebens.

Einige Psalmen enthalten Weissagungen über den kommenden Messias („Messianische Psalmen“).

In diesem Lehrbuch „Der Weg zu Christus“ findest du folgende Psalmen abgedruckt:

Beispiele in diesem Lehrbuch

FRAGEN

Welche Antwort auf die Frage: „Woher, warum das Leid?“ gibt das Buch Ijob? — Hast du dir einen herrlichen Ausspruch des Ijob gemerkt, als eine „Hiobs“-Botschaft nach der anderen über ihn hereinbrach? — Was sind die Psalmen und wer hat die ersten verfaßt? — Wo verwendet sie die katholische Kirche?

LEBENSERFAHRUNG IN DEN LEHRBÜCHERN DES AT II: SPRÜCHE, PREDIGER, HOHESLIED, WEISHEIT, JESUS SIRACH

III. DAS BUCH DER SPRICHWÖRTER

Schon der Titel gibt den Inhalt an: Lebenserfahrung in kurzen Sprüchen, Gleichnissen und Lobpreisungen der Weisheit. Behandelt werden dabei die Beziehungen des Menschen zu Gott, zum Nebenmenschen, zwischen Obrigkeit und Untertan, Eltern und Kindern, Mann und Frau, Freund und Feind.

Ratschläge für richtiges Verhalten untereinander

Wenn als Beweggrund für das richtige Handeln manchmal auch nur der Nützlichkeitsstandpunkt angegeben wird, weil irdische Motive auf viele Menschen den stärksten Eindruck machen, so wird diese natürliche Lebensklugheit doch als *Ausfluß der göttlichen Weisheit* dargestellt. *Die Ehrfurcht vor Gott* wird als Kern aller Weisheit gepriesen.

Grundgedanke: Hab' Ehrfurcht vor Gott!

Der Verfasser des Kernstückes ist entsprechend den Überschriften (zu den Kapiteln 10—22 und 25—29) *Salomo,* deshalb auch „Sprüche Salomos“ genannt; das besagt aber nur, daß ihr geistiger Inhalt von ihm stammt, obwohl sie erst etwa 200 Jahre nach ihm unter König Hiskija (721—693 v. Chr.) zusammengestellt wurden. Abgeschlossen wurde das Buch in nachexilischer Zeit.

Uraltes Weisheitsgut, zum Teil auch von Salomo

Als Beispiel hören wir das *Loblied auf eine tüchtige Hausfrau und Mutter* (= Lesung in der Messe einer heiligen Frau, die nicht Märtyrerin war):

„Eine wackere Frau — wer mag sie finden? Weit über Perlen geht ihr Wert. Vertrauen kann ihr ihres Mannes Herz, und an Gewinn fehlt es ihm nicht. Spr 31, 10—31

Nur Gutes, nichts Böses, erweist sie ihm alle Tage ihres Lebens. Sie sorgt für Wolle und Flachs und schafft mit arbeitsfreudigen Händen. Sie gleicht den Kaufmannsschiffen, von weit her holt sie sich Nahrung.

Sie ist gut zum Mann

Sie steht früh auf und arbeitet bis in die Nacht

Noch ist es Nacht, da steht sie schon auf, gibt ihren Hausgenossen zu essen und bestimmt ihren Mägden die Arbeit. Sie umgürtet kraftvoll ihre Hüften und regt rüstig die Arme. Sie fühlt, daß ihre Arbeit gedeiht; nicht erlischt in der Nacht ihre Lampe. Ihre Hände streckt sie aus nach dem Rocken, und ihre Finger fassen die Spindel.

Sie ist mildtätig

Sie öffnet ihre Hand den Armen und streckt ihre Arme dem Dürftigen hin. Sie braucht vom Schnee nichts zu fürchten für ihre Hausgenossen, denn alle die Ihren sind in Wolle gekleidet. Sie fertigt sich Decken an, Linnen und Purpur ist ihre Gewandung.

Ihr Mann ist angesehen

Wohlbekannt ist ihr Mann an den Stadttoren, wenn er Sitzung hält mit den Landesältesten.

Sie redet wenig, aber mit Überlegung

Ihren Mund öffnet sie in Weisheit, gütige Weisung kommt über ihre Zunge. Sie überwacht, was vorgeht in ihrem Haus: das Brot des Müßiggangs ißt sie nicht.

Ihre Söhne treten auf und preisen sie glücklich; ihr Mann erscheint und rühmt sie: ‚Der Töchter sind viele, die Tüchtiges leisten, du aber ragst über sie alle hinaus!‘

Körperliche Schönheit vergeht, Ehrfurcht besteht!

Anmut und Schönheit vergeht; eine Frau aber, die fürchtet den Herrn, ist alles Lobes wert! Gebt ihr vom Ertrag ihrer Hände! Was sie geleistet, verkünde ihr Ruhm an den Stadttoren!“

IV. KOHÉLET — DER PREDIGER SALOMO (EKKLESIÁSTES)

„Prediger“ ist die deutsche Übersetzung des hebräischen Titels *„Kohélet“*. *Drei* Gedanken enthält das Buch:

Koh 1, 2—6

1. *Der Mensch kann hier auf Erden kein dauerndes Glück erringen:* „Alles ist eitel.“ Darum der Leitsatz: **„Eitelkeit über Eitelkeit ... Alles ist Eitelkeit! Nicht satt wird das Auge vom Sehen, nicht voll vom Hören das Ohr ... Alles ist eitel und Haschen nach Wind!“**

Koh 3, 1.7

2. *Gott regiert die Welt,* nicht der Mensch! **„Alles hat seine Zeit. Jedes Ding hat seine Stunde unter dem Himmel. Das Schweigen hat seine Zeit. Und das Reden hat seine Zeit!“**

3. *Darum nehme der Mensch die Dinge der Welt so, wie Gott sie ihm schickt,* in Demut hin, und gebrauche sie im *Bewußtsein,* vor den Menschen und vor Gott darüber *Verantwortung ablegen zu müssen, wie* man sie benützt hat:

Koh 11, 9—12, 1. 14

„Freue dich, o Jüngling, der Zeit deiner Jugend, sei guter Dinge in jungen Tagen! Folge dem, was dein Herz begehrt und deine Augen schauen —

doch sei dir bewußt, daß für all dies Gott dich zur Rechenschaft zieht! Gedenke deines Schöpfers in den Tagen deiner Jugendzeit! Fürchte Gott und halte Seine Gebote! Denn alles Tun zieht Gott vor Sein Gericht, das ergeht über alles Verborgene, es sei gut oder böse."

V. DAS HOHELIED

Der Form nach ist dieses Hohelied ein Wechselgesang zwischen Braut und Bräutigam, wie er heute noch im Heiligen Land üblich ist. So wirbt Gott in hingebender Liebe um Sein Volk. Die katholische Kirche wendet manche Sätze, in denen der Bräutigam die Schönheit seiner Braut preist, auf die seligste Jungfrau an, z. B.: **„Ganz schön bist du, meine Freundin!** **Hld 4, 7**
Kein Makel ist an dir!"

VI. DAS BUCH DER WEISHEIT

Ein Trostbuch für die Juden im Ausland, besonders in Ägypten, etwa um 200 v. Chr. abgefaßt.

VII. DAS BUCH (JESUS) SIRACH

Dieses um 180 v. Chr. abgefaßte Weisheitsbuch ist inhaltlich **dem Buch** der Sprüche ähnlich:

„Groll und Zorn sind gleichfalls abscheulich, und nur der Sünder hält an **Sir 27,**
ihnen fest. Wer Rache übt, erfährt selbst Rache vom Herrn, und er wird **30—28, 7**
seine Sünden für immer behalten. Vergib deinen Mitmenschen das Unrecht, dann werden auf dein Gebet hin auch deine Sünden erlassen.

Denk an die letzten Dinge und beende die Feindschaft, denk an Untergang und Tod und verharre bei den Geboten. Denk an die Gebote, grolle dem Mitmenschen nicht, denk an den Bund mit dem Höchsten und vergib die Schuld."

Verharren im Bösen verscherzt Gottes Barmherzigkeit.

„‚Sage nicht: ‚Ich habe gesündigt, doch was ist mir im geringsten ge- **Sir 5,**
schehen?' Denn Gott hat den längeren Atem! Setz nicht alles auf die Ver- **4—7**
gebung und füge nicht Sünde an Sünde, indem du sagst: ‚Seine Barmherzigkeit ist ja groß, er wird auch die Menge meiner Sünden mir verzeihen.'

Zwar ist Barmherzigkeit bei Ihm, aber auch Zorn, und auf den Sünden ruht Sein Grimm. Zögere nicht, dich zu Ihm zu kehren, und verschiebe es nicht Tag um Tag. Denn Sein Zorn bricht plötzlich aus, und du wirst am Tage der Vergeltung dahingerafft!"

Sage mir, mit wem du umgehst ...

Sir 13, 1 **„Wer Pech anrührt, an dessen Hand klebt es fest, und wer sich einem frivolen Menschen anschließt, nimmt dessen Wandel an."**

Erziehung muß bei aller Liebe streng sein.

Sir 30, 1—12 **„Wer seinen Sohn liebt, hält stets den Stock für ihn bereit, damit er in seinen letzten Tagen sich freuen kann. Wer seinen Sohn züchtigt, wird Freude an ihm haben ...**

Wer den Sohn verzärtelt, wird sich selbst Wunden verbinden müssen.

Laß ihn nicht eigenmächtig werden in seiner Jugend und dulde keine Bosheiten von ihm. Beuge ihm den Kopf, solange er jung ist, damit er nicht verrohe und gegen dich widerspenstig werde und dir dann Kummer entsteht durch ihn."

Dieses Buch Jesus Sirach spiegelt am besten die geistigen Auseinandersetzungen wider, die durch das Eindringen des Hellenismus innerhalb des Judentums entstanden waren.

Wir stehen am Ende unserer Wanderung durch die Jahrtausende des Alten Testaments; das Ziel dieses Weges ist Christus, der von den Propheten verheißene Messias.

45. Lehrstück

WIEDERHOLUNG: DIE GESCHICHTS- UND LEHRBÜCHER

Zur Veranschaulichung könnte nun das Tonbild AT V: „Vom babylonischen Exil bis zur Zeit Jesu Christi" von Prof. Dr. Beck vorgeführt werden (= Uf 1631).

46. Lehrstück

WARUM HABEN DIE JUDEN JESUS ALS MESSIAS ABGELEHNT?

Die geschichtlichen Ereignisse zwischen der Rückkehr aus Babylon (538 v. Chr.) bis zur Ankunft des Messias sind für uns nur insofern von Bedeutung, als sie zu bestimmten religiösen Entwicklungen führten.

In den Lehrstücken 42—44 wurde schon manches über das Judentum dieser fünfhundert Jahre vor Christus gesagt. Bei vielen nachexilischen Juden, besonders bei jenen, die *nicht* nach Jerusalem zurückkehrten, die in Babylon oder in Nippur blieben, oder die sich sonstwo in Persien bzw. in Ägypten ansiedelten, ergab sich eine *grundlegende Änderung ihrer Lebens- und Berufsverhältnisse* im Vergleich zur vorexilischen Zeit: Aus einem vor 597 v. Chr. stark mit der Landwirtschaft verbundenen Agrarvolk war schon während des Exils und vor allem *nach* 538 v. Chr. ein vorwiegend *in den Städten beheimatetes Volk von Händlern* und Handwerkern geworden. Unter Kyros zogen sie gerne in die großen Handelsstädte, ohne sich aber mit der dortigen Bevölkerung zu vermischen. Und schon zur Zeit des Jeremias waren viele nach Ägypten ausgewichen, um der Verschleppung zu entgehen.

Aus einem Agrarvolk war ein Volk von Händlern geworden

Für diese außerhalb von Palästina lebenden Juden, deren Umgangssprache bald das Griechische war, wurde etwa 250—180 v. Chr. das Alte Testament in Alexandria ins Griechische übersetzt *(Septuaginta)*. Durch die vielen beruflichen Kontakte der Juden mit den Heiden und besonders durch diese Septuaginta bekamen auch die *Heiden Kenntnis vom biblischen Schöpfungsbegriff und von den Propheten, die einen Erlöser ankündeten.* Darum war *auch außerhalb von Palästina* eine starke *Sehnsucht nach dem kommenden Messias* vorhanden, die wegen des Unbehagens der Heiden mit ihren von ihnen selbst nicht mehr ernstgenommenen Religionen immer größer wurde.

Septuaginta: Übersetzung des AT ins Griechische

Auch die in Palästina lebenden Juden hatten direkten Kontakt mit den Heiden: Jerusalem war ja bis 142 v. Chr. von den Seleukiden-Truppen besetzt, die von Antiochia in Syrien aus regierten. Unter den Hasmonäern, den Nachkommen der tapferen und glaubensmutigen Makkabäer, entstan-

142—63 v. Chr. waren die Juden selbständig

den innere Streitigkeiten um die Herrschaft, wobei die Juden auf die nicht sehr intelligente Idee kamen, *die Römer als Schiedsrichter anzurufen. Deren Feldherr Pompeius* hatte gerade das Seleukiden-Reich in Syrien zertrümmert und kam im *Jahre 63 v. Chr.* bereitwilligst *nach Jerusalem:* Wenn zwei sich streiten, freut sich der Dritte ...

Pompeius kam 63 v. Chr.

Im Bund mit den Römern, die keinerlei Absicht zeigten, die so billig bekommene Landbrücke zwischen Asien und Afrika wieder herzugeben, übernahm nun ein Landfremder, der uns allen bekannte Herodes (37 bis 4 v. Chr.), die Herrschaft, die er wie ein Tyrann mit List und Gewalt ausübte. Sein Vater, der Feldherr Antipater, war von nichtjüdischer Herkunft. Herodes nannte sich zwar „König der Juden", in Wirklichkeit aber waren die Römer Herren im Land. Über Herodes und über die Zeit Christi erfahren wir auch außerhalb der Bibel manches, z. B. beim jüdischen Geschichtsschreiber Flavius Josephus, der in seinen „Jüdischen Altertümern" ausdrücklich auf Christus zu sprechen kommt.

Herodes 37—4 v. Chr.

Herodes ließ in seinem Herrschaftsbereich sehr viele Prunkbauten errichten, darunter ab 20 v. Chr. auch einen mächtigen Tempel in Jerusalem. Fertig wurde dieser Tempel erst nach 84jähriger Arbeit, wenige Jahre vor der Zerstörung unter Titus (70 n. Chr., vgl. Bild Nr. 28). Auf dem Platz vor dem Herodianischen Tempel predigte *Christus, in dessen Leben und Wirken sich alle messianischen Prophezeiungen erfüllten.*

Tempelbau 20 v. bis 64 n. Chr.

JESUS CHRISTUS

Mit dem Regierungsantritt des Herodes *war der Herrscherstab von Juda gewichen,* und damit war die Zeit nahe, die nach der Weissagung des sterbenden Patriarchen *Jakob* (Israel) den Messias bringen sollte:

„Nicht weicht das Zepter von Juda, bis der kommt, dem es zusteht, dem die Völker gehorchen!" (Vgl. Seite 81).

In Rom begründete unterdessen *Augustus* die Herrschaft der Kaiser. Er regierte von 31 vor bis 14 nach Christus.

Augustus 31 v. bis 14 n. Chr.

Die Fülle der Zeit war gekommen, in Betlehem erfüllte sich die Prophezeiung des Micha. Und ebenso erfüllten sich nun der Reihe nach alle anderen *Vorhersagungen* über den kommenden Messias. Die Juden kannten diese Prophezeiungen, und sie hätten bemerken können, wie sich eine nach der anderen in Jesus von Nazaret verwirklichte.

WARUM HABEN SIE IHN TROTZDEM ALS MESSIAS ABGELEHNT?

1. Weil sie einen politischen Befreier von der Besatzungsmacht als Messias erwarteten

Der Messias sollte die Fremdherrschaft Roms beseitigen. Nur *Ihm* konnte das gelingen. In *diesem* Sinn wollten sie Ihn nach der Brotvermehrung zu ihrem „König" machen, d. h. zum Anführer im nächsten Aufstand gegen die Römer. Er könnte doch die schwierige *Verpflegungsfrage mit einem Wort lösen* — siehe Brotvermehrung; auch eine Verwundung im Kampf wäre kein Problem mehr, hat Er doch bei den *Krankenheilungen gezeigt, was Er kann.*

Sie wollten Ihn zu ihrem Anführer beim Aufstand gegen die Römer machen

„Als die Leute das Zeichen sahen, das er getan hatte, sagten sie: Das ist wirklich der Prophet, der in die Welt kommen soll. Da erkannte Jesus, daß sie kommen wollten, um ihn mit Gewalt zum König zu machen; darum zog er sich wieder auf den Berg zurück, er allein" (Joh 6, 14 f).

Als sie tags darauf wieder auf billige Weise satt werden wollten, sagte der Herr zur Volksmenge:

„Ihr sucht mich nicht, weil ihr Zeichen gesehen habt, sondern weil ihr von den Broten gegessen habt und satt geworden seid. Müht euch nicht um die Speise, die verdirbt, sondern um die Speise, die bleibt für das ewige Leben und die euch der Menschensohn geben wird. Denn ihn hat Gott, der Vater, mit seinem Siegel bestätigt ... Wer mein Fleisch ißt und mein Blut trinkt, hat das ewige Leben, und ich werde ihn auferwecken am Letzten Tag!" (Joh 6, 26 f. 54).

Da murrten sie über Ihn: **„Seine Worte sind hart!"** Und es kam zu einem Massenabfall. *Er* sprach vom *ewigen Heil,* und *sie wollten* irdisch-politisches Heil. Darum lehnten sie Ihn ab. Denn sie erwarteten vom Messias eine grundsätzliche Verbesserung des Weltzustandes und besonders ihrer eigenen Lage, wozu für sie greifbar zunächst die Befreiung von der Besatzungsmacht gehörte.

2. Weil sie der Ansicht waren, von der Sünde könnten sie sich selbst erlösen, dazu brauchen sie keinen Messias ...

Jesus verkündete: **„Kommt alle zu Mir, die ihr euch plagt und unter Lasten stöhnt! Ich werde euch Ruhe verschaffen!" — „Mach dir keine Sorgen, Mein Sohn, deine Sünden sind dir vergeben!"** (Mt 11, 28; 9, 2).

Sie hielten die Selbsterlösung durch genaue Einhaltung äußerlicher Riten für möglich

Sie hingegen waren der Ansicht, zur Erlösung von der Sünde würden sie keinen Messias brauchen, das könnte jeder selbst schaffen. Schon während des Exils hatte eine Entwicklung eingesetzt, die schließlich zu einer starken Veräußerlichung der Religion führte (= Gesetzesfrömmigkeit). In Babylon, Nippur usw. gab es ja keinen Tempel, also auch keinen Kult mit Opfern; möglich war in der Fremde nur ein Gebets- und Predigtgottesdienst, der am Sabbat zunächst in Privathäusern, z. B. bei Ezechiel, gehalten wurde, später auch in Synagogen. So wurde die Gesetzesbeobachtung zur Hauptsache jüdischer Religiosität während des Exils. Dabei wurde das *genaue Festhalten an äußerlichen Formen* allmählich *wichtiger* als der tiefe, innere Sinn dieser Vorschriften und Verbote. Man nennt dies *Formalismus* und versteht darunter die buchstäbliche Erfüllung eines Gesetzes ohne rechte innere Gesinnung, ohne den eigentlichen *Sinn* dieses Gesetzes zu erfassen und zu beachten.

Formalismus

Die Pharisäer (die Abgesonderten)

Zur Zeit Christi gab es eine eigene Partei solcher formalistischer Juden, die Pharisäer, die das mosaische Gesetz übertrieben eng auslegten und versuchten, jede Vorschrift des Moses bis ins kleinste Detail festzulegen.

Beispiele:

Sabbatgebot: nun 39 Dinge verboten!

So bestand das *Sabbat-Gebot (3. Gebot Gottes)* in der Verpflichtung, daß man am Sabbat nicht pflügen und ernten, nicht kochen und backen und daher auch kein Feuer anzünden dürfe; die Pharisäer hingegen zählten nun 39 verschiedene Arbeiten auf, die am Sabbat verboten waren. Dabei wurde z. B. auch die Frage erörtert, *ob man ein am Sabbat gelegtes Ei essen dürfe.* Es war *verboten, am Sabbat mehr als 2000 Schritte zu gehen,* ganz streng verboten war es, am Sabbat Geld bei sich zu tragen.

In ähnlicher Weise *wurde das Gebet zum Gegenstand spitzfindiger Erwägungen,* wobei die Gebetszeiten und der genaue Wortlaut eine große Rolle spielten.

Gebetsriemen

Im nachexilischen Judentum hingegen spielten reine *Äußerlichkeiten eine große Rolle,* wie das *Tragen von Gebetsriemen,* die beim Morgengebet jedem männlichen Juden am linken Oberarm und an der Stirn befestigt wurden.

Statt der 10 Gebote 613 Gesetzchen!

Das *mosaische Gesetz* wurde allmählich als eine *Sammlung von 613 kleinen Gesetzchen* verstanden, genaueste Durchführungsbestimmungen, und zwar:

365 Gebote, entsprechend der Anzahl der Tage eines Jahres, und

248 Verbote, entsprechend der damals bekannten Zahl der Knochen im menschlichen Körper.

An die Stelle einer Religion der rechten Gesinnung war damit ein äußerer Formalismus getreten, eine minutiös genaue Erfüllung kleinlicher Gesetzchen.

Erfüllung der 613 Gesetzchen bewirke das Heil vor Gott

Und nun das für die Ablehnung Christi als Messias Entscheidende: Man lehrte, wer alle Vorschriften (= diese 613 Gesetzchen) beachte, *der besitze bereits die Rechtfertigung,* d. h., er handle damit im Sinn seiner Erlösung und komme ins Paradies. *Das Gesetz trat also an die Stelle eines Erlösers von der Sünde.* Darum erwartete man sich vom Messias nicht das Heil der Seele, weil ja die genaueste Beobachtung der 613 Gesetzchen den Weg ins Paradies öffnen konnte.

Jesus ist gegen bloßen Formalismus

Natürlich mußte Christus sich scharf gegen diese Verzerrung der Religion wenden:

„Ihr Pharisäer! Außen haltet ihr Becher und Teller sauber, innen aber seid ihr voll Raubgier und Bosheit“ (Lk 11, 39).

Und zu den Lehrern der 613 Gesetzchen sagte Jesus:

„Weh auch euch Gesetzeslehrern! Ihr ladet den Menschen Lasten auf, die sie kaum tragen können, selbst aber rührt ihr keinen Finger“ (Lk 11, 46).

Weil also Jesus entgegen einer solchen veräußerlichten Religionsausübung eine Religion der Herzensgesinnung, der Nächsten- und Feindesliebe predigte, und weil Er nicht ein politischer Messias, ein Befreier von der Besatzungsmacht sein wollte, sondern der von den Propheten verheißene Erlöser aller Menschen von ihren Sünden war, darum lehnten Ihn die meisten Juden von damals ab.

Er will der Heiland der Sünder sein, aber gerade *den wollen die Pharisäer nicht,* sie waren der Meinung, Gottes Willen schon damit zu erfüllen, daß sie sich um die buchstabengetreue Erfüllung des Gesetzes bemühten.

Jesus bestätigt ausdrücklich die 10 Gebote

Jesus wollte das *Gesetz des Mose nicht aufheben,* er wollte vielmehr dessen *eigentlichen Sinn aufzeigen:*

„Denkt nicht, ich sei gekommen, um das Gesetz und die Propheten aufzuheben. Ich bin nicht gekommen, sie aufzuheben, sondern um zu erfüllen“ (Mt 5, 17).

Das *Neue Testament,* von dem wir im nächsten Schuljahr hören werden, ist daher die sinngemäße *Fortsetzung und Erfüllung des Alten Testaments,* wie es Jesus Christus selbst erklärte, als Er in Seiner Heimatstadt Nazareth eine Jesaja-Stelle auslegte:

„So kam er auch nach Nazaret, wo er aufgewachsen war, und ging nach seiner Gewohnheit am Sabbat in die Synagoge. Als er aufstand, um aus der

Jesus bezieht die Prophezeiung des Jesaja vom Messias auf sich selbst

Schrift vorzulesen, reichte man ihm das Buch des Propheten Jesaja. Er schlug das Buch auf und fand die Stelle, wo geschrieben steht:

Der Geist des Herrn ruht auf mir; denn er hat mich gesandt, um den Armen die Heilsbotschaft zu bringen, um den Gefangenen die Befreiung und den Blinden das Augenlicht zu verkünden, um die Zerschlagenen in Freiheit zu setzen und ein Gnadenjahr des Herrn auszurufen.

Dann schloß er das Buch, gab es dem Synagogendiener und setzte sich. Und die Augen aller in der Synagoge waren auf ihn gerichtet. Da begann er, ihnen zu beweisen:

‚Heute hat sich das Schriftwort, das ihr eben gehört habt, erfüllt.‘

Seine Rede fand bei allen Beifall; sie staunten darüber, wie eindrucksvoll er zu reden verstand“ (Lk 4, 16—22).

Christen und Juden

Das **Zweite Vatikanische Konzil** (1962—1965) erklärte zum wünschenswerten **Verhalten der Christen gegenüber den Juden:**

„Da das den Christen und Juden gemeinsame geistliche Erbe so reich ist, will die heilige Synode die gegenseitige Kenntnis und Achtung fördern, die vor allem die Frucht biblischer und theologischer Studien sowie des brüderlichen Gesprächs ist.

Obgleich die jüdische Obrigkeit mit ihren Anhängern auf den Tod Christi gedrungen hat (vgl. Joh 19, 6), kann man dennoch **die Ereignisse seines Leidens weder allen damals lebenden Juden** ohne Unterschied, **noch den heutigen Juden zur Last legen.** Gewiß ist die Kirche das neue Volk Gottes. Trotzdem darf man die **Juden nicht als von Gott verworfen** oder verflucht darstellen, als ob dies aus der Heiligen Schrift zu folgern sei.

Im Bewußtsein des Erbes, das sie mit den Juden gemeinsam hat, **beklagt die Kirche, die alle Verfolgungen** gegen irgendwelche Menschen verwirft, auf Antrieb der religiösen Liebe des Evangeliums mit Entschiedenheit alle Haßausbrüche und Verfolgungen, **alle Manifestationen des Antisemitismus,** die sich zu irgendeiner Zeit und von irgend jemandem gegen die Juden gerichtet haben“ (Erklärung über das Verhältnis der Kirche zu den nichtchristlichen Religionen, vom 28. Oktober 1965).

FÜRS LEBEN

Abraham, Mose und die *Propheten* sind uns *Wegweiser zum Ziel;* Gottes Gnade ließ sie wichtige Teilstrecken zum Ziel hin finden und der Nachwelt verkünden. *Er allein kommt vom Ziel, vom Vater im Himmel, und darum vermag auch nur Er allein, uns wieder hinzuführen zum Ziel. Er allein konnte von Sich sagen:*

„ICH BIN DER WEG, DIE WAHRHEIT UND DAS LEBEN; NIEMAND KOMMT ZUM VATER AUSSER DURCH MICH“ (Joh 14, 6).

NT: JOHANNES DER TÄUFER

„In jenen Tagen trat Johannes der Täufer auf und verkündete in der Wüste Judäa: Kehrt um! Denn das Himmelreich ist nahe. Er war es, von dem der Prophet Jesaja gesagt hat: Mt 3, 1—3

Eine Stimme ruft in der Wüste: Lk 3, 5—6
Bereitet dem Herrn den Weg!
Ebnet ihm die Straßen!
Jede Schlucht soll aufgefüllt
und jeder Berg und Hügel abgetragen werden.
Was krumm ist, soll gerade werden,
Was uneben ist, soll zum ebenen Weg werden.
Und alle Welt wird das Heil Gottes schauen!"

„Johannes sagte zu ihnen: Ich taufe mit Wasser; mitten unter euch steht einer, den ihr nicht kennt. Er kommt nach mir, und ich bin nicht wert, die Riemen seiner Sandalen zu lösen." Joh 1, 26

„Am folgenden Tag sah er, wie Jesus auf ihn zukam, und sagte: Seht das Lamm Gottes, das die Sünde der Welt hinwegnimmt! Dieser ist es, über den ich gesagt habe: Nach mir kommt einer, der mir voraus ist, weil er eher war als ich ... Ich sah, daß der Geist wie eine Taube vom Himmel herabkam und auf ihm blieb. Auch ich kannte ihn nicht; aber Er, der mich gesandt hat, mit Wasser zu taufen, hat mir gesagt: Auf wen du den Geist herabkommen siehst und auf wem er bleibt, der ist welcher mit dem Heiligen Geist tauft. Ich habe es gesehen und lege Zeugnis ab: Dieser ist der Sohn Gottes!" Joh 1, 29—34

FRAGEN

Welche grundlegende Änderung der Lebens- und Berufsverhältnisse trat bei vielen Juden nach dem Exil ein? — Warum haben die Juden Jesus als Messias abgelehnt? 1. Sie erwarteten einen Messias, der politische Freiheit bringt. 2. Die jüdische Religion war zu einem äußeren Formalismus erstarrt, gegen den Jesus auftreten mußte. — Was versteht man unter Formalismus? — Bringe Beispiele für diese Veräußerlichung der jüdischen Religion zur Zeit Jesu! — Wollte Jesus das mosaische Gesetz aufheben? — Wie bezeugte sich Jesus in Nazaret als der von den Propheten verkündete Messias? — Wie sollen wir uns heute den Juden gegenüber verhalten?

INHALTSVERZEICHNIS